Kursbuch 203
ÜberLeben

Klimaneutral
Druckprodukt
ClimatePartner.com/12752-1803-1001

Zum Ausgleich für die entstandene CO_2-Emission bei der Produktion dieses Buches unterstützen wir die Erhaltung und Wiederaufforstung des Kibale-Nationalparks in Uganda. Das Projekt trägt zum Klimaschutz bei, indem die Bäume bei der Fotosynthese Kohlenstoff aus der Luft binden, es schützt die Biodiversität des tropischen Waldes und sichert 260 Arbeitsplätze.

Das Kursbuch erscheint viermal im Jahr.
Das Heft kostet einzeln € 19,–
Das Jahresabo (4 Ausgaben) kostet € 60,–
Im Internet: https://kursbuch.online

Kursbuch Kulturstiftung gGmbH
Miramar-Haus, Schopenstehl 15, 20095 Hamburg
Tel.: 0 40/39 80 83-0
V. i. S. d. P.: Peter Felixberger
© 2020 Kursbuch Kulturstiftung gGmbH, Hamburg

ISBN 978-3-96196-171-9
ISSN 0023-5652

Herstellung und Gestaltung: Murmann Publishers GmbH, Hamburg
Druck: Steinmeier GmbH & Co. KG, Deiningen
Printed in Germany

Zuschriften bitte per Mail an: kursbuch@kursbuch.online
Abonnenten-Service: abonnements@kursbuch.online
Pressevertrieb: PressUp GmbH, Wandsbeker Allee 1, 22041 Hamburg. www.pressup.de

Armin Nassehi
Editorial

Leben oder *Überleben* – das könnte einen Unterschied ausmachen, den Unterschied zwischen *ob überhaupt* und *wie*. Oder es geht generell *übers Leben* – als biologisches, als psychisches, als soziales, als kulturelles, als logisches Problem. Die Beiträge dieses *Kursbuchs* versammeln all diese unterschiedlichen Perspektiven aufs ÜberLeben. Im Gespräch erklärt der Hamburger Kultursenator Carsten Brosda die Überlebensbedingungen der Kultur in schwierigen Zeiten, Wolfgang Schmidbauer lotet aus, wie sehr sich die Wertigkeit und Bedeutung des Überlebens über die unterschiedlichen Krisen verändert hat, Andrea Römmele sorgt sich um das Überleben der Demokratie, Sabine Haupt um das der Frauen in der Wissenschaft, und Marlene Müller-Brandeck vergleicht familiale und palliative Formen der Sorge ums Überleben. Mein eigener Beitrag macht auf die gesellschaftlichen Bedingungen des Überlebens aufmerksam. Stefan Wolf macht sich aus Anlass der Corona-Krise Gedanken um den Stellenwert des Konsums.

Warum überlebt der Antisemitismus in so unterschiedlichen Kontexten? Das ist die Grundfrage des Beitrags von Stefanie Schüler-Springorum, den man parallel zu William Pickens Bericht über einen angekündigten Lynchmord lesen sollte. Pickens war ein amerikanischer Bürgerrechtler, Linguist und Journalist, dessen Text der 1934 erschienenen, legendären Anthologie *Negro* von Nancy Cunard entnommen ist, die gerade, herausgegeben und ins Deutsche übersetzt von Karl Bruckmaier, in der *kursbuch.edition* erschienen ist. Der Antisemitismus und der Rassismus sind die offenen Wunden einer Moderne, die jedem Individuum das Recht auf Leben und Strukturen des Überlebens garantiert, aber selbst Ausnahmen schafft, die geradezu eine Dementierung ihrer eigenen Versprechen sind – bis heute.

Dirk Baeckers Beitrag setzt grundlegender an, indem er das Ereignishafte sowohl des sozialen als auch des psychischen Geschehens und das Überleben als zeitliche Form nicht kontrastiert, sondern systematisch in Beziehung setzt. Und noch grundlegender geht es bei Sibylle Anderl zu, die nach den Bedingungen des Lebens im Universum sucht, nicht um sich von unserem Leben zu entfernen, sondern um die Frage danach stellen zu können, warum es überhaupt Leben auf der Erde gibt.

Besondere Aufmerksamkeit verdienen die Beiträge von Thorsten Nagelschmidt und Daniel Kojo Schrade. Nagelschmidt inszeniert literarisch sehr eindringlich die Situation in Chile zwischen Protest und einem autoritären Staat, zwischen sozialer Ungerechtigkeit und dem Versuch, darin zu überleben – buchstäblich und überhaupt. Der Text – als Gespräch junger Chilenen gestaltet – fesselt. Nicht weniger eindringlich sind die Bilder des Künstlers Daniel Kojo Schrade, denen als Echos kurze Textpassagen gegenübergestellt sind. Sie berichten von Episoden, in denen Schrade die Versuche des Überlebens in alltäglichen Rassismuserfahrungen in ihrer Brutalität und Banalität darstellt. Beides, die literarische und bildlich-textliche Form sind von einer Intensität, die dieses *Kursbuch* sehr bereichern.

Den Schluss bildet wieder Peter Felixbergers Kolumne FLXX, diesmal mit einem Stück über Komplexität, unter anderem aus der Perspektive von Ameisen betrachtet. Und den Anfang macht mit dem 30. Brief eines Lesers Knut Cordsen. Vielen Dank dafür.

Knut Cordsen
Brief eines Lesers (30)

Auch das *Kursbuch* ist eines: ein Überbleibsel. Ein »Überlebsel«, wie man einst das englische Wort »survival« eindeutschte – seinerzeit, als der britische Anthropologe Edward Burnett Tylor, im 19. Jahrhundert war das, über Handlungen, Sitten und Gebräuche schrieb, die einer verklungenen Kulturepoche, einem »erloschenen Kultus« (*Meyers Großes Konversations-Lexikon*, 1909) und »früheren Culturgrad« (Friedrich Nietzsche, in dessen Nachlass sich eine Notiz zum »Überlebsel« findet) entstammten und deren Sinn sich den Nachgeborenen kaum mehr erschließe, ja »oft ganz unverständlich geworden« sei. Gut, ganz so ist es bei dieser altehrwürdigen Zeitschrift, dem Überlebsel *Kursbuch*, glücklicherweise noch nicht gekommen.

Gegründet wurde es von einem, der sich heute selbst als »ein Relikt aus dem zwanzigsten Jahrhundert« bezeichnet in seinem Buch *Fallobst*. Seltsamerweise empfindet Hans Magnus Enzensberger diesen Status als Relikt weder als Nachteil noch als Defekt – »eher so, als hätte man den Jüngeren etwas voraus«. Vielleicht wird gerade in unseren Zeiten etwas voreilig geurteilt, dies oder das habe »sich überlebt«: Das Bargeld ist es für die einen, ganze Geschäftsmodelle sind es für die anderen. Oft steckt Wunschdenken dahinter. Ganz deutlich ist das an einem viel zitierten Satz Wladimir Putins von 2019 abzulesen: »Die liberale Idee hat sich endgültig überlebt.« Kaum hatte die Pandemie in diesem Frühjahr ganze Bürotürme und also auch den Post Tower in Bonn verwaisen lassen, gab der Personalvorstand der Deutschen Post, Thomas Ogilvie, in der *Süddeutschen Zeitung* zu Protokoll: »Das starre Präsenzmodell hat sich überlebt, es geht um eine bedarfsgerechte Anwesenheit.«

Als Konsumenten werden wir seit Langem schon darauf konditioniert, Dinge für veraltet zu halten: Bereits beim Kauf von Laptops und

Smartphones wissen wir um deren vom Hersteller bei der Fertigung ein-programmierten Verschleiß, wofür Ökonomen schon in den frühen 1930er-Jahren den Begriff »geplante Obsoleszenz« oder – schöner – »Produktvergreisung« erfunden haben. Das »Endgerät« heißt schließ-lich nicht umsonst so. Dass auch jedem Denkmal eine – freilich nicht so leicht abzuschätzende – Obsoleszenz eingeschrieben ist und es somit ein historisches Relikt par excellence darstellt, zeigen die Sockelstürze der vergangenen Monate. Die in den Vereinigten Staaten wie in Europa einsetzende Denkmälerdämmerung, die Kritik an Heldenstatuen für Sklavenhalter und brutale Kolonisatoren, rief einem jene Zeilen in Er-innerung, die Robert Musil am 10. Dezember 1927 in einem Feuilleton in der *Prager Presse* geschrieben hatte. Er störte sich an der Machart der überlebensgroßen Standbilder und daran, »wie rückständig unsere Denkmalskunst ist, verglichen mit der zeitgenössischen Entwicklung des Anzeigenwesens« (eine bemerkenswert hellsichtige Feststellung). Musil weiter: »Mit einem Wort, auch Denkmäler sollten sich heute, wie wir es alle tun müssen, etwas mehr anstrengen. Ruhig am Wege stehen und sich Blicke schenken lassen, könnte jeder; wir dürfen heute von einem Mo-nument mehr verlangen … Warum greift der in Erz gegossene Held nicht wenigstens zu dem anderwärts längst überholten Mittel, mit dem Fin-ger an eine Glasscheibe zu klopfen? Weshalb drehen sich die Figuren der Marmorgruppe nicht umeinander, wie es bessere Figuren in den Ge-schäftsauslagen tun, oder klappen wenigstens die Augen auf und zu? Das Mindeste, was man verlangen dürfte, um die Aufmerksamkeit zu erre-gen, wären bewährte Aufschriften wie ›Goethes Faust ist der beste!‹ oder ›Die dramatischen Ideen des bekannten Lyrikers X. sind die bil-ligsten!‹. Leider wollen das die Bildhauer nicht. Sie verstehen, wie es scheint, nicht unser Zeitalter des Lärms und der Bewegung. Wenn sie einen Herrn in Zivil darstellen, dann sitzt er reglos auf einem Stuhl oder steht da, die Hand zwischen dem zweiten und dritten Knopf sei-nes Rockes, auch hält er zuweilen eine Rolle in der Hand, und es zuckt keine Miene in seinem Gesicht. Er sieht gewöhnlich aus wie die schweren Melancholiker in den Nervenheilanstalten. Wenn die Menschen nicht für Denkmale seelenblind wären und bemerken würden, was oben vorgeht, so müßten sie, wenn sie vorbeikommen, das Gruseln haben wie an den Mauern eines Irrenhauses.«

Natürlich ist all das mit ironischem Soupçon formuliert. Man kann nur hoffen, dass die Ironie zu Musils Lebzeiten einen besseren Stand hatte als heute, wo ihr Reliktcharakter vor allem in den todernsten sogenannten sozialen Medien (»irony off«) jeden Tag aufs Neue offenbar wird. Man darf davon ausgehen, dass der alte Otto-Gag der Autorengruppe Gernhardt/Eilert/Knorr aus dem Seniorenheim – »›Seid ihr alle da?‹ – ›Jaaaa!‹ – ›Aber nicht mehr lange!‹« – heutzutage als »Altersrassismus« diskutiert werden würde. Es gibt einfach sehr viele »Berufsernstbolde« (Otto Waalkes) unter den Twitterati.

Ein Lob des Relikts, das in der Rubrik »Brief eines Lesers« erscheint, muss nicht zuletzt natürlich das Überlebsel des Leserbriefs als unbedingt erhaltenswert verteidigen. Bei all dem Hass und der Häme, die sich im digitalen Raum breitmacht, lernt man den vordem als oberlehrerhaft bespöttelten Leserbriefschreiber auf einmal wieder schätzen. Die allermeisten Hörerbriefe, die einen beim Rundfunk erreichen, sind von ausgesuchter Höflichkeit und Klugheit. Man kann dem Philosophen Markus Gabriel nur zustimmen, wenn er in seinem jüngsten Buch *Moralischer Fortschritt in dunklen Zeiten. Universale Werte für das 21. Jahrhundert* eine Gefahr darin erkennt, »dass moralische Selbstverständlichkeiten wie der Wert des Respekts gegenüber Menschen, die wir (noch) gar nicht kennen, online außer Kraft gesetzt sind. Das beweisen die Kommentarspalten jedes sozialen Mediums genauso wie diejenigen, die von traditionellen Presseportalen freigeschaltet werden. Die Bereitschaft, fremde Menschen zu beschimpfen, ohne irgendeinen Versuch zu unternehmen, sie zu verstehen, ist deutlich höher als bei klassischen Leserbriefformaten, was einfach daran liegt, dass es online keinerlei zeitlichen Abstand und keinen Filter gibt zwischen dem Impuls, seine Meinung zu äußern, und der Möglichkeit, sie umgehend publik zu machen.« Möge also auch dem klassischen Leserbrief sein Überleben, sein »Überlebnis« (Ulla Unseld-Berkéwicz) gesichert sein – nicht nur im *Kursbuch*.

Wolfgang Schmidbauer

Corona erleben

Ein notwendiger Zwischenruf

1969 saß ich an meiner Promotion über die psychologische Deutung von Mythen und verdiente meinen Lebensunterhalt als Medizinjournalist. In diesem und im folgenden Jahr forderte eine Influenza-Pandemie, deren Ursprung in Hongkong lag, weltweit mindestens zwei Millionen Todesopfer. In der Bundesrepublik Deutschland starben etwa 40 000 Menschen mehr als sonst. Auf dem Gebiet der DDR schätzte man ebenfalls viele Tausend Opfer. Statistiken darüber lieferte das sozialistische System ebenso wenig, wie es Aussagen über die Suizidrate seiner Bürger traf.

Kopfschmerzen, Schnupfen, Husten, Schluckbeschwerden und Brustschmerzen waren die ersten Symptome. Das Fieber stieg rasch auf bis zu 40 Grad. Spezifische Medikamente oder einen Impfstoff gab es nicht. Die Krankenhäuser waren überfüllt, die Patienten lagen auf den Gängen, die Weihnachtsferien 1969 wurden verlängert, weil wegen der hohen Krankenzahlen kein geregelter Unterricht möglich war.

Die Meldungen zur Pandemie blieben im Kleingedruckten. »Katastrophale Lage durch Grippe in den USA«, »Zwölf Millionen Italiener grippekrank« oder »Legt Grippe Trambahn lahm? 490 Fahrer und Schaffner erkrankt« waren damals Randnotizen in der *Süddeutschen Zeitung*. Sie alarmierten niemanden. Ich nahm an den Redaktionskonferenzen des Ärztemagazin *Selecta* teil, dessen Mitarbeiter ich war. Für die Grippewelle interessierte sich niemand. Die Themen am Tisch waren die Transplantationschirurgie und die Contergan-Affäre; Grippeviren und die von ihnen verursachte Übersterblichkeit konnten das Interesse der Chefredaktion nicht wecken.

Ebenso wie die Asiatische Grippe rund zehn Jahre zuvor galt die Hongkong-Grippe nicht als Gefahr, vor der man sich schützen muss, eher als Schicksal, das die Bevölkerung schon irgendwie bewältigen würde. Dass die echte Grippe eine schwere Erkrankung ist, war allgemeines medizinisches Wissen. Es führte aber zu keinerlei Maßnahmen zur Vorbeugung. Die Wirtschaft litt, viele Mitarbeiter waren im Krankenstand, Todesfälle häuften sich. Das wurde hingenommen. Ich kann mich nicht erinnern, dass in der Fachliteratur, die ich zwischen 1960 und 1970 gut kannte, auch nur ein Autor davon gesprochen hätte, dass es sinnvoll sein könnte, in der Öffentlichkeit eine »chirurgische« Maske zu tragen. Ihr Ort war der Operationssaal, draußen hatte sie nichts zu suchen.

Angesichts der Corona-Pandemie knapp 50 Jahre später ist alles anders. Während die früheren Epidemien als »Wellen« angesprochen wurden (und damit ein Naturphänomen imaginiert wird), beherrscht jetzt eine (Corona-)»Krise« über Monate hin alle Medien – führende Politiker bemühen gar Kriegsrhetorik. Ansteckungen und Todesfälle wurden 1969/70 geschätzt und nachträglich aus dem Vergleich mit dem Durchschnitt der Todesfälle objektiviert. Jetzt werden Infektionen und Todesfälle von Anfang an gezählt; alle Länder, die Statistiken liefern, werden verglichen. Die internationale Aufmerksamkeit für diese Vergleiche lässt sich durchaus mit der für den Medaillenspiegel der Olympischen Spiele vergleichen – die wegen der Pandemie aber abgesagt wurden. Auch das wäre in den 60ern undenkbar gewesen.

Nicht weniger dramatisch als die wirtschaftlichen Folgen, die aus dem Umgang mit dem neuartigen Virus resultieren, ist heute die hohe und ganz anders gelagerte Betroffenheit der Menschen. Sie führt zu einer emotionalen Verunsicherung, die wohl noch über die Folgen des Selbstmord-Terrorismus zur Jahrtausendwende oder der Bankenkrise ein knappes Jahrzehnt später hinausgehen. Bereits nach SARS-Infektion (schweres akutes respiratorisches Syndrom), dessen Erreger dem Corona-Virus ähnlich ist, wurden die psychischen Folgeschäden als gravierender eingeschätzt als die organischen, nachzulesen etwa in Steven Taylors *Die Pandemie als psychologische Herausforderung*.[1]

Während die früheren Grippewellen in ihrer durchaus gravierenden Bedrohung erfolgreich verdrängt werden konnten, ist 2020 die Verdrängungsdecke gerissen. Jetzt diskutieren wir, ob wir in die Welt »vor Corona« zurückkehren können – und ob wir das überhaupt wollen.

Die wissenschaftlichen – und zum Teil umstrittenen – Kritiker und Kritikerinnen des Lockdowns wie Wolfgang Wodarg, Karin Mölling und Sucharit Bhakdi hatten die Zeit der epidemischen »Wellen« noch miterlebt. Die jüngeren Forscher, die im Verlauf der »Krise« sehr populär wurden, waren zur Zeit der Hongkong-Grippe noch nicht geboren (Christian Drosten etwa ist Jahrgang 1972). Die Vertreter des »neuen« Umgangs stehen im Zenit ihrer Karriere, Mölling und Bhakdi sind emeritiert.

Vom Fatalismus zur Erregung

Die Haltung der Ärzte wie der Bürger blieb 1970 fatalistisch. Sie lässt sich so zusammenfassen: Gegen Viren kann man wenig machen. Die körpereigene Abwehr der Gesunden reicht aus, um die Infektion zu überleben. Die Opfer unter den bereits Erkrankten nehmen wir in Kauf.

Nachdem Christiaan Barnard 1967 das erste menschliche Herz erfolgreich transplantiert hatte, wurde die Aufmerksamkeit der medizinisch Interessierten allein von der Chirurgie beherrscht. Um die durch immer gewagtere Eingriffe über Tage hin in einen Zustand zwischen Leben und Tod versetzten Transplantationspatienten am Leben zu erhalten, wurde die Intensivmedizin gefördert und weiterentwickelt. Diese Disziplin spielt im Umgang mit Covid-19 eine wichtige Rolle. Staatliche Eingriffe in die Freiheitsrechte der Bürger werden jetzt damit gerechtfertigt, dass ohne eine Kontrolle der Epidemie die intensivmedizinische Versorgung zusammenbricht. Auf die Paradoxie, dass Menschen plötzlich Opfer für ein Gesundheitssystem bringen sollen, das doch eigentlich für die Menschen da ist, hat jüngst der Züricher Philosoph Olivier Del Fabbro hingewiesen.[2]

In der Diskussion zwischen Jürgen Habermas und Klaus Günther in der *ZEIT* vom Mai 2020 wurde deutlich, dass die Väter des Grundgesetzes keine Ahnung von den Möglichkeiten der Intensivmedizin hatten. Aus diesem Grund war auch keine politische Situation denkbar, die verlangen würde, Grundrechte einzuschränken, um die Verfügbarkeit einer optimalen medizinischen Versorgung zu sichern.

In einer technisch-wissenschaftlich aufgeklärten Welt schmilzt der Fatalismus dahin wie die Gletscher im Klimawandel. Naturkatastrophen bedeuteten jahrhundertelang nichts außer der Nichtigkeit des Menschen im Angesicht der Naturgewalten. Heute ruft der Mensch die Naturkatastrophen selbst hervor. Sie sind mit moralischer Bedeutung aufgeladen und strapazieren nicht nur die materielle Leidensfähigkeit, sondern auch die seelische durch Schuldgefühle und Zorn.

Forscher leben riskant, wenn sie uns den Spiegel vorhalten und das gute Gewissen rauben. Sie wecken den Affekt, einen Boten für seine Botschaft zu strafen. Inzwischen gibt es Eiferer, die Virologen mit Morddrohungen verfolgen. Plakate, auf denen »Corona-Kritiker« hierzulande Immunologen beschimpfen, wirken geradezu zivilisiert gegenüber einer Aktion im afrikanischen Womé, wo 2014 acht Experten verschwanden, die über Ebola forschen wollten. Suchtrupps fanden die Leichen später in einer Zisterne.

In der Tat haben Forscher düstere Botschaften überbracht, von denen wir 1970 nichts wussten. Der Blick auf Viren hat sich radikal verändert. Den wichtigsten Einbruch in eine Front der Sorglosigkeit verursachte das HIV-Virus. Es hat dem Mythos vom starken Immunsystem als Schutzmacht ein ebenso jähes Ende bereitet wie der angstfreien Promiskuität.

Eine HIV-Infektion wird ganz und gar nicht von einem intakten Immunsystem »hinweggefegt«. Im Gegenteil: Die Erreger dringen in die Zellstrukturen der körpereigenen Abwehr ein und legen diese lahm. Zum ersten Mal wurde bei HIV ein Test zum Orakel über Gesundheit oder Siechtum.

Der Mythos des todbringenden Virus

Obwohl HIV-Infizierte heute behandelt werden können und die Anstekung nicht mehr tödlich ist, hat dieser Schock das Bild der Virusinfektion ebenso radikal verändert, wie er die Forschung auf diesem Gebiet beschleunigte und intensivierte. Von da an ist der Mythos vom todbringenden Virus in den Medien fest verwurzelt; er kann auf Leinwand und Bildschirm jederzeit epidemisch werden.

Im Kinofilm *Outbreak – Lautlose Killer* will ein General eine Stadt bombardieren, um die menschliche Quelle einer tödlichen Epidemie auszuradieren, ehe sie das ganze Land erfasst. Glücklicherweise entdecken die Spezialisten gerade noch rechtzeitig das Gegenmittel. Im Fernsehen gefährden Terroristen das Leben von Millionen mit einem gefüllten Reagenzglas und werden in letzter Minute abgehalten, es über New York auszukippen.

Waren deshalb 2020 so viele Regierende bereit, die wirtschaftlichen Interessen ihrer Länder zurückzustellen? Vermutlich nicht nur, aber auch. Ich denke nicht, dass sich der radikale Schritt »von der Welle zur Krise« allein darauf zurückführen lässt, dass seit Aids und Ebola die Menschen mehr Angst vor Viren haben. Auch die zwischenmenschliche Haltung und das gesellschaftliche Klima haben sich verändert. Seelische Verletzungen spielen heute eine größere Rolle. Sexuelle Übergriffe auf Kinder galten in den 1960er-Jahren als ekelhafte Bagatelle, manchmal sogar als »Befreiung« der kindlichen Sexualität. Heute alarmieren sie die Bevölkerung; der Strafrahmen wurde erweitert und verschärft.

Als ich 1948 eingeschult wurde, war es noch selbstverständlich, dass sich die Lehrerin durch den »Tatzenstock« Respekt verschaffte. Schläge auf die flache Hand galten als legitimes Erziehungsmittel. Wir haben langsam, Schritt für Schritt, die teils militärisch geprägten, teils faschistisch akzentuierten Vorstellungen über die Privilegien der Starken abgebaut.

Wer auch immer die körperliche und seelische Integrität anderer verletzt, wie auch immer er oder sie es tut – weit über die Gesetze hinaus, die solche Täter verfolgen, greifen auch die Medien nach diesen Fällen und prangern sie an. Der Staat darf nicht mehr träge sein, wie er es in diesen Punkten früher war.

Das Verbot von physischen Strafen, ein anderes Verständnis von Sexualität, die Einsicht, dass Vergewaltigung auch in der Ehe ein Verbrechen ist, das geschärfte Bewusstsein für den Missbrauch von Kindern, für die sexuelle Nötigung in Abhängigkeitsverhältnissen – das alles waren Schritte zu mehr Empathie in Schwächere, Schranken gegen den Vorrang der Starken. Es war ein langer und langsamer Weg. Gebahnt haben ihn mehrere Generationen in wachsendem Gefühl für die Verletzlichkeit des Lebens.

Die fatalistische Haltung gegenüber Epidemien läuft auf das soldatische Motto hinaus: Der Gute hält es aus; um den Schlechten ist es nicht schade. Der Gedanke, dass jedes einzelne Leben kostbar ist und die Rede von Kollateralschäden inhuman, hat mehr und mehr an Macht gewonnen. Wer – wie ich – im Krieg geboren und in der Nachkriegszeit aufgewachsen ist, spürt diese Veränderungen deutlicher als andere. Vielleicht ist das, was 2020 geschehen ist, auch ein Zeichen dafür, dass die Nachkriegszeit (die ja, anders als der Krieg, kein fassbares Ende hat) definitiv vorbei ist. Der Gedanke, das Volk hart zu machen für den nächsten Krieg, hat keine Schlagkraft mehr. Es dominiert die Sehnsucht nach sicheren Grenzen, nach einer wieder überschaubaren Welt.

Die Bedingungen der Immunabwehr

Zwischen dem Problem und dem Dilemma zu unterscheiden, ist ein Denkmodell, das uns in schwierigen Situationen weiterhilft. Während das Problem gelöst werden kann, ist das Dilemma unlösbar. Grundsätzlich ist die Struktur eines Problems also einfach. Beim Dilemma wird es kompliziert. Die Corona-Krise der vergangenen und der aktuellen (Sommer-)Monate demonstriert die Schwierigkeiten, vor denen wir stehen, wenn wir mit der Struktur des Dilemmas konfrontiert sind und darüber hinaus das fatalistische Denken einem empathischen gewichen ist.

Ansteckung ist ein typisches Problem mit klarer Ansage: Ich bin entweder infiziert oder nicht. Das Dilemma meldet sich, sobald wir uns über die komplexen Bedingungen der menschlichen Immunreaktion informieren, die darüber entscheidet, ob und wie wir eine Virusinfektion bewältigen. Wenn ich kategorisch verbiete, dass alte Menschen in Heimen von ihren Angehörigen besucht werden, schütze ich sie hoffentlich vor Covid-19. Gleichzeitig löse ich aber womöglich eine Depression aus, die ihre Abwehr so sehr schwächt, dass sie einem der Keime erliegen, die schon vorher im Heim zirkulierten.

Die Indifferenz des fatalistischen Denkens konnte Normalität erhalten, die heute durch perfektionistischen Eifer eingeschränkt wird. Auf dem Weg zum einfühlenden Denken haben wir erst den halben Weg zurückgelegt. Es wurde und wird nach wie vor über Maßnahmen debattiert, die für einen minimalen Gewinn an Kontrolle den Menschen Möglichkeiten rauben, sich überhaupt noch sicher und geborgen zu fühlen in dieser neu geschaffenen Sozialwelt. Jogger im Stadtpark festnehmen? Verbieten, dass mit Hunden Gassi gegangen wird? Vor allem in Ländern, die erneut steigende Fallzahlen berichten, flammen solche Diskussionen über Maß und Mitte wieder auf.

Obwohl der Fatalismus der vergangenen Jahrzehnte passé ist, hat der hohe Organisationsgrad des modernen Zusammenlebens eine wenig reflektierte Entwicklung hin zu einem eher kalten Denken in simplen Alternativen induziert. Eine auf plakative Vereinfachung zielende Konstruktion des medialen Events gibt vor, wir könnten ein Dilemma in ein Problem zurückverwandeln – mit schwerwiegenden Folgen. Wer in Zeiten großer Unsicherheit die Gefahr erst verleugnet und dann durch »radikale« Gegenmaßnahmen wieder Punkte gewinnen möchte, tut den Bürgern keinen Dienst.

Die Ansteckung ist ein Problem – die Unterstützung des Immunsystems ein Dilemma

Nicht die realistische, sondern die dramatische Gefahr, nicht der statistisch viel häufigere Autounfall, sondern der unwahrscheinlichere Flugzeugabsturz stimuliert unsere Fantasie und prägt unsere Ängste. Die Nachrichten im März von Überlastung der Kliniken, einer riesigen Zahl drohender Todesfälle und jetzt im Sommer von wirtschaftlichem Niedergang nie da gewesenen Ausmaßes waren und sind unter dem Gesichtspunkt des kalten, problemlösenden Denkens korrekte Warnungen.

Wenn wir aber nicht problemlösend, sondern empathisch denken, bemerken wir den Schaden, den solche Bilder anrichten. Nur weil er sich schlechter objektivieren lässt, muss er nicht geringer ausfallen als das Risiko durch den Kontakt mit dem Virus.

Wenn ich von vielen Tausend Corona-Toten in den unterschiedlichsten Erdteilen lese oder höre, wird auf den subtilen, aber unzweifelhaft belegten Wegen der Psychoimmunologie mein Glaube gebrochen, dass ich selbst eine Ansteckung verkraften kann. Da nützt es nicht viel, wenn sich bei genauerem Hinsehen zeigt, dass Verstorbene überwiegend schon vor der Infektion geschwächt waren.

In den Ermutigungsansprachen der politischen Führer weltweit dominiert eine schiefliegende Sicherheit, die oberste Priorität für Gesundheit und Leben zu kennen und sich energisch für sie zu entscheiden. Der populärste Mann ist nun, von der Welle des Events nach oben gespült, derjenige Landesvater, der das Gemeinwohl durch harte Restriktionen sichert. Leben vor einem schnellen Tod an definierter Ursache zu bewahren, schenkt den Virologen weltweit eine Expertenmacht, um die sich etwa die Klimaforscher seit Jahren vergeblich bemühen.

Wir werden erst in den kommenden Jahren einigermaßen beurteilen können, welche der politischen Entscheidungen, die in der Corona-Krise getroffen wurden, für die Gesundheit der Menschen auf dem Planeten segensreich, welche schädlich waren. Je länger wir mit dem Virus leben, desto stärker wird sich Covid-19 in Einzelschicksale auflösen, desto mehr werden neben den Virologen auch Forscher zu Wort kommen, die sich theoretisch und praktisch mit der menschlichen Widerstandskraft beschäftigen.

Sicher wissen wir schon heute, dass Ängste und Depressionen das Immunsystem schwächen. Es wurde viel versprochen, um die Menschen zu entlasten, die um ihre Zukunft bangen, weil ihre wirtschaftliche Existenz und ihre Aussicht auf einen anerkannten Ort in der Gesellschaft gefährdet wurden. Aber Reden über unbürokratische Hilfe lösen keine individuellen Krisen, sie machen sie nur kurze Zeit erträglicher – und diese Entlastung schlägt in ihr Gegenteil um, wenn zu viel versprochen wurde. Ein Künstler, dem staatliche Verbote Auftritts- und Verdienstmöglichkeit genommen haben, stellt zuversichtlich einen Antrag. Er gerät unter eine Lawine von Formularen, die Zuständigen sind ins Homeoffice verschwunden und schicken erst einmal seitenweise Text, fordern ein Dutzend Bestätigungen in beglaubigter Abschrift.

Unter rascher Hilfe stellt sich ein geplagter Mensch vor, dass er zu einem anderen Menschen Kontakt findet, der ihm zuhört, sich in seine Lage versetzt, vielleicht das eine oder andere Dokument studiert, um Missbrauch auszuschließen. Nach ein paar Stunden wird die Hilfe bewilligt.

Das kalte Denken geht immer vom Negativen aus und sucht Kontrolle um jeden Preis. Das warme Denken orientiert sich an der Empathie. Es leugnet nicht die Gefahr, aber auch nicht die Tatsache, dass die meisten Menschen Vertrauen verdienen und es erst einmal darauf ankommt, ihnen Sicherheit zu geben. Es fließt leicht von den Lippen und in die Tastaturen, dass der Staat für die Bürger da ist. Wer aber etwas von einem Staat möchte, der in der Krise behauptet hat, alles für die Bürger tun zu wollen, stößt auf jenes kalte System, dessen Überwindung ihm soeben zugesagt wurde.

Die Corona-Krise produziert Gewinner und Verlierer in einer bisher nie da gewesenen Selektion und Intensität. Wer mit einem kleinen Laden, einer Ich-AG als Musiker, Theatermacher, Autor bisher gut durchgekommen ist, sieht bedroht, woran sein Herz hängt. Wer sich über den

Trott als Beamter geärgert hat, sieht nun den Segen eines festen Gehalts und einer sicheren Pension in leuchtenden Farben.

Kinder bewältigen die Infektion beileibe nicht nur deshalb am besten, weil ihr Immunsystem gut trainiert ist. Sie machen sich in der Regel auch weniger Sorgen als die Erwachsenen, sie fühlen sich krank, wenn sie krank sind, legen sich ins Bett, wenn sie fiebern, und stehen auf, wenn es ihnen besser geht.

Anders die ehrgeizigen, sportlichen Erwachsenen, die schon in Vor-Corona-Zeiten lebensgefährliche Verläufe von Lungenentzündungen provozierten. Sie reden ihre Grippe klein und unterdrücken die Symptome mit schnell eingeworfenen Medikamenten, um weiterarbeiten zu können.

Wenn sie dann mit schwersten Symptomen zusammenbrechen, wird das gegenwärtig gerne der Unberechenbarkeit des Erregers zugeschrieben, nicht der Unfähigkeit der Erkrankten, ihren inneren Zustand ernst zu nehmen. Wenn die Corona-Krise der Menschheit hilft, sich ein wenig von dem Raubbau an seelischen Ressourcen zu distanzieren, kann sie auch eine wohltätige Seite haben.

Wer will noch Held sein?

Als sich im April auf einem französischen Flugzeugträger nahezu tausend junge Soldaten mit dem Corona-Virus infizierten, empörte sich die internationale Presse über den Mangel an Voraussicht, Schutzkleidung und Ähnlichem. Ein »Skandal« sei das, es wurden gar gerichtliche Klagen erwogen. Was wir aus dieser Empörung lernen können, ist eine bemerkenswerte Eintrübung des Denkens, denn: Überwog nicht das Positive? Die Matrosen haben die Infektion zwischenzeitlich hinter sich, fast alle Verläufe waren glimpflich, niemand ist gestorben – an sich auch nicht verwunderlich in einer Population junger und fitter Personen.

Nicht weniger angesteckt von der problematischen Haltung einer unbedingten Vermeidung scheint Peter Laudenbach, Autor eines Textes über das Theater in diesen Zeiten im Feuilleton der *Süddeutschen Zeitung*: »Problematisch ist in Corona-Zeiten nicht nur jede Form körperlicher Nähe, sondern schon leidenschaftliche, laute, also unter Umständen auch feuchte Aussprache ohne einige Meter Sicherheitsabstand, von Kussszenen ganz zu schweigen.«[3] So wird jedes Repertoire »unspielbar« und der Prinzipal des Wiener Burgtheaters, Martin Kušej, geschulmeistert, weil er dagegen protestiert, auf der Bühne »Sicherheitsabstand« zu verordnen. Laudenbach: »Ein Leiter einer öffentlich finanzierten Institution, der das Wort ›Sicherheitsabstand‹ in Anführungszeichen setzt, hat offenbar noch nicht ganz verstanden, in welcher Situation sich die Gesellschaft, und mit ihr das Theater, befindet.«

Wer da etwas nicht verstanden hat, ist nicht der Intendant. Es gibt auch in Zeiten einer drohenden Pandemie »sichere« Nähe. Zumal man Schauspieler testen und erst dann aufeinander loslassen kann, wenn ausgeschlossen ist, dass einer das Virus trägt. Was bleibt von Kunst übrig, wenn Schulmeister und Rechthaber die Zeichen der Zeit so deuten, dass die Vermeidung einer Infektion nicht nur zur ersten, sondern zur alleinigen Bürgerpflicht wird?

Die blindwütige Prophylaxe einer im Einzelfall sehr häufig harmlosen, oft symptomfreien, aber im exponentiellen Wachstum bedrohlichen Infektion deutet an, dass wir die schuldige Variante des Corona-Virus nicht als Naturphänomen, sondern als Feind begreifen. Dafür spricht auch der Mythos von der aus chinesischen Laboren entkommenen Biowaffe. Feind ist Feind, immer und überall. Es gibt keine Bedingungen, unter denen wir aufhören dürfen, gegen ihn anzukämpfen, auch nicht auf einem gut ausgerüsteten Schiff, das in den Weiten des Ozeans bestens davor geschützt wäre, die Infektion dorthin zu tragen, wo sie andere Menschen erreicht, die ihr nicht den gleichen Widerstand entgegensetzen können wie die Mitglieder der französischen Besatzung.

In die Köpfe brennt sich die zu Beginn schon erwähnte Metaphernsprache des Krieges und das Bild eines »typischen« Infizierten, der auf einer Intensivstation mit unsicherem Ausgang beatmet wird. Dass die meisten Covid-19-Kranken »nur« fiebern und husten, die Infektion oft auch fast symptomlos verläuft, spielt für die diffuse Angst der Bürger keine Rolle.

In der kriegerischen Rhetorik von der »dunkelsten Stunde der Menschheit«, der »größten Gefahr« wird die Kränkung eines globalisierten Größenwahns fassbar, dass ein mikroskopisch kleines Eiweißbündel das ganze Getriebe stoppen kann. Mikroben sind Teil der Natur, viele sind nützlich, andere gefährlich, aber wie einen Feind »besiegen« können wir sie niemals.

Die kriegerische Metapher bereitet unser Denken und Fühlen nicht darauf vor, die Ambivalenz der Infektion zu erkennen: Überstehe ich sie, bin ich gegenwärtig und noch so lange, bis eine gute Impfung entwickelt wird, wenn nicht immun, dann aber doch einen großen Schritt weiter. Das Todesszenario, das die Berichterstattungen in hohem Maß prägt, ignoriert diese Ambivalenz. Es ist kalt und dramatisch, es lässt keinen Raum für Erfolgsgeschichten, Zuversicht oder auch nur für den integrativen Gedanken, als Mensch Teil der Natur zu sein und ihr nicht feindlich gegenüberzustehen.

Quarantäne weckt den Blockwart in Männern wie Frauen. Sie lässt gegen Leichtsinn polemisieren und behaupten, wer sich optimal zurückziehe, sorge dafür, dass der Spuk schnell verschwindet. Auch wenn private Feiern in einem gewissen Rahmen wieder erlaubt sind: Wer durch ein Fenster erspäht, dass drinnen Freunde feiern, ruft schon mal die Polizei.

Blinder Glaube an den Götzen der Todesvermeidung für alle und um jeden Preis hat die Macht übernommen. Und in jungen Menschen, in denen der Drang zum Amüsieren steckt, entlädt sich der Frust, wenn die Polizei versucht, Regeln durchzusetzen, wie etwa jüngst auf dem Frankfurter Opernplatz oder in der Stuttgarter Innenstadt. Wenn es noch einen Beweis für die Entbehrlichkeit des realen Helden in der Konsumgesellschaft braucht: Das Jahr 2020 lieferte ihn. Die Kirchen, in denen wir immerhin noch Bilder eines gekreuzigten und auferstandenen Helden sehen könnten, waren lange Zeit geschlossen.

Der Vergleich mit historischen Seuchen wie der Pest ist schief. In der Antike oder im Mittelalter wäre eine Infektion, welche fast alle Gesunden überleben, nicht einmal der Geschichtsschreibung überliefert worden. Damals fehlte die heute umfangreiche Gruppe chronisch Kranker, die keine zusätzliche Schädigung mehr vertragen können (und die, statistisch korrekt, aber im Einzelfall oft voreilig, mit den Alten gleichgesetzt werden).

Abgesehen von Diktatoren, die ihre Medien gut unter Kontrolle haben, begann im März 2020 eine manchmal absurde Konkurrenz, wer eine Quarantäne, die das öffentliche Leben lahmlegt, radikaler durchsetzt als der andere. Frische Luft, das Vitamin der Lunge, wurde in einigen Staaten zur verbotenen Frucht, weil den Menschen nicht zugetraut wurde, vernünftige Sicherheitsregeln zu befolgen und beim Spaziergang Distanz zu halten.

Freiheiten wurden im Dienst der Sicherheit abgeschafft, weil sich kein demokratischer Politiker leisten kann, dass ihm das Wählervolk den Tod von Angehörigen zuschreibt, den sein energischeres Handeln hätte vermeiden können. Darin eine Wende zur Humanität schlechthin zu sehen, wäre allerdings voreilig: Es ist ein Event, das Wählerstimmen sichert, nicht mehr und nicht weniger. Die Ereignisse bestätigen nur die Schwäche der Demokratie, wenn es darum geht, einen richtigen, aber unbeliebten Kurs zu steuern.

In der Umweltpolitik ist das schon sehr lange nicht zu übersehen. Das Leben von Menschen zu gefährden, störte die Entscheider noch nie, solange der Tod als Opfer einer unvermeidlichen Verteidigung der eigenen Nation gerechtfertigt werden konnte oder aber erst nach einigen Wahlperioden zuschlagen würde. Wer Atomkraftwerke bauen lässt, ist mindestens so gefährlich wie der Leugner von Corona-Gefahren. Schon Karl Marx hat erkannt, dass »Nach uns die Sintflut« das durchgängige Motto des Kapitals ist, nicht das eines vom aufstrebenden Bürgertum gefährdeten Feudalherrn.

Die Corona-Gefahr ist zum Tagesgeschäft geworden, sie ist aktuell. Wer denkt, der Shutdown und die ihm folgende Wirtschaftskrise entferne uns garantiert von der Macht des Kapitals, hat seinen Marx nicht studiert, denn Krisen und radikale Umbauten sind ganz und gar das

Geschäft des Kapitalismus. Schon zaubern sich lohnende Perspektiven in die ökonomische Wüstenei. Schon die Tests sind ein gutes Geschäft, das die Aktien auf Kurs hält. Eine Impfung brächte den Profit des Jahrhunderts. Wer aber wird durchsetzen, dass die gegenwärtige Wachstumskrise durch das Einlenken auf den von der Klimakrise geforderten Kurs verarbeitet wird und nicht durch schnelleren, größeren Raubbau, wie es die bisherige Dynamik des Kapitals erfordert?

Der Basler Psychiater Daniel Sollberger kann sich drei Ausgänge vorstellen:[4]

Erstens die eilfertige Wiederherstellung des früheren Zustandes der instabilen Normalität des Konsumismus, zweitens eine passive Resignation, in der sich die Menschen an charismatische Führer anlehnen, oder drittens Einsicht in die grundlegende Endlichkeit des Lebens, die Entschleunigung und Solidarität mit sich bringt, verbunden mit einer neuen Identität als Erdenbürger, die ein gemeinsames Dach haben und alles tun müssen, dieses zu stützen.

Anmerkungen

1 Steven Taylor: *Die Pandemie als psychologische Herausforderung.* Göttingen 2020, S. 50.

2 Olivier Del Fabbro: »Gebt mir einen Virus und ich werde die Welt aus den Angeln heben – ein philosophischer Kommentar«, in Charles Bonoy (Hrsg.): *COVID-19. Ein Virus nimmt Einfluss auf unsere Psyche.* Stuttgart 2020, S. 15–20.

3 Peter Laudenbach: »Man schneidet an der Seele unseres Schaffens herum«, in: *Süddeutsche Zeitung* vom 23.04.2020.

4 Daniel Sollberger: »Endlichkeit und Entschleunigung. Wie wird die Covid-19-Pandemie unsere Gesellschaft verändern?«, in: Charles Bonoy (Hrsg.): *COVID-19. Ein Virus nimmt Einfluss auf unsere Psyche.* Stuttgart 2020, S. 122 ff.

Ebenfalls interessant im Hinblick auf das gesamte Themengebiet: Jonathan D. Quick: *The End of Epidemics. The Looming Threat to Humanity and How to Stop It.* New York 2018.

Armin Nassehi
Modi des (Über-)Lebens
Passen wir überhaupt in diese Welt?

Um den gesellschaftlichen Grundkonflikt der Moderne zu verstehen, lohnt sich ein Blick auf die Kritik der Moderne im Moment ihres Anfangs. In Deutschland wäre es vor allem die frühe Romantik, in Frankreich die Kritik an der Revolution etwa des Gegenaufklärers Joseph de Maistre. Die Grundmotive der Frühromantik kann man als eine Kritik an den Entzweiungen der Moderne paraphrasieren. Philosophisch, ästhetisch, religiös und im Naturverständnis kritisierte diese Bewegung um 1800 den Verlust von Einheit und suchte nach der Versöhnung des Entzweiten. Vor allem in Jena hat sich um 1800 um die Schlegel-Brüder, um Ludwig Tieck, Friedrich Wilhelm Schelling und Novalis eine Bewegung etabliert, die gegen die Differenzierungsprozesse der Moderne deren inneren Zusammenhang setzt, die Natur und Geist nicht als Gegensatz betrachtet, die eine Wiederbelebung des Religiösen gegen die Säkularisierung des Denkens setzt. All das ist nicht besonders tiefenscharf formuliert, aber es ist eines der wirkmächtigsten Motive der Modernitätskritik überhaupt gewesen: den Zusammenhang von Identität und Differenz zu denken, die Trennungen und Differenzierungen der Moderne auszuhalten, unterschiedliche Kontexte zu erleben, mit Perspektivendifferenz zu leben. Die frühromantische Grundidee ist daher nicht einfach eine rückwärtsgewandte Ideologie, sondern sie ist bereits eine Reaktion auf jene Modernisierungserfahrungen, in denen sich die Wissenschaften versachlichen und rationalisieren, der Staat zum Anstaltsstaat wird und sich die Frage nach der Vernunft von der Religion entfernt. Es ist der Versuch, die Welt als Einheit beschreibbar zu machen und den Ursprung aller Teile in einem aufheben zu wollen – und darin ist sie auf eine erstaunliche Art und Weise modern, was immer man darunter genau verstehen will.

Es genügt zunächst diese unscharfe Charakterisierung, um das Bezugsproblem solcher Kritik zu verstehen: Es ist eine Reaktion darauf, dass diese moderne Welt mit ihren Inkonsistenzen und Diskontinuitäten offensichtlich die vormalige, wohlgemerkt: angebliche, ursprüngliche Passung von Welt und Mensch, von Individuum und Gesellschaft, von Einzelnem und Gemeinsamem verloren habe. Ob es jemals eine solche Entsprechung gegeben hat, spielt bei dieser Diagnose keine Rolle – als Projektion hat es sie ohne Zweifel gegeben, im Rekurs auf einen Volksgedanken, auf die Einheit spendende Idee einer beseelten Natur, als Hoffen auf die Monarchie als einer Einheit spendenden Verbindung des Menschen mit einem Fatum in der Figur des Königs etwa bei Novalis, nicht zuletzt als Rechtfertigung einer ständischen Ordnung. Letzteres ist vielleicht die radikalste Kritik der Moderne: der Versuch, die Gesellschaft als Assoziation von Freien und Gleichen wenigstens zu denken gegen den Gedanken, dass dann diese Freien und Gleichen ihren je eigenen Platz verlieren.[1]

In Frankreich setzt der Gegenaufklärer de Maistre mit seiner Kritik an Jean-Jacques Rousseaus Idee des Gesellschaftsvertrages an. Für ihn setzt die Voraussetzung potenzieller Vertragspartner, die dem Gesellschaftsvertrag zustimmen sollen, bereits jenes Gemeinsame voraus, das sich angeblich durch den Vertrag konstituieren solle. Er wehrt sich gegen die Forderung, die Gesellschaft beziehungsweise der Staat könnten Ergebnis einer Wahl, eines Willens sein, statt ihn tiefer zu fundieren, als etwas, das den Akteuren/Individuen ontologisch vorausgeht.[2] Für den französischen Gegenaufklärer war die Revolution vor allem ein Verrat an einer Ordnung, die den Einzelnen ihren Ort zugewiesen hat. Der Verlust besteht gewissermaßen darin, dass die Menschen nun zu einer Freiheit gezwungen sind, die sie überfordert. Hegel hat später ebenfalls vertragstheoretische Modelle – etwa von Thomas Hobbes – ähnlich kritisiert, aber ihn interessierte eher die logische Struktur des Arguments: Es müsse bereits eine das Recht konstituierende staatliche Struktur existieren, damit der Vertrag, der die Grundlage dieses Rechts sein solle, Geltung bekommen könne. Aber anders als Hegel setzt de Maistre hier nicht auf Logik, sondern auf die empirischen Vorzüge einer ständischen Ordnung, die den Einzelnen davon entlasten könne, Autor des eigenen Lebens sein zu müssen. Der große Verrat der Revolution war gewissermaßen der Verrat an einer Ordnung, deren Bedingungen latent bleiben konnten, schon weil man sie gar nicht befragen konnte und durfte. Zugleich hat de Maistre die Gleichheitsunterstellung der Revolution bekämpft – und zwar mit dem Hinweis, dass das Medium, das solche Gleichheit am ehesten herzustellen in der Lage sein könne, das Geld nämlich, zugleich die Quelle neuer, dann aber eben nicht mehr quasi-natürlicher Ungleichheiten sein werde, was das Freiheitsversprechen korrumpiere. Jedenfalls beraube die moderne Idee der Freiheit die Menschen ihres Ortes, zu dem sie immer schon gehören.

Selbstkritik der Moderne

Es ist hier nicht der Ort, die Differenz dieser beiden Denkungsarten angemessen ideengeschichtlich zu rekonstruieren. Vielmehr ist das Motiv bemerkenswert, dass die Kritik der Moderne bereits *in statu nascendi* ein Motiv enthält, das die Grundkonflikte der westlichen Moderne seitdem ausmacht. Dieser Grundkonflikt ist der Konflikt um die Frage des Ortes, an dem die Einzelnen sich befinden. Wie findet der einzelne Mensch seinen Platz in einer Welt, deren Dynamik ganz offensichtlich solche Plätze nicht mehr einfach voraussetzen kann? Die Moderne scheint tatsächlich mit ihren entfesselten Prozessen, ihren akzelerativen Momenten und der Dezentrierung von Ordnungsbildung zumindest das Erleben von Ordnung schwieriger zu machen. Moderne meint hier keinen Fortschrittsmythos, auch keinen plötzlichen Epochenbruch, wie er in den gesellschaftlichen Selbstbeschreibungen dominiert, sondern eher das Ergebnis einer Entwicklung, die auf Komplexitätssteigerungen der

Gesellschaft reagiert. Diese sind unstrittig und haben etwas mit der Verlängerung von Interdependenzketten zu tun, mit technologischem Wandel und wissenschaftlichem Fortschritt, nicht zuletzt mit der Verselbständigung funktionaler Logiken und ihres Eigensinns – nicht im Sinne eines allgemeinen Fortschritts, wie klassische Modernisierungstheorien und ihre politischen Instrumentalisierungen suggerierten, aber schon im Hinblick auf die Gesellschaftsstruktur. Der sinnfälligste Ausdruck solcher Veränderungen ist schon die quantitative Steigerung von fast allem.

Der britische Informatiker Stephen Emmott hat dies in seinem Buch *Zehn Milliarden* an Diagrammen festgemacht. Das paradigmatische Diagramm ist das der Bevölkerungsentwicklung – auf der x-Achse die Zeit, auf der y-Achse die Weltbevölkerung. Erst auf den letzten beiden Zentimetern der x-Achse schnellt die Kurve von circa 0,5 Milliarden Menschen auf erwartete zehn Milliarden zum Ende dieses Jahrhunderts hoch. Der exponentielle Ausschlag beginnt vor 200 bis 300 Jahren. Das Buch enthält viele weitere Diagramme – über die Entwicklung der CO_2-Konzentration in der Atmosphäre, über den globalen Temperaturanstieg, den Verlust von Regenwäldern, Wasserverbrauch, Straßenverkehr, Energieparameter usw.[3] Das ästhetisch Frappierende: Alle Diagramme sehen fast gleich aus. Die wachstumskritische Botschaft des Buches ist klar – aber auch positiv besetzte Parameter würden in ähnlichen Kurven abgebildet werden: Entscheidungsmöglichkeiten, Literalität, Krankenversorgung, Lebenserwartung, politische Partizipation, Versorgung mit Gütern, Überlebensrate bei Geburten, Gleichstellung von Frauen, Versorgung der Weltbevölkerung, wissenschaftliches Wissen usw.[4]

All dies jedenfalls ist nicht nur ein Skaleneffekt, nicht einfach eine Multiplikation von Bestehendem, sondern tatsächlich ein Hinweis auf eine qualitative Veränderung, die etwas mit der Komplexität der Gesellschaft zu tun hat. Die entscheidenden Veränderungen sind Optionssteigerungen auf ökonomischen, wissenschaftlichen, technischen, medizinischen, planerischen und politischen Gebieten.[5] Die Kritiker der frühen Moderne, wie ich sie gerade paraphrasiert habe, treffen auf jeden

Fall einen Punkt in der gesellschaftlichen Selbstbeschreibung, der auf so etwas wie den Verlust von Eindeutigkeit, den Verlust von Einheit, den Verlust von primordialen Ordnungen abstellt – selbst wenn das Primordiale nur deswegen so erschien, weil die Hierarchie der Entscheidungswege und das Fehlen von Verbreitungsmedien so etwas wie kommunikative Entfesselung über kleine Oberschichten hinaus völlig unmöglich gemacht hat.

Das Überleben des Menschen

Die heutige Selbstbeschreibung der Gesellschaft kulminiert mit den Katastrophen des 20. Jahrhunderts nicht mehr so sehr in der Frage des Überlebens primordialer Ordnungen, sondern in der Frage nach den Überlebensbedingungen der Menschheit – mit der Atombombe und im Kalten Krieg im Hinblick auf die Möglichkeit der militärischen Zerstörung aller menschlichen Lebensgrundlagen, heute im Hinblick auf den Klimawandel als Kulminationspunkt ökologischer Gefährdungen. Beide Gefahren sind reale Gefahren – aber auch auf einem Abstraktionsniveau, das nicht wirklich in die konkreten Konfliktlinien der Gesellschaft durchschlägt, selbst wenn sowohl die damalige Friedensbewegung als auch die heutige Klimabewegung zu den sichtbarsten Formen katastrophischer Proteste gerannen. Genau besehen aber gruppieren sich die Grundkonflikte der Gesellschaft wenigstens im industrialisierten Westen der Weltgesellschaft um die Frage, mit der ich diese Überlegungen eingeführt habe: mit der Frage nach dem Platz, den der Einzelne in solchen Gesellschaften hat oder beanspruchen kann. Es geht hier weniger um die Überlebensbedingungen der *Menschheit* als um das Überleben des *Menschen* als konkretem Exemplar.

Das ist kein modernes Phänomen, sondern eines der Bezugsprobleme gesellschaftlicher Ordnungsbildung überhaupt. Alles Gesellschaftliche muss irgendwie dafür sorgen, menschliches Leben an sich binden zu können – das ist ein universales Bezugsproblem, für das es historisch sehr unterschiedliche Lösungen gab, die allesamt mit der Struktur der Gesellschaft selbst zu tun hatten. In frühen stammesgesellschaftlichen Formen wurde das Problem etwa durch eine spezifische Form der Anwesenheit und Reziprozität gelöst. Menschen lebten in kleinen Gruppen, und Tätigkeiten waren so aufeinander bezogen, dass sie die Kontinuität ihrer Tätigkeiten durch reziproke Formen der Arbeitsteilung gelöst haben. In einer solchen Gesellschaft gab es zwar auch ausdifferenzierte Rollen und erste Hierarchieebenen, aber die Kontinuität eines Lebensverlaufs folgte fast vollständig der sozialen Position der einzelnen Individuen. Hier hatte jeder Mensch einen Platz, zum Teil gebrochen durch Alters- und Geschlechtsdifferenzierung ähnlicher Segmente. Kontinuität war leicht herzustellen, weil die Gesellschaft selbst kaum Diskontinuität kannte. Diskontinuität kam nicht von innen, sondern von außen – als Natur, als Angriff von Feinden oder als Veränderung ökologischer Bedingungen. Das Überleben der Gruppe und das Überleben der Einzelnen war gewissermaßen vollständig parallelisiert – und die Kontrollverhältnisse waren wenig komplex, schon weil eine solche Gesellschaftsstruktur für die Eigenentscheidung von Individuen so gut wie keine Verwendung hatte.

Diese Art von Lösung änderte sich spätestens dort, wo Arbeitsteilung stieg und Komplexität schon dadurch wuchs, dass sich Herrschaftsräume ausweiteten, Hierarchien zunahmen und symbolisch vermittelt werden mussten sowie Gesellschaften schlicht größer wurden. Solchen Gesellschaften gelang es, sich selbst intern zu integrieren, indem sie die Menschen selbst gar nicht als Menschen, sondern vollkommen eindeutig mit ihrer sozialen Position verschmelzen ließen. In historisch grober Ungenauigkeit gesprochen, ist das gewissermaßen der Ausgangspunkt jener ständischen Ordnungen, die Menschen eineindeutige Orte zugewiesen haben und nicht einmal auf die Idee kommen konnten, das »Ungleichheit« zu nennen, weil der Horizont von Gleichheit gar nicht erst auftauchen konnte. Ständische Ordnungen sind Ordnungen, die das erwähnte Bezugsproblem dadurch lösen, dass jede und jeder eindeutig weiß, wo er oder sie hingehört – weitgehend alternativlos. An den Körpern ihrer Existenz hing zugleich der soziale Ort – und die Lebensweise war bestimmt durch die Produktions- und Herrschaftsbedingungen, in denen sich die Individuen bewegten.

Der Nachteil dieser Lösung bestand darin, dass solche Modelle der eindeutigen Zugehörigkeit den Ort der konkreten Person in einem einseitigen Kontrollverhältnis bearbeiten konnten. Der Vorteil dieser Lösung bestand gleichzeitig darin, dass die Kontrollverhältnisse eindeutig waren. Nimmt man de Maistres Kritik an der Revolution ernst, dann ist es eine Kritik daran, dass mit der Aufgabe dieses Ordnungsmodells exakt jenes Kontrollverhältnis verschwindet. De Maistre war kein Romantiker – er glaubte nicht an die Göttlichkeit einer konkreten Ordnung. Er war einer der ersten Soziologen – und als solcher erkannte er die Funktion eines eindeutigen Kontrollverhältnisses: Wenn eine Gesellschaft nicht mehr die Tradition ihrer hierarchischen Gliederung anerkennt, wird sie ordnungslos, weil die Kontrollverhältnisse aus den Fugen geraten. Wie die romantische Variante dieser Diagnose aussieht, habe ich mit der Jenaer Romantik angedeutet: alle Gegensätze (Natur/Geist, Herrscher/Untertan, Mann/Frau usw.) zu überwinden, ohne aber klare Hierarchien infrage zu stellen.

Dass solche Denkungsarten an der Schwelle zur Moderne entstanden, ist eine Reaktion auf ihr Scheitern. Die interne Differenziertheit und Komplexität der Gesellschaft schließt solche eindeutigen Kontrollverhältnisse geradezu aus – nur um neue Kontrollverhältnisse zu etablieren, die aber nicht mehr von jener Latenz und jener primordialen Kraft leben konnten wie zuvor. Man kann es an den gesellschaftlichen Veränderungsstichworten des 19. Jahrhunderts festmachen: der Nationalstaat als komplexe Verwaltungseinheit mit starken bürokratischen Planungshorizonten; die Entstehung des Betriebskapitalismus als völlig neue Form der Organisation von Arbeitsteilung; die unter anderem daraus folgende Urbanisierung der Zentren; die Entstehung von Familienformen mit stabilen Geschlechterrollen; die Etablierung von Bildungskarrieren; die Gestaltung von sozialer Ungleichheit als staatlicher Aufgabe und die Entstehung der »sozialen Frage«; das rechtliche Gleichheitsversprechen bei gleichzeitiger ungleicher Verteilung von Lebensmöglichkeiten sowie die Verwissenschaftlichung des Wissens und so weiter. Wahrscheinlich waren die Lebensverhältnisse in früheren Mangelgesellschaften für den Großteil der Bevölkerung erheblich schwieriger, aber das Verhältnis von individuellem Überleben und gesellschaftlicher Dynamik war sicher einfacher, zumindest einfacher zu verstehen und einfacher in dem Sinne, dass es wenig Alternativen der je individuellen Lebensgestaltung gab. Eine moderne, hoch arbeitsteilige, funktional differenzierte Gesellschaft musste diese Form der Lebensgestaltung je neu erfinden – und deshalb wurde auch die Schaffung konkreter Orte für das Leben der Menschen zum entscheidenden Gestaltungsthema gesellschaftlicher Auseinandersetzungen. Um eine unvollständige Liste solcher Gestaltungsfragen zu formulieren:

- Die Verbetrieblichung des Kapitalismus und die Organisation von Arbeit etwa mussten das Problem lösen, dass der kleine Beitrag des Einzelnen ökonomisch so viel Mittel abwerfen konnte, dass Personen in der Lage sind, davon zu leben.
- Diese Versorgungsleistung musste sich einerseits auf einem Markt selbst regulieren, andererseits stark genug sein, um Lebensverhältnisse zu etablieren, die Massenloyalität ermöglichten.
- Massenloyalität, auch vor dem Resonanzraum einer entstehenden Öffentlichkeit, ist in einer Demokratie nötig, die langsam erst allen Männern, viel später auch Frauen das Wahlrecht übertrug und das Risiko einging, Herrschaft vom Willen des Volkes abhängig zu machen.
- Das Bildungssystem musste zweierlei leisten – möglichst gute Bildung für die unterschiedlichen Klassen und Schichten, aber eben nicht zu viel davon, um die Schichtung der Gesellschaft durch ungleiche Zuweisung von Positionen stabilisieren zu können.
- Die Erfindung von Kindheit und Jugend als Bildungs- und Vorbereitungszeit versorgt das gesellschaftliche Personal mit ausreichend Komplexität für die Lebensführung.

- Die Versorgung der Gesellschaft mit Massengütern für Massen, die diese Güter nicht selbst herstellen.
- Eine Sozial- und Wirtschaftsplanung.
- Die Organisation von Daseinsvorsorge und Finanzierung von Ausfallzeiten, etwa durch Unterstützungs- und Versicherungssysteme.
- Was oft vergessen wird: Die Organisation der Daseinsvorsorge durch Sozialpolitik, Umverteilung und Formen der Anspruchsberechtigung konzentriert sich auf die Erreichbarkeit eines nationalen Rahmens, der erst Gestaltung und Planung, Kontrolle und Limitierung möglich macht.
- Das Erfolgsmodell der »Nation« als dem entscheidenden Schema der räumlichen Begrenzung von Einflusssphären nutzt zwar kulturelle Chiffren von Überlieferungen, Codierungen und Traditionen, hat aber vor allem den Sinn, Gestaltungsräume voneinander abzugrenzen und »Gesellschaft« als Raum der Limitation von Zugehörigkeit wie auch der Etablierung von Konflikten als Öffentlichkeit zu inszenieren.
- Die Erfindung des Inländers und des Fremden als exklusive Kategorien reguliert die Zugehörigkeit zum Volkskörper.
- Der Staatsbürgerstatus oder Derivate davon, die Aufenthaltsrecht und damit Lebensplanung ermöglichen, sind gewissermaßen das direkte Korrelat der Notwendigkeit, dass das Leben nicht einfach stattfindet, sondern sowohl aktiv geführt als auch passiv ermöglicht und staatlich kontrolliert werden muss.

Wie bereits erwähnt: Diese Liste ist nicht vollständig und zugegebenermaßen allzu technokratisch beschrieben. Aber sie macht eines deutlich: Sie reagiert auf eine Gesellschaft, die die Orte definierte, an denen sich Personen aufgehalten haben und die die Kontinuität ihres Lebensverlaufs selbst herstellen mussten – man nannte das »Lebensführung« –, ohne dass dies in der Gesellschaftsstruktur selbst verankert war. Das Entscheidende ist, dass gesellschaftliche Modernität bedeutet, dass die unterschiedlichen Elemente, die so etwas wie Orte der Lebensführung erzeugen, vergleichsweise unkoordiniert waren und eigens hergestellt werden mussten. Die Komplexität der modernen Gesellschaft war und ist darauf angewiesen, nicht zu viel festzulegen. Die Leistungsfähigkeit gerade der industriegesellschaftlichen westlichen Moderne bestand darin, dass Differenzierungsprozesse und die Unterbrechung von strikten Kontrollverhältnissen erst jene Kreativität und Flexibilität ermöglicht haben, die die Basis für die Selbstanpassung der Gesellschaft an ihre interne Dynamik ermöglicht hat.

Kontrollverhältnisse

Es geht um Kontrollverhältnisse. Gesellschaften unseres Typs verzichten auf starke Kontrollverhältnisse – sie reagieren auf Komplexität etwa mit der Erfindung des Individuums, das sich in den unterschiedlichen Ansprüchen der Gesellschaft selbst zurechtfinden darf und muss. Die Freiheitssemantik dockt an beide Erfahrungen an: Es ist im bürgerlichen Sinne frei, denken zu dürfen, was es will, Entscheidungen selbst zu treffen und Verantwortung für das Leben zu übernehmen; in Marx'scher Diktion ist es anders als der Sklave frei, seine Arbeitskraft auf den Markt zu tragen, aber eben auch frei von der Verfügung über die Produktionsmittel. Darin wird deutlich, wie die Gesellschaft gerade durch Verzicht auf eindeutige Kontrollverhältnisse das eigene Komplexitätsproblem löst – sie kann den freien Arbeiter/das freie Individuum ebenso loswerden, wie sich bisweilen von der freien Meinung ihres Personals unabhängig machen. Sie kann genügend Komplexität aufbauen, weil Freiheit Variation und Flexibilität aufbaut und ermöglicht, sie muss deshalb keine zu kompakten Lebensverhältnisse schaffen, in denen alles vorstrukturiert ist. Sie verzichtet damit auf quasi natürliche Ordnungen, muss aber mit der Volatilität ihrer eigenen Dynamik umgehen.

Das Individuum ist in diesem Sinne nicht unteilbar, sondern letztlich, wieder mit Marx gesprochen, ein »Ensemble der gesellschaftlichen Verhältnisse«. Das Individuum steht nicht der Gesellschaft gegenüber,

sondern wird durch seine Individualität von der Gesellschaft erzeugt –
und zwar in differenzierter Vielfalt: Das Rechtssystem erzeugt ein zu-
rechnungsfähiges Rechtssubjekt, Arbeitsmärkte erzeugen Karrierewege
und damit individuelle Berufsbiografien, Produktmärkte erzeugen den
individuell entscheidenden Konsumenten, die politische Öffentlichkeit
verlangt politische Bekenntnisse und Wahlstimmen von jedem und jeder Einzelnen, der Staat macht aus Menschen Bürger, das Bildungssystem
erzeugt Persönlichkeiten und einen Habitus der Langsicht im Hinblick
auf spätere Tätigkeiten, die Medizin erzeugt eine Orientierung an der
eigenen Körper-/Krankheitsgeschichte, die Massenmedien versorgen die
Einzelnen mit Bildern und Chiffren, wie man sich als Individuum beschreiben und darstellen kann, und selbst die Religion verlangt in unseren Zeiten eine bewusste individuelle Entscheidung für Zugehörigkeit
oder Nicht-Zugehörigkeit. Selbst die Erlösungsfähigkeit wird indivi-
dualisiert.

Der Zusammenhang dieser unterschiedlichen Individualisierungs-
formen aber wird nicht durch kompakte Orte hergestellt. Zwar erzeugt
die Gesellschaft erhebliche soziale Ungleichheiten, Milieus und sehr
unterschiedliche Zugangsmöglichkeiten, aber das ist eher das Ergebnis
als die Voraussetzung der gesellschaftlichen Dynamik. Das moderne Versprechen, dass jeder und jede etwas werden kann, heißt eben auch,
dass nicht jeder und jede auch etwas wird. Das ist das Bezugsproblem
einer Gesellschaft, die darauf angewiesen ist, Individuen einerseits stark
gesellschaftlich zu formieren, andererseits aber auch ausreichend un-
terbestimmt zu lassen.

Will man es systemtheoretisch formulieren: Dem Gesellschaftssys-
tem und den Organisationssystemen stehen Mechanismen wie Differenzierung, Gleichzeitigkeit, Unterbrechungen, Selbstzerstörung von
Strukturen, evolutionäre Brüche und radikale Beschleunigung zur Verfügung. Psychischen Systemen, den Körpern von Menschen, aber auch
auf Langfristigkeit gebauten Versorgungsbeziehungen (wie Elternschaft,
Pflege) stehen diese Mechanismen nicht zur Verfügung. In der Forschung der 1980er-Jahre hat man für die industriegesellschaftliche Mo-

derne von der »Institutionalisierung des Lebenslaufs«[6] oder von einem institutionengestützten »life course«[7] gesprochen. Gemeint war die versicherungstechnische, institutionelle, sozialpolitische, gesetzliche, arbeitsorganisatorische und auch mentale Herstellung von Kontinuität in einer diskontinuierlichen Welt.

Die großen politischen Spieler der westlichen Länder gruppierten sich fast nur um diese Frage:

- Für Konservative ging es um die Rettung sogenannter gewachsener Lebensformen und die Verteidigung einer überkommenen Schichtung der Gesellschaft bei gleichzeitiger Anerkennung der modernen Komplexität, die sie vor allem durch Rekurs auf die *imagined community* der Nation als Einheit simulieren, die die Gesellschaft nicht ist. Die semantische Übersteigerung der Nation reagiert auf die Unmöglichkeit, mit ihr das zu kompensieren, was der Konservatismus für die eigene Tradition hält. Deshalb ist der Konservatismus eine eminent moderne politische Form, weil er eine semantische Problemlösung für Modernisierungsfolgen anbietet. Die Staatsnähe des Konservatismus ist eine Nähe zum Staat als Garant einer gewachsenen Ordnung, wozu meistens auch die Wirtschaftsordnung gehört, dazu gehört auch die Etablierung sozialpolitischer Maßnahmen – gerade in Deutschland deutlich an den unterschiedlichen Quellen in der katholischen und auch evangelischen Soziallehre einerseits, in der sozialistischen andererseits. Konservative Formen der Herstellung von Kontinuität sind Formen, die an Strukturen ansetzen, die in der Gesellschaft bereits als vorhanden gelten: regionale Traditionen, Berufsstände und familiale Kontinuitäten.
- Für die Sozialdemokratie oder sozialistische politische Akteure ging es noch expliziter um die Herstellung von Kontinuität in einer diskontinuierlichen Wirtschaftswelt. Es ging darum, trotz Volatilität von Märkten eine Lebens- und Versorgungsperspektive für die arbeitenden Menschen zu ermöglichen. Es ging um die Erzeugung von Kontinuität, weswegen solche Parteien in der Vergangenheit tatsächlich

mehr als nur politische Organisationen waren, sondern auch Bildungs- und Kulturorganisationen als Identitätsangebot für diejenigen, die frei von traditionellen Versorgungsstrukturen waren. Klassische sozialdemokratische Politik zeichnete sich durch eine größere Bereitschaft zur Umverteilung aus.

- Der politische Liberalismus schließlich stand einerseits für Abwehrrechte gegen einen autoritären Staat, andererseits für die Idee, der Volatilität und Eigendynamik der Gesellschaft und den ordnungsbildenden Kräften des Marktes zu vertrauen. Der Liberalismus war auf der einen Seite eine starke Freiheitsbewegung, die von der Kritik der Bevormundung durch den Staat, die Kirche, durch Traditionen und tradierte Lebensformen geprägt ist. Darin ist der klassische Liberalismus vor allem an den Bürgerrechten orientiert. Andererseits neigt er bisweilen zu einer merkwürdigen Anfälligkeit für rechte Ideologien, weil eine der Konsequenzen eines staatsfernen Liberalismus dem Recht des Stärkeren und der Verdrängung des Schwachen nahesteht.

Genau gesehen gruppieren sich die zentralen politischen Konflikte noch immer um diese Formen, die Zugehörigkeiten, Zeitperspektiven und Kontinuitäten auf unterschiedliche Weise erzeugen wollen. Diese Differenzierung von politischen Bewegungen folgt letztlich einem einzigen Bezugsproblem: der Positionierung und Kontinuität von Leben in einer volatilen, ausdifferenzierten Gesellschaft. Die Lösungen sind unterschiedlich, aber das Bezugsproblem ist dasselbe.

Die Krise der klassischen Parteien, wie sie hier als konservative, sozialdemokratische und liberale Formen idealtypisch aufgelistet sind, liegt dann womöglich viel weniger an der Krise der konservativen, sozialdemokratischen oder liberalen Variante, sondern an einer Krise der politischen Konflikte. Die klassische westliche nationalstaatliche Gesellschaft, die zumindest der weltgesellschaftliche »Westen« seit dem 19. Jahrhundert für das gesellschaftliche Grundmodell schlechthin gehalten hat, hat diese Bedingungen des Überlebens als ein Problem der vor allem staatlichen Herstellung von Kontinuität gehalten. Dass zur staatlichen Aufgabe des Nationalstaates die Organisation einer dauerhaften Ordnung gehört, einer Ordnung, die erwartbare Abläufe sichert und Massenloyalität erzeugt, weist auf dieses Bezugsproblem hin. Die katastrophischen Teile der gesellschaftlichen Moderne haben stets etwas mit dem Problem zu tun gehabt, diesen Ort der Ordnung in Abgrenzung zu anderen zu etablieren. Dazu gehört die nationalistische Erfindung von *communities*[8] als Ersatzorte für eine multizentrische Welt, die Erfindung des Fremden und die fast universale Etablierung des Antisemitismus und des Rassismus/Kolonialismus. Dazu gehören die totalitären Versuche der Gesamtsteuerung der Gesellschaft in ihrer faschistischen, nationalsozialistischen, aber auch in ihrer kommunistischen Variante. Diese Krisenformen der Moderne haben letztlich alle dort angesetzt, wo es um die Überlebensbedingungen des eigenen Personals ging – allesamt gepaart mit der historischen Ironie, dass diese Überlebensregime besonders viele Todesopfer durch Kriege, Vernichtung und Hungersnöte erzeugt haben. Sie sind allesamt keine Dementierung der Moderne, sondern laborieren direkt an ihrem Bezugsproblem, der Herstellung von Kontinuität in einer volatilen Welt.

Das Ende des »Goldenen Zeitalters«

Eric Hobsbawm hat die Zeit nach dem Zweiten Weltkrieg in Europa und Nordamerika als eine Art »Goldenes Zeitalter« bezeichnet. Vielleicht ist es damals noch am ehesten gelungen, ökonomische, politische, rechtliche und kulturelle Aspekte so miteinander zu verbinden, dass sich ökonomische Potenz und langfristige Versorgungsbeziehungen, Zugehörigkeiten und Weltoffenheit, geschlechtliche Arbeitsteilung und Bildungsorientierung miteinander verbinden ließen. Vielleicht liegt es an der Kombination einer industriellen Produktionsweise, die schon investitionstechnisch auf Langfristigkeit angelegt und zugleich auf langfristig verwertbare Arbeitskraft angewiesen war, mit den Kontinuitäts-

erwartungen von Lebensformen und nationalstaatlicher Entscheidungs-
autonomie.

Diese Bedingungen geraten unter Druck: nationalstaatliche Autonomie, volatile Märkte mit tiefem globalem Vernetzungsgrad ebenso wie
die durch Digitalisierung ungeklärte Frage des Beitrags der arbeitenden
Menschen an der Wertschöpfung, die Frage der kulturellen Zugehörigkeit ebenso wie die Asymmetrie von Milieus und Geschlechtern haben
diese Passung infrage gestellt. Jedenfalls zeichnet sich ab, dass die klassischen politischen Positionen nicht mehr genügend Konfliktpotenzial
entfalten, um angesichts dieser Herausforderungen konkurrierende Lösungen für diese Überlebensfrage anzubieten. Zumindest sollte deutlich
geworden sein, welche Sprengkraft die gesellschaftliche Institutionalisierung von Kontinuität und Überlebensbedingungen der Menschen
birgt. Die Frage ist tatsächlich: *Passen wir überhaupt in diese Welt?*

Der Streit um die Identitätspolitik, der derzeit geführt wird, gehört übrigens direkt in diese Kategorie von Konflikt. Der Vorwurf gegen identitätspolitische Ansprüche lautet oft: *Ihr kümmert euch nicht um die
klassischen Konflikte der modernen Gesellschaft, um gerechte Verteilung
von Gütern und Daseinsvorsorge, sondern nur um kulturelle Repräsentation.* Und in der Tat geht es hier um Zugehörigkeiten und Anerken-
nungsverhältnisse, aber damit gehören sie geradezu in den klassischen
Kanon der kontingenten und fragilen Herstellung von Orten, an denen sich Personen bewegen können. Denn gerade die Komplexität der
Gesellschaft und ihre Indifferenz für konkrete Lebenslagen erzeugen
geplante und ungeplante Strukturierungen von Zugehörigkeit und Anerkennung in bestimmten Räumen. Identitätspolitische Fragen docken
vor allem an zugeschriebenen Merkmalen an – am Geschlecht, an der
ethnischen Herkunft, an der Hautfarbe oder an der sexuellen Orientierung, und damit versuchen sie letztlich ähnliche Probleme zu lösen
wie frühere Institutionenarrangements.

Weist das womöglich in die Richtung, in der Gesellschaften in Zukunft dieses Bezugsproblem lösen? Vielleicht – und wenn ja, wären das
völlig andere Konstellationen als die bisherigen. Vielleicht sind sie auch

nur ein Übergangsphänomen dort, wo die klassischen Institutionenarrangements noch einigermaßen funktionieren – deshalb ist die entsprechende Trägergruppe solcher Debatten auch eher weniger nah an der ökonomischen Wertschöpfungskette und doch in ökonomisch vergleichsweise stabilen und wenig volatilen Zusammenhängen zu finden. Vielleicht ist es ein Übergangsphänomen. Und vielleicht ist es eher das chinesische Modell, das sich durchsetzen wird, in dem der Zusammenhang von Individualität und Kontrolle ganz anders gelöst wird, aber eben auch über eine starke Semantik der Zugehörigkeit.

Zum Schluss: Überleben mit dem Virus

Die weltweite Covid-19-Krise ist ein guter Indikator für die Frage des Überlebens – im unmittelbaren Sinne. Man kann hier die unterschiedlichen Ergebnisse solcher institutioneller Überlebensarrangements in unterschiedlichen sozialpolitischen Regimes besichtigen – der eklatante Unterschied der Auswirkungen der gegenwärtigen Krise in den Vereinigten Staaten und etwa in Deutschland liegt nicht nur an den politischen Akteuren, sondern vor allem daran, wie unterschiedlich in den beiden Ländern so etwas wie ein Kontinuitätsmanagement des Überlebens ermöglicht wird. In Deutschland zahlt sich der stabile Sozialstaat ebenso aus wie eine robuste Förderpolitik für bestimmte Branchen. Das weitgehend frei zugängliche Gesundheitssystem und das Kurzarbeitergeld sind zwei Beispiele für die auch kurzfristige Bearbeitung von Diskontinuitäten zur Aufrechterhaltung von Strukturen – von unternehmerischen Strukturen ebenso wie von Strukturen zur Herstellung persönlicher Kontinuität. Die Unterschiede sind hier eklatant. Das US-Modell mit einer kaum wirksamen Sozialpolitik und einer für viele unzugänglichen medizinischen Versorgung trotz der wohl weltweit besten Hochleistungsmedizin stellt Überlebensbedingungen in Krisensituationen schlicht infrage. Zugleich erzeugt ein solches Arrangement eine deutliche strukturelle Ausgrenzung wohldefinierter Gruppen aus den

Leistungsbereichen des Bildungs- und des Medizinsystems, aber auch im Hinblick auf ökonomische Sicherheit und Sicherheit für Leib und Leben.

An der Covid-19-Krise lässt sich jedenfalls die Fragilität gesellschaftlicher Überlebensarrangements gut ablesen – und damit ist nicht nur die medizinische Überlebensfrage gemeint. Wie sehr die Kontinuität unseres Lebens und ihrer erwartbaren Strukturen von vielfältigen und komplexen Bedingungen und Regelkreisen abhängig ist, lässt sich daran beobachten, wie schnell ökonomisch stabile Strukturen und mit ihnen Arbeitsplätze verschwinden, wenn der cashflow nur für kurze Zeit unterbrochen wird, wie sehr der cashflow davon abhängig ist, dass man als Kunde mit öffentlichen Verkehrsmitteln fahren kann, wie selbst einfache Produktionsketten davon abhängig sind, dass Zulieferung aus anderen Regionen und Ländern sichergestellt ist, wie sehr die Geschlechtergleichheit davon abhängig ist, dass Kinderbetreuungseinrichtungen geöffnet haben und wie sehr deren Öffnungszeiten von der Kontakthäufigkeit der Kinder und des Betreuungspersonals an anderen Orten abhängig sind. Man sieht in der Krise, wie die Familie als Kontinuitätsraum von der Diskontinuität der Kontakte ihres Personals abhängig ist, um nicht überlastet zu werden. Und man lernt, wie radikal die Unterbrechung von Bildungsprozessen Aufmerksamkeit erzeugt. Wir lernen in der Krise, wie existenziell wichtig zum Teil schlecht bezahlte Berufe im Einzelhandel, in der Krankenpflege und in der Müllabfuhr für die Kontinuität des Alltagslebens sind. Und wir werden sichtbar darauf aufmerksam gemacht, wie sehr private Versorgungs- und Pflegeleistungen geradezu Bedingung der Möglichkeit einer funktionierenden Lebensform sind. Wir lernen sogar, dass der sinnlose Konsum von Dingen, die niemand braucht, von der Wirtschaft gebraucht wird, um jene Kontinuität von Geldfluss herzustellen, der auch kontinuierliche Lebensformen zumindest für die erzeugt, die nicht über hohe Vermögen verfügen. Und wir lernen, wie abhängig wir von Infrastrukturen der Energie-, Geld-, Wasser-, Arzneimittel- und der Nahrungsmittelversorgung sind. Zugleich erleben wir, wie schwer jene

Umstellung unserer Lebensform zu bewerkstelligen ist, die für die Bewältigung etwa des Klimawandels notwendig ist, ohne die Interdependenzen jener fragilen Wechselwirkungen infrage zu stellen. Die Krise lässt jedenfalls diese Grundfrage der gesellschaftlichen Moderne sehr sichtbar werden: *Passen wir überhaupt in diese Welt?* Die Antwort lautet streng genommen: Nein. Das wussten offensichtlich schon die Romantiker und die Gegenaufklärer vor 200 Jahren.

Anmerkungen

1 Zur philosophischen Frühromantik vgl. Manfred Frank: »*Unendliche Annäherung*«. *Die Anfänge der philosophischen Frühromantik*. Frankfurt am Main 1998.
2 Vgl. Joseph de Maistre: *Von der Souveränität. Ein Anti-Gesellschaftsvertrag*. Berlin 2016, S. 8.
3 Vgl. Stephen Emmott: *Zehn Milliarden*. Berlin 2013.
4 Vgl. dazu Hans Rosling: *Factfulness*. Berlin 2018.
5 Vgl. dazu Armin Nassehi: *Die letzte Stunde der Wahrheit. Kritik der komplexitätsvergessenen Vernunft*, 3. Aufl. Hamburg 2019, S. 106 ff.
6 Vgl. Martin Kohli: »Die Institutionalisierung des Lebenslaufs. Historische Befunde und theoretische Argumente«, in: *Kölner Zeitschrift für Soziologie und Sozialpsychologie* 37 (1985), S. 1–29; ders.: »Die Institutionalisierung des Lebenslaufs. Ein Blick zurück und nach vorne«, in: Jutta Allmendinger (Hrsg.): *Entstaatlichung und soziale Sicherheit*. Opladen 2003, S. 525–546.
7 Vgl. John W. Meyer: »The Self and the Life Course. Institutionalization and its Effects«, in: A. Sorensen et al. (eds.): *Human Developement and the Life Course*. Hillsdale 1986, S. 199–216.
8 Vgl. Benedict Anderson: *Imagined Communities. Reflections on the Origin and Spread of Nationalism*. London/New York 1983.

Andrea Römmele

Was wäre, wenn …?

Drei Szenarien zum Überleben der Demokratie

Wir Menschen neigen gerne dazu, manche Dinge verhältnismäßig schnell für selbstverständlich zu halten. Wir gewöhnen uns etwa an einen bestimmten Lebensstil, ein Gehalt oder unseren Partner. Vor allem bei Kindern lässt sich beobachten, wie die volle Aufmerksamkeit oft auf ein bestimmtes Spielzeug gerichtet wird, dessen Erhalt für kurze Zeit als Erfüllung erlebt wird. Schnell verblasst jedoch die Erinnerung an das Verlangen, das mit dem Wunsch verbunden war. Die Folge: Die Aufmerksamkeit richtet sich auf etwas Neues, oder das Erhaltene verliert langsam an Reiz. Man möchte es zwar nicht unbedingt missen, aber es fällt einem zunehmend schwer, die eigene Faszination, die ursprünglich damit verbunden war, nachzuvollziehen.

Das gilt auch für unsere Demokratie. Damit meine ich allerdings nicht, dass wir ihr gerade überdrüssig werden, sondern dass sie uns als etwas Gegebenes erscheint. Folgt man dem *Democracy Index,* lebt nicht einmal die Hälfte der Weltbevölkerung aktuell in einer Demokratie. Auch in Deutschland stellt die Demokratie (noch) historisch betrachtet eher die Ausnahme als die Regel dar. Wir sollten deshalb unbedingt Abstand nehmen, die Demokratie und ihr Fortbestehen als etwas Selbstverständliches zu betrachten. Vieles, was für heutige Generationen quasi natürlich erscheint, ist und bleibt politisch. Und was politisch ist, ist immer in Bewegung. Unser Parlament selbst wählen zu können, ist für den Großteil unserer Gesellschaft nichts Besonderes. Machen wir uns aber bewusst, wie verhältnismäßig kurz der Zeitraum ist, seit dem uns allen (Männern und Frauen, im Westen und im Osten) dieses Recht zusteht, wird deutlich, dass das, was uns alltäglich erscheint, nicht die Regel, sondern eine gewaltige Ausnahme ist.

Die letzten Jahre im Allgemeinen und das Jahr 2020 im Besonderen haben uns (mal wieder) mit voller Wucht vor Augen geführt, dass unser Leben – auf individueller, gesellschaftlicher und politischer Ebene – nicht wirklich planbar ist. Nicht zuletzt die rasante Ausbreitung des Corona-Virus und seine unabsehbaren Folgen haben gezeigt, dass wir nichts für selbstverständlich nehmen können. Quasi ohne Vorwarnung hat ein Virus dazu geführt, dass Grenzen in Europa geschlossen, Einreiseverbote verhängt und elementare Grundrechte eingeschränkt wurden. Dinge, die zuvor noch unvorstellbar erschienen, waren plötzlich Teil unseres neuen Alltags. Zwei Dinge wurden uns rasant vor Augen geführt:

1. Was uns selbstverständlich erscheint, ist es nicht.
2. Was uns alternativlos erscheint, ist es nicht.

Das hat Folgen. Alles, was politisch beschlossen wurde, kann wieder revidiert werden, und alles, was politisch beschlossen werden könnte, kann auch beschlossen werden. Darin steckt Chance und Gefahr zugleich. Es macht Hoffnung, dass die großen Herausforderungen und Krisen, vor denen wir zweifellos stehen, bearbeitet werden können, es unterstreicht aber auch die Fragilität all dessen, was uns wichtig ist. Wer hätte Ende 2019 voraussagen können, was uns 2020 in welcher Radikalität beschäftigen wird? Und wer könnte mit Gewissheit sagen, dass der nächste radikale Bruch nicht kurz bevorsteht? Genau hier liegt der interessante Ausgangspunkt weiterführender Überlegungen, um unsere Gegenwart besser zu verstehen. Auch wenn Covid-19 hoffentlich bald aus unserem alltäglichen Leben verschwindet, werden wir uns in der nahen und fernen Zukunft mit großen Umbrüchen auseinandersetzen müssen, die uns vor Augen führen werden, dass Selbstverständlichkeit und Alternativlosigkeit in der Politik immer nur Konstrukte sind. Immer wieder werden wir mit Ereignissen konfrontiert werden, die uns ihrerseits mit Fragen konfrontieren, wie sie unser Zusammenleben verändern werden.

Wie wird sich unsere Gesellschaft verändern? Wird es noch eine Demokratie sein? Wird unsere Demokratie dadurch bedroht oder vielleicht sogar gestärkt?

Eines ist sicher: Unsere Demokratie wird auf die Probe gestellt werden. Durch Veränderungen von innen und von außen. Demokratie kann letztlich durch demokratische Entscheidungen sogar abgeschafft werden. Wie könnte ein demokratischer Angriff auf die Demokratie aussehen? Hätte unsere Demokratie etwas entgegenzusetzen? Und wie widerstandsfähig oder – wie man in der Politikwissenschaft sagt – »resilient« ist unsere Demokratie? Wir können uns nicht einfach auf die Demokratie verlassen, sondern müssen versuchen, sie möglichst widerstandsfähig zu machen. Wir müssen uns heute mit den potenziellen Bedrohungen von morgen auseinandersetzen, um möglichst gut vorbereitet zu sein.

Die Zeit der großen Ideologien, mit ihrem Anspruch, die Zukunft grundlegend zu gestalten, ist vorbei. In einer ausdifferenzierten, globalisierten und individualisierten Welt ist jeder Versuch, die Zukunft zu kontrollieren, zum Scheitern verurteilt. Einschneidende Ereignisse, die den Lauf der Dinge fundamental verändern können, werden zahlreicher, sind schwerer vorherzusehen und in ihrer Bewertung komplexer geworden. Je geringer der Gestaltungsanspruch an die Zukunft wird, desto spannender wird die Frage, unter welchen möglichen Bedingungen man zukünftig handeln muss. Wir können zwar keine Vorhersagen treffen, welchen konkreten Herausforderungen unsere Demokratie in den nächsten Jahren begegnen wird, aber wir können uns damit beschäftigen, unter welchen Bedingungen es geschehen könnte. Denn Veränderungen passieren nicht nur unerwartet und schlagartig, sondern auch prozesshaft und langsam. Diesen Trends können wir nachspüren und so versuchen, Aussagen zu treffen, wie sich das Gerüst entwickelt, das unsere Gesellschaft trägt. Wir finden solche Trends in verschiedenen politischen Problemfeldern, wir können sie in unterschiedliche Richtungen weiterdenken und daraus Szenarien konstruieren, die in einer hochkomplexen Welt und unübersichtlichen Verhältnissen unterstützen können, zumindest ein wenig den Überblick zu bewahren.

Im Folgenden möchte ich die Methode der Szenarien in Politik und Wissenschaft vorstellen und sie dann an drei Beispielen kurz durchexerzieren. Dabei werden zentrale Trends und Akteure identifiziert und ihre möglichen Entwicklungen diskutiert. Es geht mir in erster Linie darum, eine Methodik zu skizzieren, mit der man verschiedene Zukunftsoptionen perspektivendifferenziert beschreibt. Mir ist seit Längerem klar: Mögliche und nicht einmal unwahrscheinliche Ereignisse können unsere Demokratie mehr denn je einmal in eine gefährliche Schieflage bringen, aber andererseits auch zu neuen Chancen führen – je nach Perspektive.

Die Szenariomethode

In großen Szenarien zu denken, ist aktuell *en vogue*, besonders nach dem Wahlsieg von Donald Trump, dem Ausgang des Brexit-Referendums und der Corona-Krise. Alle diese Ereignisse kamen unerwartet und haben ungeahnte Herausforderungen nach sich gezogen. Gerade in der Politik ist dieses Instrument eine willkommene Methode, um nicht gänzlich unvorbereitet zu sein. Auch mit Blick in die Vergangenheit ist sie ein nützliches Gedankenspiel. Historiker sprechen von der Uchronie – der alternativen oder kontrafaktischen Geschichte –, in der man fiktiv davon ausgeht, die Geschichte hätte an einem entscheidenden Punkt eine andere Richtung eingeschlagen. Was wäre dann geschehen? Doch die Geschichte ist in Tatsachen abgelegt, deswegen wollen wir den Blick in die Zukunft richten. In einer dynamischen, komplexen, vernetzten und beschleunigten Welt wird die Steuerungsfähigkeit von Politik geringer. Solche Verhältnisse erfordern Entscheidungen auf der Basis begrenzter Information und ein Mitdenken, ja das Vorausahnen von Veränderungen.

Die Szenariomethode kann helfen, zu verstehen, unter welchen Bedingungen verschiedene Versionen einer Situation eintreten könnten und wann an welchen Stellen für welche Akteure die Möglichkeit bestünde, steuernd in den Prozess einzugreifen, oder welche Änderungen helfen könnten, einen Trend zu stoppen. Bei der Szenariomethode geht es nicht darum, möglichst fantasievolle Blicke in die Glaskugel zu werfen. Sie sind eben nicht als Prognosen für die Zukunft zu verstehen. Die Menge an Akteuren und möglichen Einflüssen machen so etwas wie exakte Vorhersagen für Politik und Gesellschaft sowie in den Sozialwissenschaften quasi unmöglich. Es gibt überdies immer überraschende Wendungen der Weltgeschichte. Szenarien dienen vielmehr dazu, bestehende Trends weiterzudenken und in eine plausible Geschichte zu verpacken. Sie sind nicht aus der Luft gegriffen, werden aber auch nicht zwangsläufig eintreten. Ein bekanntes Beispiel sind die Szenarien des Club of Rome, der negative Trends weiterdachte und somit Aufmerksamkeit dafür schaffen konnte, dass bestimmte Änderungen notwendig seien, wenn das von ihnen entworfene Szenario verhindert werden sollte.

Die lohnende Frage lautet also: »Was wäre, wenn …?«

Damit ist man zwar immer noch nicht vor Überraschungen wie Donald Trump gefeit, aber so lässt sich versuchen, die Zukunft der Demokratie nicht gänzlich als Glücksspiel zu betrachten, indem die Anzahl möglicher Überraschungen zumindest reduziert wird. Es vermittelt uns einen Eindruck, wie gefährdet unsere Demokratie ist, aber auch, wo noch Potenziale zur Verbesserung schlummern. Dies möchte ich im Folgenden beispielhaft skizzieren. Die Szenarien werden dabei allerdings nicht zu Ende gedacht, sondern sollen nur als Denkanstöße dienen, um aufzuzeigen, warum sich die Beschäftigung mit ihnen lohnt.

Szenario 1: Peking an der Spree

Die Einschränkung von Grundrechten im Zuge der Bekämpfung der Corona-Pandemie hat unsere Demokratie eigentlich ganz gut überstanden. Die Versammlungs- und Bewegungsfreiheit sind in großen Teilen wiederhergestellt. Wir können uns glücklich schätzen, in einem Land zu leben, in dem Einschränkungen wo nötig und erneute Lockerungen sobald wie möglich umgesetzt werden. Aber demokratische Prinzipien können ganz anders verloren gehen. Nicht durch Terror, nicht durch eine Pandemie, sondern schleichend und langsam. Gerade solche Szenarien zeigen Gefährdungen auf, die man andernfalls gar nicht bemerken würde.

Im Vergleich zu Staaten wie China, das innerhalb von drei Dekaden eine Milliarde Bürger aus der Armut gewuchtet hat, erscheint für so manchen Beobachter und Entscheider unsere Demokratie zu oft als zu behäbig, um im internationalen Wettbewerb bestehen zu können. Man kann es für vernünftig halten, dass man in einem Land lebt, in dem die sogenannte »Corona-App« Monate auf sich warten lässt und langwierige Debatten darüber geführt werden, bis Datenschutzbedenken ausgeräumt sind. Man kann aber auch neidisch auf andere Länder blicken, in denen vergleichbare Apps einfach eingeführt wurden und sich nicht über den Prozess ihres Zustandekommens, sondern ihren Effekt auf die Entwicklung der Pandemie rechtfertigten. Ist unser föderales, widerspenstiges und mit sogenannten Vetospielern gefülltes System vielleicht doch zu langsam für das 21. Jahrhundert? Klimawandel, Pandemien, technologischer Fortschritt – sind wir diesen Herausforderungen gewachsen oder brauchen wir »less talk, more action«?

Demokratische Entscheidungen legitimieren sich zum einen durch die sogenannte Input-Legitimität. Durch die Verfahren, in denen sie getroffen werden, und ihre Transparenz, durch die sich nachvollziehen lässt, wer warum welche Entscheidung auf welcher Grundlage getroffen hat. Werden bei ihrer Verabschiedung bestimmte Regeln eingehalten, kann diese Entscheidung für sich beanspruchen, demokratisch getroffen worden zu sein. Demgegenüber steht die Output-Legitimität von Entscheidungen. Sie wird erzeugt, wenn die Entscheidungen, die getroffen werden, denen, für die sie gelten, nutzen. Man schafft beispielsweise Vertrauen in einen Staat nicht darüber, dass er transparent und nach demokratischen Richtlinien funktioniert, sondern darüber, dass er besonders effizient ist und seine Bürger von ihm profitieren. Die

Repräsentierten also ihre Interessen aufgrund der Politikergebnisse von den Repräsentanten als vertreten sehen.

Nicht nur der rasante Aufstieg Chinas, sondern auch die Forderungen nach einem »Update für die Demokratie« machen deutlich, dass es sich lohnt, darüber nachzudenken, wie sich unsere Gesellschaft entwickeln könnte, wenn wir einen solchen Weg einschlagen und dem Staat Instrumentarien an die Hand geben, die effiziente Durchgriffe erlauben, allerdings um den Preis demokratischer Input-Legitimation. Ohne Zweifel würde es einen starken Staat benötigen. Aber nicht einfach nur einen starken Staat, sondern vor allem eine starke Exekutive, die die Führung von vorne übernimmt. Eine starke Exekutive, die individuelle Freiheiten und demokratische Rechte zwar einschränkt, aber dafür soziale Sicherheiten weit über das derzeitige Maß hinaus garantiert. Eine Regierung, die sich weder von einer Opposition noch von widerspenstigen Bürgern aufhalten lässt. Gerade haben wir in der Corona-Krise erlebt, wie viele Unternehmen auf staatliche Unterstützung angewiesen sind, um zu überleben.

Wäre es da nicht sinnvoller, den Staat gleich die Führung übernehmen zu lassen? Wenn er am Ende für die Risiken haftet, sollte er nicht auch mehr entscheiden und vor allem Zugriff auf die Gewinne haben? Es sind keinesfalls nur Anhänger von Kollektivierung und Verstaatlichung, die neidisch nach China gucken. Auch aus der freien Wirtschaft hört man neuerdings wieder Stimmen. Neidisch blickt man nach China, wo der Staat mit seinem gigantischen Machtregime ideale Bedingungen für die ansässigen Unternehmen schafft. Und verfolgte China vor Corona nicht mehr als ambitionierte Klimaziele? Ist Mitbestimmung überhaupt so nötig, wenn man ohne sie viel effizienter arbeitet?

Es lohnt sich, den Fragen nachzugehen, ob unser politisches System ein Update benötigt, um den existierenden und kommenden Herausforderungen gewachsen zu sein. Sind freier Markt und Demokratie Werte an sich oder können mit anderen Herangehensweisen noch mehr Werte geschaffen werden? Es sind Fragen, die sich nicht abschließend beantworten lassen, sondern zutiefst von Ethik, Philosophie und Moral geprägt sind. Gerade deshalb ist es umso sinnvoller, sich mit diesen Fragen zu beschäftigen und Szenarien zu entwerfen, die uns ein Bild davon geben, welche Faktoren sie relevant werden lassen, was die Konsequenzen sein könnten, und vor allem, wie sich unsere Demokratie dagegen wappnen kann.

Szenario 2: Die Verengung der Radien

Aus erfahrbaren Trends lassen sich jedoch nicht nur Gefahren, sondern auch Chancen ableiten. Positive Entwicklungen, denen man nachspüren kann, um Ideen zu entwickeln, an welchen Stellschrauben angesetzt werden müsste, um sie zur vollen Entfaltung zu bringen. So etwas begegnet uns beispielsweise häufig zu Beginn von Krisen, die immer wieder von verschiedenen Formen von nicht alltäglicher Solidarität begleitet werden. Dafür lassen sich unterschiedliche Ursachen finden. Die Corona-Pandemie hat beispielsweise für viele von uns die Welt ein ganzes Stück kleiner gemacht. Nicht nur, weil wir nicht mehr reisen konnten, Restaurants geschlossen wurden und wir uns die meiste Zeit in den eigenen vier Wänden aufhielten. Viele von uns haben gemerkt, was besonders fehlt – der Kontakt zu Familie und Freunden, die oftmals über den gesamten Globus verteilt leben. Selbst ein anderes Bundesland oder eine andere Stadt reichten aus, um ein Treffen unmöglich zu machen.

Dafür war man zurückgeworfen auf jene Menschen, die einen direkt umgeben. Die Nachbarn aus dem Haus, aus der Straße oder dem Viertel. Man organisierte Nachbarschaftshilfen, stellte Kuchen vor Haustüren ab und bedankte sich bei den Menschen an der Kasse des Supermarkts nebenan. Zugegeben, diese Phase hielt nicht besonders lange an. Aber eine kurze Zeit keimte überall die Hoffnung, dass dieses neue Miteinander in die Zeit nach Corona gerettet werden könnte. Auch wenn dem aktuell nicht so ist, hat es doch gezeigt, dass es ein gesamtgesellschaftliches Bedürfnis nach etwas gibt, was in dieser kurzen Phase erfahrbar war. Die Herausforderung und die Bedrohung durch Corona haben ein

Wir-Gefühl entstehen lassen, nach dem sich scheinbar viele sehnen. Es hat eine Situationsveränderung stattgefunden, in der sich die Voraussetzungen für gegenseitiges Helfen so verändert haben, dass es möglicher wurde, als es scheinbar unter den sonstigen Bedingungen ist.

Eine willkommene Abwechslung zu Individualisierung, Überkomplexität und Beschleunigung. Unsere Umgebung schrumpfte auf das Unmittelbare. Selbst der Arbeitsplatz oder der nächste Stadtteil waren für viele nicht mehr erreichbar, beziehungsweise man verzichtete darauf, um Risiken zu minimieren. Das hatte Auswirkungen auf das soziale Engagement. Es verschwand nicht, sondern verlagerte sich für viele. Politisches Engagement spielte sich plötzlich genauso in der Nachbarschaft oder in der eigenen Gemeinde ab.

Stellte sich schnell die Frage: Was würde es für unsere Demokratie bedeuten, wenn die Menschen kein Interesse mehr an Bund, Ländern und Landkreisen, sondern nur noch am eigenen unmittelbaren familiären Umfeld haben? Kann unser politisches System so bestehen? Eine komplexe Welt muss nicht automatisch den Wunsch nach autoritärer Führung hervorrufen. In zahlreichen Studien konnte belegt werden, dass das Vertrauen in die Bedeutung des engeren Umfelds immer wichtiger wird. Dazu bedarf es keiner Pandemie, die uns in die eigene Nachbarschaft hineinzwängt. Die Welt erscheint komplex, unbeherrschbar, und oft hat man das Gefühl, dass man keinen Einfluss auf sie hat. Dann wäre es naheliegend, dass man sein Engagement zunehmend auf das Lokale und die Städte richtet. Dorthin, wo man die Leute kennt und das Gefühl hat, noch etwas bewegen zu können. Wo die Dinge übersichtlich und überschaubar sind. In einer globalisierten Welt können wir zwar nicht alle in Stadtstaaten leben, aber das Interesse an und das Vertrauen in Politik könnte hier wiederaufgebaut werden.

Dieser Rückzug ins Unmittelbare muss nicht zwangsläufig in der Kleinstaaterei enden. Es geht nicht darum, dass es unmöglich wäre, in einem Staat so etwas wie Responsivität zu schaffen. Aber eben jene ist es, die vielen Menschen in ihrem politischen Alltag fehlt und die sie beim Rückzug ins Regionale finden. Es geht darum, wie es gelingen kann, den Bürger wieder als zentralen Akteur in das politische System zu integrieren, wie es beispielsweise in Irland mit den »citizen's assemblies« oder auch mit der »liquid democracy« versucht wurde. Auch und gerade bei solchen politischen Herausforderungen können Szenarien helfen. Mit ihrer Hilfe lassen sich potenzielle Lösungen prüfen, aber vor allem mögliche Lösungen finden.

Szenario 3: Europa ist tot! Es lebe Europa!

Aber Szenarien lassen sich nicht nur aus identifizierten Trends entwickeln. Man kann auch mit einem fixen Ziel im Kopf Szenarien entwerfen, die einen diesem Ziel näher bringen können. Innerhalb dieser Gedankenexperimente lassen sich Möglichkeiten ausloten, die einem bei der Verwirklichung dieser Ziele helfen könnten. Beispielsweise auf dem Weg zu einer stärkeren Europäischen Union. Lange Zeit galt Deutschland als der große Zögerer in der EU. Viele waren enttäuscht, als auf die berühmt gewordene Sorbonne-Rede von Macron keine zufriedenstellende Antwort aus Berlin kam. Umso überraschter waren viele Beobachter, als es Macron und Merkel waren, die ein gigantisches Hilfspaket der EU forderten, um die wirtschaftlichen Schäden im Zuge der Corona-Pandemie abzufedern.

Diesmal waren es kleinere, weniger mächtige Staaten, die sich zusammenschlossen und forderten, dass die Hilfen nur in Kreditform ausgegeben werden sollten. Könnte das der Grundstein für eine neue Marschrichtung in der EU sein? Lange Zeit wurde die Zukunft der EU mit Sorge betrachtet. Eigensinn, Autoritarismus, keine gemeinsamen Antworten auf drängende Fragen und nicht zuletzt die unabgestimmten Grenzschließungen zu Beginn der Pandemie haben viele Beobachter ein düsteres Bild zeichnen lassen. Was aber, wenn es ganz anders käme?

Die Durchschlagskraft der EU ist noch nicht an ihrem Maximum angekommen. Damit sie größer wird, müssen die Beziehungen zwischen den Staaten auf ein engeres Fundament gestellt werden. Als »schleichende Föderalisierung« hat dies der erste Kommissionspräsident Walter Hallstein einmal bezeichnet. Es lassen sich Szenarien durchspielen, die einen Weg dorthin beschreiben können. Einen Weg zu etwas, das tatsächlich in die Richtung der »Vereinigten Staaten von Europa« führen könnte. Eine Möglichkeit wäre, die seit Langem diskutierte, aber nie wirklich näher rückende Einführung einer EU-Steuer. Derzeit ist der EU-Haushalt stark abhängig von den Mitgliedsstaaten. Die EU gibt zwar steuerliche Rahmenbedingungen vor, ist aber an der Erhebung und der Festsetzung der Steuern nicht beteiligt. Die EU würde deutlich an Handlungsspielraum gewinnen, würde sie Teile ihres Budgets selbst über Steuern erheben. In der Vergangenheit wurden bereits Verbrauchssteuern oder eine eigene Besteuerung des Finanzsektors diskutiert. Um so etwas tatsächlich umzusetzen, würde die EU eine eigene Finanzverwaltung benötigen. Sozusagen ein eigenes Finanzministerium. Wäre die EU von den einzelnen Mitgliedsstaaten unabhängiger, stiegen beispielsweise auch die Chancen für eine gemeinsame kohärente EU-Außenpolitik. Mit einer Art Außenministerium und Kompetenzen, die weit über die derzeitigen des EU-Außenbeauftragten hinausreichten. Was also, wenn die Positionen der Mitgliedsstaaten in verschiedenen Politikfeldern nicht debattiert würden, bis ein Kompromiss steht, der anschließend die EU-Position darstellt, sondern umgekehrt, die Mitgliedsstaaten versuchen müssen, ihre Positionen mit denen der EU in Einklang zu bringen?

Man müsste darüber nachdenken, wie unsere Gesellschaft und unser politisches System aussehen könnten, wenn die EU gegenüber den Nationalstaaten an Handlungsspielraum und Relevanz gewinnen würde. Gerade eine europäische Steuerpolitik würde ein hohes Maß an Zentralisierung erfordern, jedoch müsste eine Abschaffung der Nationalstaaten nicht die Konsequenz sein. Vielmehr könnte eine Art föderaler Bundesstaat entstehen, mit dem anschließend Überlegungen durchzuspielen wären, welche Auswirkungen dies für unsere Demokratie und vor allem den politischen Diskurs bedeuten würde. Letzterer wäre ein interessanter Ansatzpunkt für ein solches Szenario. Denn die EU kann noch so viel politische Macht haben, sie ist nichts wert, solange kein europäischer Diskursraum existiert, in dem eine europäische Meinungsbildung stattfindet. Gemeinsame europäische Fernsehsender, stärkere Vernetzung oder gemeinsame Listen für die EU-Wahlen können erste Schritte hin zu so einem Diskursraum sein.

Überleben der Demokratie

Unerwartete Ereignisse, Krisen und Katastrophen sensibilisieren für die Fragilität vermeintlicher Selbstverständlichkeiten. Eine Pandemie führt uns vor Augen, dass das globale Gesundheitssystem trotz allem medizinischen Fortschritt vor gigantischen Herausforderungen steht, eine Finanzkrise führt uns vor Augen, dass ungebremstes Wachstum zu enormen Verlusten führen kann, und der Klimawandel macht uns bewusst, wie groß und klein zugleich der Einfluss unseres Verhaltens auf das zukünftige Leben auf unserem Planeten ist. Und so wie wir versuchen, uns auf diese Krisen vorzubereiten, müssen wir versuchen, die Resilienz unserer Demokratie zu verbessern.

In unserer unmittelbaren Umgebung können wir beobachten, wie sich Bürger, Politiker und ganze Staaten von demokratischen Prinzipien und Werten entfernen. Demokratien können auf unterschiedlichste Arten und Weisen geschwächt oder sogar abgeschafft werden. Oftmals sind es gerade die kleinen Stellschrauben, die man zunächst gar nicht richtig bemerkt, die am Ende aber einen besonders großen Effekt haben. Deshalb lohnt es sich umso mehr, sich mit der Zukunft zu befassen. Die wichtigste Erkenntnis ist die, dass unsere Demokratie keine Selbstverständlichkeit, sondern eine Besonderheit ist. Sie wurde mühsam erkämpft und muss nun nicht nur verteidigt, sondern auch weiterentwickelt werden. Dabei können Szenarien, wie die oben umrissenen, helfen. Sie geben uns die Chance, uns auf mögliche Zukünfte einzustellen. Dabei ist es zentral, sie nicht nur zur Identifikation von Gefahren zu verwenden, sondern auch, um die Dinge zum Besseren zu verändern. Wie die drei

Beispiele zeigen sollen, lassen sich mit ihnen ebenfalls Chancen und Potenziale für Verbesserungen erkennen.

Diese drei Gedankenexperimente sind keine Spielereien, sondern in einer hochkomplexen, vernetzten und interdependenten Welt wie unserer notwendig, um nicht zum Spielball zu werden. Sie können helfen, unsere Demokratie den gegenwärtigen Verhältnissen anzupassen, um sie zu schützen, zu verändern und vielleicht sogar zu verbessern. Dazu müssen wir akzeptieren und verstehen, dass Demokratie immer ein Prozess ist, an dem wir alle beteiligt sind. Nur wenn wir kontinuierlich an ihr arbeiten und sie mit Leben füllen, überholt sie sich nicht und bleibt das, was sie ist: die beste Staats- und Gesellschaftsform, die wir je hatten.

Stefanie Schüler-Springorum
Das Untote
Warum der Antisemitismus so lebendig bleibt und ist

Während diese Zeilen geschrieben werden, findet in Magdeburg der Prozess gegen den Attentäter von Halle statt, der an Jom Kippur 2019 versuchte, die dortige Synagoge zu stürmen. Als die massive Tür seinem Angriff standhielt und so das geplante Massaker verhinderte, erschoss er eine Frau, die ihm zufällig über den Weg lief, dann den Kunden eines Dönerimbisses, den er für einen »Nahöstler« hielt, und schließlich verletzte er mehrere weitere Personen, zum Teil schwer. In der Berichterstattung über den ersten Prozesstag, an dem der Angeklagte zur Person und zum Tathergang vernommen wurde, dominiert ein Motiv: die Sprach- und Fassungslosigkeit der Zuhörer, Richterin und Staatsanwälte, Angehörige und Journalistinnen eingeschlossen.[1] Es ist schon eine Weile her, dass man in einem deutschen Gerichtssaal eine so umfassende Präsentation dessen zu Ohren bekam, was die Forschung etwas gedrechselt ein »geschlossenes antisemitisches Weltbild« nennt: Juden sind die Drahtzieher hinter allem Bösen. In diesem konkreten Fall lenken sie – einem angeblich »Großen Plan« folgend – muslimische Flüchtlingsströme nach Deutschland, um die dortige Bevölkerung zu zer- beziehungsweise zu ersetzen, was nicht nur mittels demografischer Masse, sondern zusätzlich durch die jüdische »Erfindung« des Feminismus geschieht, der bewirkt, dass deutsche Männer keine deutschen Frauen und Letztere nicht mehr genügend Kinder bekommen.

So kurz, so krude, so vertraut. Und so wichtig es ist, auf das konkrete politisch-gesellschaftliche Umfeld zu verweisen, in dem dieses Gedankengebäude, mehr oder weniger umfassend oder »geschlossen«, mit oder ohne der einen oder anderen spezifischen Ingredienz (in Corona-Zeiten kommt zum Beispiel noch die Große Impfverschwörung hinzu), einer, so scheint es, wachsenden Zahl von Menschen plausibel erscheint, so befremdlich ist gleichzeitig das Erstaunen über die Stabilität der antisemitischen Architektur selbst.

Denn wenn man die theoretischen Erklärungsversuche wie etwa die der sich einer beeindruckenden Renaissance erfreuenden Kritischen Theorie wirklich ernst nimmt, dann müsste man sich eigentlich darüber wundern, dass überhaupt irgendwer davon ausgeht, diese spezifische Form von Hass lasse sich durch die übliche Trias von Forschung, Bildung und Vernunft zum Verschwinden bringen, ganz ohne Abschaffung mindestens des Kapitalismus und seiner von ihm erzeugten Psychodynamiken. Angesichts dieses gerade in Deutschland besonders virulenten Widerspruchs zwischen Theorie, Empörung und möglicher Praxis lohnt sich ein Blick in die lange Geschichte eines Phänomens, dessen grundsätzliche Deutung auch in der historischen Forschung alles andere als unumstritten ist.

Grob gesagt lässt es sich in zwei Richtungen unterscheiden, die an ihren beiden Extremen unterschiedlicher kaum sein könnten. Für die eine Interpretation steht emblematisch der Titel eines der Werke des britisch-israelischen Historikers Robert S. Wistrich, *Antisemitism. The Longest Hatred*. Antisemitismus ist in dieser Sichtweise ein in sich geschlossener Begriff, mit dem man das sich letztlich kaum wandelnde, stets präsente historische Phänomen des Judenhasses *von der Antike bis in die Gegenwart* – so ein äußerst beliebter Buchuntertitel – bezeichnet, für das es, dies ist die politische Konsequenz vieler Autoren, nur eine Lösung gibt: einen eigenen jüdischen Staat.[2] Am anderen Ende des Spektrums findet sich der viel diskutierte Aufsatz »Away from a Definition of Antisemitism« seines amerikanischen Kollegen David Engel, der eine fulminante Kritik eben dieses Blicks auf die Weltgeschichte beinhaltet: Anstatt einen Begriff aus dem Deutschland des 19. Jahrhunderts als Erklärungscontainer für alle möglichen historischen Ereignisse und Erscheinungen weltweit zu begreifen, plädiert er für eine radikale Dekonstruktion des Konzepts durch sorgfältige Kontextualisierung der jeweils zu beschreibenden historischen Phänomene: »Constituting antisemitism as an object of historical study, in whatever form and according to whatever parameters, has diverted and will likely continue to deflect historians from potentially fruitful ways of investigating the specific incidents, texts, laws, visual artefacts, social practices and mental configurations that such rubric customarily subsumes.«[3]

Zwischen diesen beiden so gegensätzlichen Polen finden sich eine stetig wachsende Anzahl von unterschiedlichsten *Beschreibungsversuchen der Judenfeindschaft*,[4] unter denen ich hier – aus gutem Grund, wie gleich zu zeigen sein wird – einen Autor herausheben möchte, der die seltene Gabe besitzt, in beide Richtungen zu denken (wenngleich, dies sei konzediert, in beträchtlichem zeitlichem Abstand). In seiner Dissertation aus dem Jahre 1996 schrieb der in Chicago lehrende Mediävist David Nirenberg gegen ein teleologisches Verständnis von Antisemitismus an, das den lokalen und zeitlichen Kontext völlig außer Acht lässt. Am Beispiel von verschiedenen Ausbrüchen kollektiver Gewalt gegen Juden im spätmittelalterlichen Aragon kann er eindrucksvoll nachweisen, dass man die Spezifik multiethnischer Gesellschaften verfehle, wenn man sie auf der Folie einer Vorstellung beschreibt, die Homogenisierung quasi als deren natürliche Entwicklungsrichtung ansieht und Differenz somit als etwas Auszumerzendes.[5] Zugleich betonte er schon damals, dass man selbstverständlich auch die Geschichte kollektiver Wahnvorstellungen präsent haben muss, um den jeweiligen lokalen Kontext zu begreifen.

Diesem wandte er sich in seinem zweiten großen Werk zu, das unter dem Titel *Anti-Judaismus. Eine andere Geschichte des westlichen Denkens* 2015 auch in deutscher Übersetzung erschien.[6] Hier lenkt Nirenberg den Blick auf die Kontinuitäten des Antijudaismus, den er – in der fundamentalen Gegenüberstellung von »Fleisch« und »Geist« – als strukturbildend für eben dieses Denken seit der Antike ansieht. In Anlehnung an Marx betont er, dass es in seiner Interpretation des Antijudaismus (und er benutzt bewusst nicht das so stark zeitgebundene Wort

Antisemitismus) nicht um eine Beziehungsgeschichte von realen Juden und Nichtjuden geht, sondern um »die grundlegenden Werkzeuge und Konzepte …, durch die die Menschen in einer Gesellschaft in Beziehung zur Welt und zueinander treten«, um ein »Repertoire von Ideen und Attributen, mit denen Nichtjuden ihre Welt deuten und kritisieren können«.[7]

Es ist genau diese Doppelstruktur des antijüdischen Ressentiments, so würde ich argumentieren, in der das Geheimnis seines Überlebens liegt: Zum einen die sich über Jahrhunderte in völlig unterschiedlichen Kontexten immer wieder neu aktivierende Matrix des antijüdischen Denkens, zum anderen dessen bislang viel zu wenig beachtete Fähigkeit, mit allen möglichen anderen Ressentiments zum Teil sehr stabile, zum Teil flüchtige Verbindungen einzugehen – was jedoch nur durch eine sorgfältige historische Kontextualisierung überhaupt sichtbar wird. Letztere, die Verflechtungspotenz des Antisemitismus, bedingt dann auch die so offensichtliche Tendenz zur völligen Inkohärenz, die der stringent durchdeklinierten Nirenberg'schen Anti-Judaismusdeutung entgegensteht, aber die oft bemerkte Flexibilität des Antisemitismus erklärt: Juden als rückständig *und* als Agenten des Fortschritts, als Kapitalisten *und* als Kommunisten, als hypersexuell *und* als verweiblicht.[8]

Diese Spezifik des Antisemitismus wiederum, die ihn markant von anderen Rassismen unterscheidet, liegt im Religiösen begründet – diese eigentlich banale Feststellung scheint jedoch in vielen aktuellen Debatten aus dem Blick zu geraten, wähnen wir uns doch im säkularen Zeitalter und konstatieren »religiösen Fundamentalismus« eher bei anderen, wahlweise Ländern, Migranten oder Organisationen. Doch ein Verständnis dieser tief in das westliche Denken (Nirenberg zählt den Islam übrigens ausdrücklich dazu) eingelassenen religiösen Dimension ist meines Erachtens unerlässlich, wenn man beides verstehen will: das immer Gleiche und das überall Anschlussfähige. Denn das Judentum ist eben nicht irgendeine monotheistische Religion, sondern die erste und jahrhundertelang einzige, was die immer wieder aufflammenden Anfeindungen in der Antike erklärt. Eine völlig neue Dimension der

Feindschaft entstand jedoch erst mit dem sich direkt aus dem Judentum entwickelnden Christentum, das sich von den »älteren Brüdern« erst einmal abgrenzen musste, um überhaupt – und dann in direkter Konkurrenz beziehungsweise als einzig legitimer monotheistischer Nachfolger – zu existieren. Aufgrund der spezifischen Ausformung der christlichen Heilslehre saß der Stachel tief, tiefer auch als später im Islam. Kern des neuen Glaubens ist die Göttlichkeit Jesu als des geweissagten Messias, der von den Juden als solcher nicht nur nicht anerkannt, sondern schlimmer noch, im Bunde mit den römischen Kolonialherren zu Tode gebracht wurde. Diese Komponente fehlt im Islam, der dadurch beiden Vorgängerreligionen bis ins 20. Jahrhundert hinein theologisch tendenziell entspannter gegenüberstehen konnte: Man war ihnen so selbstverständlich überlegen, dass es möglich erschien, sie in einem klar festgeschriebenen minderen Status zu dulden.[9]

Im frühen Christentum jedoch verfestigte sich rasch das Bild der Juden als Feinde und Gottesmörder (»Sein Blut komme über uns und unsere Kinder«, Matthäus 21,41) und wurde in den ersten Jahrhunderten von den Kirchenvätern in theologische Setzungen und in antijüdische Praxis, wie etwa Eheverbote, überführt. Im Mittelalter schließlich – und in engem Zusammenhang mit apokalyptischen Erwartungen, denen ein »Endkampf« vorausgehen würde – formte sich das jüdisch-christliche Verhältnis nach und nach zu einem manichäischen Weltbild, in dem die Juden die Rolle des absolut Bösen einnahmen. Fortan waren sie eng mit dem Teufel verknüpft, und dies nicht nur theologisch, sondern auch bildlich und rituell – Hostienschändungen, Brunnenvergiftungen, Ritualmorde gehören zum Repertoire der damaligen antijüdischen Anschuldigungen.[10] Und in eben dieser Rolle bietet sich »das Judentum« auch an als Verbündeter, quasi als Bekräftigung für alles weitere Ungemach, das der Welt widerfahren mag. Dies konnten im christlichen Abendland nicht nur Dürre oder Flut, Pest oder Cholera sein, sondern auch Menschengruppen, die man für all dies und noch mehr verantwortlich machen wollte: Ketzer und Leprakranke, Roma und Hexen, vor allem aber und bis in die Neuzeit hinein immer wieder – Muslime.[11]

In dem Maße, in dem der Islam in West- und Osteuropa Fuß fasste, kam in seinem spezifischen Fall zur monotheistischen Konkurrenz die reale Bedrohung als äußerer Feind hinzu. So entbehrt es beispielsweise nicht einer gewissen Ironie, dass der eingangs erwähnte »Große Plan« keineswegs eine Erfindung des 21. Jahrhunderts ist, sondern mindestens 1300 Jahre alt ist. Schon bald nach der Eroberung der Iberischen Halbinsel durch die Mauren hatte man die wahren Schuldigen ausgemacht: die jüdischen Untertanen des westgotischen Reiches, die angeblich im Jahre 711 den muslimischen Horden Tür und Tor geöffnet hätten. Illoyalität und Verrat also, zwei Anschuldigungen, die sich bis heute im antisemitischen Konglomerat großer Beliebtheit erfreuen und die eng verknüpft sind mit Vorstellungen von Unterwanderung, Infiltration und geheimen Drahtziehern irgendwo im Hintergrund.[12] Angesichts der 800 Jahre währenden muslimischen Präsenz auf der Iberischen Halbinsel und des seit dem Spätmittelalter auch auf den Balkan und darüber hinaus expandierenden Islam nimmt es nicht wunder, dass sich diese potenzielle jüdisch-muslimische Verschwörung tief ins christlich-europäische Gedächtnis eingraben sollte: die Juden als der innere, die Muslime als der äußere Feind des Christentums. In Spanien zogen die katholischen Könige zum Abschluss der Reconquista die Konsequenz eines sich seit circa 150 Jahren massiv verschlechternden Verhältnisses zwischen den drei Religionen. Die spanischen Juden wurden 1492, die spanischen Muslime ab 1502 vor die Wahl gestellt: Taufe oder Exil. Hunderttausende wählten Ersteres und lebten fortan als neue Christen im nun religionsreinen Spanien, wo sich in den folgenden Jahrhunderten eine sich zwar religiöser Topoi bedienende, aber praktisch rassistisch argumentierende (und agierende) Doktrin der »Blutreinheit« durchsetzte, die man, in den Worten eines britischen Beobachters aus dem Jahre 1701, knapp folgendermaßen zusammenfassen könnte: »What they call good blood is that which has not been tainted by Jews or Muslims.«[13] Da man den Nachweis »Guten Blutes« für Ämter im Staatsdienst, in Militär und Kirche sowie an den Universitäten benötigte, betrafen die von der Inquisition durchgeführten Prüfverfahren vornehmlich, aber

nicht ausschließlich, Christen (angeblich) jüdischer Herkunft, sogenannte Conversos, die als Teil der urbanen Mittel- und Oberschichten
in jene Ämter strebten, während die ehemals muslimische Bevölkerung
eher ländlich-bäuerlich geprägt war und so dem massivsten Verfolgungs-
druck zunächst entging. Da eine Überprüfung der Blutreinheit bis ins
18. Jahrhundert hinein oftmals in durch Folter erpressten Geständnis-
sen des »Judaisierens« und damit auf dem Scheiterhaufen endete, wurde die Zahl der ehemals jüdischen Christen auf diese Weise dramatisch
reduziert. Die sogenannten Moriscos, circa 300 000 Christen muslimi-
scher Herkunft, wurden dagegen zu Beginn des 17. Jahrhunderts kollektiv und äußerst brutal von der Iberischen Halbinsel vertrieben.

Im übrigen Europa beobachtete man die Entwicklungen und Diskussionen im südlichen Teil des Habsburgerreiches – und mit einem
nervösen Seitenblick auf den Balkan – nur allzu genau, sodass die Auf-
zählung »Juden und Sarazenen« sich dementsprechend häufig in unzäh-
ligen Traktaten, Predigten, Flugschriften und gelehrten Texten findet,
die sich auf die eine oder andere Art mit den Feinden des Christentums beschäftigten.[14] Dieses aber war seit 1517 zutiefst gespalten und
bekämpfte sich in den folgenden Jahrhunderten in europaweiten Kriegen, aber auch innerhalb einzelner Länder mit rücksichtslosem Fanatismus – man denke etwa an das englische Königreich unter den Tudors.
Da es für beide, von eschatologischen Erwartungen getriebenen Seiten –
Katholiken wie Protestanten – der Antichrist war, dessen Umtriebe letztlich zu dieser tiefen Spaltung geführt hatten, blieben dessen engste Ver-
bündete auf Erden – die Juden – während der Zeit der Religionskriege
und fortan in beiden Konfessionen nicht nur präsent, sondern standen
jeweils im Kern des Häresievorwurfs an die gegnerische Seite.

Das wortgewaltigste Beispiel hierfür liefert Luther selbst. Während
er der muslimischen Gefahr immerhin noch ein »Türckenbüchlein« wid-
mete, entlud sich sein Judenhass in mehreren Schriften, vor allem seiner letzten Jahre, in einer an Gift und Galle kaum zu überbietenden
Bösartigkeit – nur eine andere Gruppe war ihm ähnlich fäkal-porno-
grafische Ausfälle wert: die »Papisten«.[15] Das Luther'sche Dreigestirn

Teufel – Juden – Papisten findet sich dann auch, in britischer sprachlicher Zurückhaltung, im von diversen »popish plots« bedrohten England des 17. und 18. Jahrhunderts wieder, das die Katholiken mit ähnlichen Argumenten verfolgte, wie es zeitgleich die Conversos in Spanien erlebten, wo sich der kalte Furor der Inquisition im 18. Jahrhundert umgekehrt nun auch gegen protestantische Sekten oder Einzelreisende richten konnte. Der Vorwurf gegen die Katholiken, der sich in abgeschwächter Form sowohl in Großbritannien als auch in Deutschland im 19. Jahrhundert finden lässt, klingt nur allzu vertraut: Sie seien nicht loyal, sondern verträten die Interessen »Roms«, kollaborierten dementsprechend überall mit dem Feind, wo auch immer sich die Gelegenheit ergäbe.[16]

Und wiederum erstaunt die Persistenz dieser Logiken nur wenig, wenn man bedenkt, dass hundert Jahre zuvor auch die großen Denker der Aufklärung, allen voran Voltaire, ihren Beitrag zum Denken in Verschwörungsdimensionen geleistet hatten. In der Frontstellung Vernunft versus Unwissenheit und Aberglauben hatte die Religion bekanntlich allgemein keinen leichten Stand, und dies galt umso mehr für die Stammväter des Monotheismus. Mehr noch, manche Denker versuchten, das (protestantische) Christentum als rationale, individualisierte Religion zu retten gegen »Theokratie und Priestermacht« der Hebräischen Bibel (und des Katholizismus). So wurde hier eine weitere Volte der Judenfeindschaft gedreht, indem der »jüdische Fanatismus« und die »alttestamentarische Intoleranz« zum Fundament eines Glaubenssystems gemacht wurden, das man in Gestalt des katholischen Spaniens und seiner Inquisition zum größten Feind der Aufklärung erkoren hatte.[17]

Und obgleich die Emanzipation der jüdischen Minderheit in Deutschland und Frankreich eine ganz unterschiedliche, ja zum Teil konträre Entwicklung nehmen sollte, blieben die Vorstellungen von Rückständigkeit, Verstocktheit und Aberglauben der nach rechtlicher Gleichstellung strebenden religiösen Minderheit in all diesen Bemühungen erhalten. Die Juden sollten sich endlich modernisieren, hieß es, die Männer ihre Tracht, die Frauen ihre Haarbedeckung ablegen, »mittelalterliche« Rituale wie Beschneidung und Schächten seien abzuschaffen, der Gottesdienst müsse an den christlichen Ritus angepasst und zumindest in der Landessprache stattfinden, damit man auch verstehe, was dort gesprochen werde.

Während die jüdische Gemeinschaft diesen Forderungen nie vollständig, aber doch in großen Zügen nachkam, erwuchs parallel zu ihrem durch die Emanzipation ermöglichten rasanten sozialen Aufstieg eine neue Differenzideologie: der Nationalismus. Auch wenn dieser nicht mehr theologisch argumentierte, fungierte die Religion auch hier weiterhin als Ausschlusskriterium: Die spanische oder polnische Nation wurde katholisch, die deutsche oder britische im Kern protestantisch imaginiert. Juden als eine in allen Nationen lebende diasporische Gemeinschaft standen gewissermaßen für das anti-nationale Prinzip, die »Figur des Dritten«, wie Klaus Holz es genannt hat: weder »wir« noch »die«, sondern das schlechthin Andere.[18] Aber die Nation, jede Nation, bedurfte einer Integration nach innen und außen, und so boten sich im 19. Jahrhundert dem antijüdischen Ressentiment wiederum vielfältige Verflechtungsmöglichkeiten, die ihrerseits auf älteren Verschwörungsvorstellungen aufsaßen. »Der Jude« war zwar nun deutscher Staatsbürger, aber zugleich auch ein aus dem Osten einwandernder, armer und schon wieder rückständiger Fremder. Im Bild des »Ostjuden« mischten sich antislawische Xenophobie und Antisemitismus. Homophobie und Antisemitismus wiederum waren die Verknüpfung, die, mit einem kräftigen Schuss Frauenverachtung gewürzt, zum Selbstbild jedes »echten deutschen Mannes« gehörte: Man war kein weibischer Schwuler, kein verweiblichter Jude.[19] In dieser Langzeitperspektive schließlich erscheint der »moderne Rassen-Antisemitismus«, wie er im letzten Drittel des 19. Jahrhunderts entstand, weder besonders modern noch allein auf Rassismus basierend. Und es ist, wie gesagt, genau diese sich über Jahrhunderte entwickelnde Bindungsfähigkeit mit anderen tief sitzenden Ressentiments, die vielleicht die tödliche Wirkmächtigkeit des Antisemitismus im 20. Jahrhundert erklären mag, auf jeden Fall aber sein Überleben nach der größtmöglichen Katastrophe, dem intendierten und angekündigten Versuch, unterschiedslos alle jüdischen

Kinder, Frauen und Männer zu ermorden, weil man, in den Worten Hannah Arendts, »die Erde nicht mit dem jüdischen Volk« zu teilen bereit war.[20]

Die neuen Formen des Antisemitismus nach 1945 rechtfertigen meines Erachtens nicht das vielfach gebrauchte Label des »sekundären Antisemitismus«. Vielmehr müssen wir uns mit der Feststellung auseinandersetzen, dass selbst der Massenmord nichts, aber auch gar nichts an der Struktur und der ungeheuren Attraktivität des antisemitischen Denkens geändert hat. Lediglich zwei neue Varianten eines alten Themas sind seitdem hinzugekommen. »Die Juden« nutzen die Erinnerung an den Holocaust aus, um sich finanzielle, moralische, machtpolitische Vorteile zu verschaffen – die »Auschwitzkeule«. Und »Israel« steckt hinter allem Bösen dieser Welt: 9/11, Folterregime in Lateinamerika und natürlich hinter dem gerade stattfindenden »Großen Austausch«. Der Erfolg der antisemitischen Weltwahrnehmung funktioniert heute noch immer genauso wie vor 500 oder 1000 Jahren: eine einfache Antwort auf komplexe Verhältnisse, die besonders dann virulent wird, wenn man mit unerklärlichem Unglück konfrontiert wird, das man verstehen will, für das jemand verantwortlich sein muss, jemand, den man dann bekämpfen kann. Zurzeit ist dies die Pandemie mit ihren Folgen, und wenn deren »Erfinder«, Drahtzieher und Profiteur kein Jude ist, dann wird er, dies erkannte schon Karl Marx, eben dazu gemacht: Googelt man heute »Bill Gates«, erscheint als erster Ergänzungsvorschlag: »jüdische Herkunft«.

Bleibt die Frage: Was tun? Die Tatsache, dass antisemitische Delikte ansteigen, ist weniger auf eine massive Zunahme an Antisemiten zurückzuführen als auf eine vielfach gesteigerte Gelegenheitsstruktur, etwa im Netz, sowie eine wachsende Salonfähigkeit antisemitischer Denkmuster, zum Beispiel aufgrund der Präsenz einer völkischen Partei in den Parlamenten mit entsprechender medialer Aufmerksamkeit. All dies lässt auch jene circa 15 bis 20 Prozent der in der Umfrageforschung seit Jahren als »latent« antisemitisch bezeichneten Befragten (zusätzlich zu den stabil zwischen fünf und zwölf Prozent rangierenden eindeutigen

Antisemiten), so scheint es, lauter werden und die antisemitischen Erklärungsangebote insgesamt plausibler erscheinen. Wir wissen jedoch aus der qualitativen Forschung, wie wichtig es ist, diesen verführerischen Denkangeboten sofort und massiv entgegenzutreten, will man vermeiden, dass sie die große Gruppe der Indifferenten und Desinteressierten nach und nach überzeugen können.[21] Dies ist mühsam, denn es verlangt Komplexitätsreduktion, Wissen und zugleich klare Grenzziehungen. Die Vorsitzende Richterin im Verfahren gegen den Attentäter von Halle beispielsweise scheint sich dieser Aufgabe bewusst zu sein, und auch die gegenwärtige Pandemie bietet reichlich Trainingsmöglichkeiten.

All dies kann jedoch überzeugend nur gelingen, wenn man die hier dargelegte Doppelstruktur des antijüdischen Fühlens und Denkens ernst nimmt und entsprechende Konsequenzen zieht. Die vergangenen zwölf Monate haben die toxische Macht der Ressentimentverbindungen deutlich aufgezeigt: Auf das Attentat von Halle folgten die Morde in Hanau, gegenwärtig erhalten vor allem selbstbewusste Frauen mit nicht deutschen Nachnamen, aber auch homosexuelle Politiker und engagierte Bürgermeister Morddrohungen. Wie ernst dies zu nehmen ist, wissen wir seit dem Mord an Walter Lübcke, der für seine offene Haltung gegenüber Geflüchteten regelrecht hingerichtet wurde – kurzum, ein Jahr, in dem sich das ganze Tableau der Feindschaft in Deutschland ausbreitete. Aus der Geschichte des Antisemitismus aber können wir lernen, dass diese Ressentiments, so unterschiedlich sie auch sein mögen, sich gegenseitig verstärken und befeuern können und in manchen europäischen Staaten bereits Wahlen gewinnen. Genau deshalb sind starke, solidarische und internationale Allianzen heute nicht »wichtiger denn je«, sondern schlicht und einfach: genauso wichtig wie immer.

Anmerkungen

1 Annette Rammelsberger: »Der Feind in seinem Kopf«, in: *Süddeutsche Zeitung*, vom 23.07.2020, S. 3.

2 Robert S. Wistrich: *Antisemitism. The Longest Hatred*. New York 1981.

3 David Engel: »Away from a Definition of Antisemitism: An Essay in the Semantics of Historical Description«, in: Jeremy Cohen, Moshe Rosman (Hrsg.): *Rethinking Modern Jewish History*. Oxford 2009, S. 30–53, S. 30 f.

4 Vgl. Hans-Joachim Hahn, Olaf Kistenmacher (Hrsg.): *Beschreibungsversuche der Judenfeindschaft. Zur Geschichte der Antisemitismusforschung vor 1944*. Berlin 2015.

5 David Nirenberg: *Communities of Violence*. Princeton 1996.

6 Ders.: *Anti-Judaismus. Eine andere Geschichte des westlichen Denkens*. München 2015.

7 Ebd., S.15.

8 Christina von Braun, Eva-Maria Ziege (Hrsg.): *Das »bewegliche Vorurteil«. Aspekte des internationalen Antisemitismus*. Würzburg 2004.

9 Mark R. Cohen: *Unter Kreuz und Halbmond. Die Juden im Mittelalter*. München 2005.

10 Sara Lipton: *Dark Mirror. The Medieval Origins of Anti-Jewish Iconography*. New York 2014.

11 Debra Higgs Strickland: *Saracens, Demons, and Jews. Making Monsters in Medieval Art*. Princeton 2003; M. Lindsay Kaplan: *Figuring Racism in Medieval Christianity*. Oxford 2019.

12 François Soyer: *Antisemitic Conspiracy Theories in the Early Modern Iberian World. Narratives of Fear and Hatred*. Leiden 2019.

13 Zitiert ebd., S. 5.

14 Stefanie Schüler-Springorum: »Missing links: Religion, Rassismus, Judenfeindschaft«, in: *Jahrbuch für Antisemitismusforschung* 29 (2020), i. E.

15 Thomas Kaufmann: *Luthers Juden*. Stuttgart 2014; ders.: *»Türckenbüchlein«. Zur christlichen Wahrnehmung »türkischer Religion« in Spätmittelalter und Reformation*. Göttingen 2008.

16 David Feldman: »Evangelicals, Jews, and anti-Catholicism in Britain, 1840–1900«, in: *Jewish Historical Studies* 47 (2015), S. 91–104.

17 Nirenberg, *Anti-Judaismus*, S. 329–362, spricht hier von einem »Vertauschungseffekt«, der letztlich dazu führte, dass Juden in dieser Logik für ein System verantwortlich gemacht wurden, das gerade sie massiv viktimisierte, S. 351.

18 Klaus Holz: *Nationaler Antisemitismus. Wissenssoziologie einer Weltanschauung*. Hamburg 2000.

19 George L. Mosse: *Nationalism and Sexuality. Respectability and Abnormal Sexuality in Modern Europe*. New York 1985.

20 Hannah Arendt: *Eichmann in Jerusalem. Ein Bericht von der Banalität des Bösen*. München 1986, S. 329.

21 Julijana Ranc: *»Eventuell nichtgewollter Antisemitismus«. Zur Kommunikation antijüdischer Ressentiments unter deutschen Durchschnittsbürgern*. Münster 2016.

Stefan Wolf
Alles auf Abstand
Eine konsumkritische Einmischung

We see, but we don't look at!

Corona ist der Todesstoß für den Einzelhandel! entrüstete sich kürzlich
ein Bekannter. Er hatte sich, so wie es viele derzeit tun, zuerst im lokalen Buchhandel über einige neue Bücher informiert, um sie dann später
bei Amazon zu bestellen. Ich bohrte nach. Ob ihm bewusst sei, dass er
damit indirekt miese Arbeitsbedingungen und prekäre Beschäftigung
fördere, bis hin zur Flucht führender Onlineversender in Steueroasen
und so weiter. Kein Problembewusstsein. Unwissen und die Feststellung
meinerseits: Unsere neuen Konsummuster werfen indirekte Fragen auf,
denen wir uns offenbar nicht so ohne Weiteres stellen wollen. Wir machen einfach weiter wie bisher. Wie bisher? Aber wie geht es weiter, nachdem die Rede von der Zäsur in Corona-Zeiten selbst zur absoluten
Worthülse verkommen ist?

    Vielleicht dürfen wir in der Krise grundsätzlich nicht so kurzatmig
und schnell im Denken sein, wie wir es uns selbst, auch mit und in den
(sozialen) Medien, seit einiger Zeit antrainiert haben. Nicht sofort in
die Diagnose gehen, Trends gleich auf den Punkt bringen, keine Analysen nur medientauglich aufbereiten und als These pointieren. Vielleicht
müssen wir weiter ausholen, länger nachdenken und stärker auf soziales Verhalten, kulturelle Muster und grundlegende Werte reflektieren.
Verantwortung in der Krise wahrnehmen heißt, zu sich selbst auf Distanz gehen, umfassender zurückblicken und tiefer eintauchen, um mögliche Zusammenhänge für unsere Zukunft besser zu verstehen. *Den Kopf*

schräg halten, nennt es Hans Magnus Enzensberger. Die Dinge nicht allzu linear denken. Ich schließe die Augen, um besser sehen zu können. Welche Bruchlinien gibt es zwischen individuellem Konsum, weitverbreiteter Politikverdrossenheit und globaler Wirtschaftsweise? Und was hat das alles mit dem richtigen Abstand zu tun?

Die Welt gibt es nicht

Warum es die Welt nicht gibt lautet der Titel eines der populärsten Bücher von Markus Gabriel,[1] in dem er behauptet, dass wir die eine Welt gar nicht denken können. Sie überfordert uns. Und wenn wir uns unser Handeln vor Corona anschauen, hat er recht. Wir haben es uns in unseren vereinzelten Lebenswelten bequem gemacht und das große Ganze denkfaul anderen oder sich selbst überlassen. Es hat die meisten von uns schlicht nicht interessiert. Anders ist nicht zu erklären, warum wir uns mehr und mehr in Details unseres eigenen Lebens verloren haben, in denen es ausschließlich um *Stil, Sinn und Form* zu gehen schien: *Was esse ich und wo kommt es her? Was trage ich und wer hat es gemacht? Wohin verreise ich und was erlebe ich dort?* Es wirkte, als ob wir nur noch nach dem Sinn in unserer Welt suchen würden und sie dabei zu einer Art *Kulisse* verschoben haben, vor der wir unser Leben für uns und andere inszenierten.[2] Die Welt gab es nur noch aus dem einen Grund. Sie musste ihren Zweck erfüllen und (Mehr-)Wert für uns besitzen: *Purpose*.

Die Welt vor Corona schien vor Eigensinn überzulaufen. Alles hatte *Impact*, man wollte sich spüren. Was kein *Enlarge-* oder *Enrichment* versprach, war zwar nicht unbedingt *out*, weil manches getan werden muss, aber es versprach nicht genug Intensität, und so nahmen kleinere und größere Unzufriedenheiten in der persönlichen Erlebnisbilanz zu. *Fomo (Fear of missing out)* – die Angst, etwas zu versäumen – grassierte. Das passt ins System. Die Selbstwirksamkeit ins Zentrum des eigenen Lebens zu stellen, verführt leicht dazu, individuelle Selbstverwirklichung mit marktförmiger Selbstoptimierung zu verwechseln. Die Gefahr besteht darin: Wer sich selbst optimiert, ist anfällig für einen Konsum, der genau das verspricht, was man alleine offensichtlich nicht schafft: *Better your Best – mit mir wirst du besser dein eigenes Ich.*

Das richtige Essen *(Superfood)*, die extravagante Kleidung *(Your Style)* und exotischen Reiseziele *(Hidden Places)* – und immer getragen vom Versprechen der Authentizität. Unverwechselbar. Einmalig.

Wie unaufrichtig! Es ist längst kein Geheimtipp mehr, an einem Ort zu essen, wo Touristen nicht hinkommen, wenn es auf Reiseportalen steht. Welches Kleidungsstück soll den eigenen Stil ausdrücken, das auf Internetplattformen global beworben wird? Aber viele von uns fallen darauf rein (auch ich) und individualisieren sich bis in die letzte Formgebung und Sinnfindung. Wir sind uns sicher, dass wir uns mit unserem Lebensstil von der Masse abheben. Darin lauert die eigentliche Paradoxie: In der Geste, in der wir uns von anderen unbedingt unterscheiden wollen, sind wir nichts als Mainstream. *Hamsternde Konsumenten, bornierte Touristen, feierndes Partyvolk* sind immer die anderen, nicht wir, nicht ich.

Und so begann sich auch 2020 Deutschland einzureihen in die üblichen Jahre geregelter Gleichförmigkeit aus mäßigem Wirtschaftswachstum und inkonsequentem Nachhaltigkeitsbemühen. Zeitläufe *as usual.* Die Themen drehten sich um den immer gleichen Konsum: Wohin mit der nächsten Urlaubsreise, was wird neuester Modetrend? Und die immer gleiche Politik: Wie geht es mit dem Populismus in Europa weiter? Die Weltwirtschaft trieb sich – weitgehend ungebremst – höher, schneller, weiter. Politischen Kontroversen mangelte es oft an Argumenten, aber selten an Skandalisierung. Gesellschaftliche Irritationen, wie etwa *Fridays for Future (FfF)*, wurden zunehmend abgeklärt wegmoderiert – und dann kam Corona. SARS-CoV-2, Covid-19 – so unterschiedlich die Bezeichnungen, so undurchsichtig waren Übertragungswege und Krankheitsverläufe. Nichtwissen und der verantwortliche Umgang damit bestimmten unser Handeln. Das Unerwartete musste gemanagt werden.

Eine Welt *mit* Corona?

Als Gesellschaft haben wir ein weiteres Mal einen Einschnitt erlebt, wie ihn nur wenige für möglich hielten. Auch mir fehlte die Fantasie. Der *anthropologische Schock* hat alle verunsichert und betroffen gemacht. Wahrscheinlich hat fast jede/r von uns jemanden in der Familie, der eigenen Verwandtschaft oder im näheren Umfeld, der oder die zur Risikogruppe zählt oder erkrankt ist. Natürlich ist die Covid-19-Pandemie global von einer solchen Wucht und der gesellschaftliche Stillstand sowie der wirtschaftliche *Shutdown* von – vor allem für die Nachkriegsgenerationen – so ungekannter Dimension, dass wir lange in der jüngeren Geschichte nach Vergleichen suchen müssen, um die Größenordnung zu begreifen. Die Verletzlichkeit von Infrastrukturen wird sichtbar, die Zerbrechlichkeit sozialer Gefüge, aber auch die Gedankenlosigkeit vieler Konsumgewohnheiten. Die ersten Wochen des Ausbruchs waren geprägt von virologischen Risikoabschätzungen, politischen Meinungsstreitigkeiten sowie uneinheitlichen administrativen Vorgaben. Das Auf und Ab um die Maskenpflicht ging hin und her. Drohten die Restriktionen fast in einen Überbietungswettbewerb zwischen den einzelnen Bundesländern zu münden, so hielt die Kanzlerin eine für sie untypische Rede zur Lage der Nation und empfahl gefühlt ein ganzes Land in *Quarantäne* (später nannte sie das Virus eine *demokratische Zumutung*). Zwar blieb Deutschland eine völlige Ausgangssperre erspart, die unsere Nachbarländer zum Teil verhängten, aber in der Konsequenz wurden uns nahezu alle vielfältigen Event- und Einkaufsmöglichkeiten entzogen. Konsum war und ist doch erste Bürgerpflicht.[3]

Vor Corona ließ sich die westliche Welt auf folgende Formel bringen: Sie ist auf einen mehr oder weniger radikalen, sich weiter beschleunigenden Konsumkapitalismus ausgerichtet, der gesellschaftliche Fragen in ökonomische Angebote umzuwandeln versucht. Alles wird zu- und miteinander *in Wert gesetzt*. Moralische Urteile lassen sich entweder in Kaufoptionen ausdrücken, um einen Preis zu erzielen, oder werden *externalisiert*[4]. Der private Markt soll es richten. *Charity*-Projekte als soziale Wohlfahrt, das schnelle *Like* für eine tolle *Social-Media*-Aktion, die Tiere rettet, oder der persönliche Verzicht (kein Wegwerfbecher beim *Coffee-to-go*), der nicht wirklich wehtut.

Normativ unterfordern, beklagte Jürgen Habermas, *würde eine solche Politik ihre Wähler.* Was der Nestor der bundesdeutschen Philosophie als Vorwurf meint, erhebt eine *marktkonforme Demokratie* zum Prinzip. Wir Bürger begnügen uns, *Kunden mit Rechten* (Oliver Nachtwey) zu sein, und frönen einem hedonistischen Lebensstil, den wir zwar ab und zu kritisch reflektieren, letztlich aber nur unter veränderten Vorzeichen ungebrochen fortsetzen. Unsere Individualität und Kreativität als funktionierende Marktteilnehmer erschöpft sich darin, aus bestehenden Angeboten auszuwählen, ohne die Wahl an sich infrage zu stellen. Der *Homo oeconomicus* ist als Lebensform leicht regierbar, so Michel Foucault, weil er sich durch seine Konsumwünsche und den Zugang zu bezahlter Arbeit einfach steuern lässt.

Das war in Deutschland ähnlich: *Influencer* fluteten mit mehr oder weniger unverhohlenem *Product Placement* die sozialen Medien. Öffentliche Debatten schienen dominiert von *Dschungelcampern* oder *Lets Dancern*, und C-Promis stichelten gegen C/D-Promis, um sich gegenseitig medial Aufmerksamkeit zu verschaffen. Der hippe Städtetrip mit dem Charterflug am Wochenende, das günstige Grillgut für die Kumpels- oder Mädels-Abende sowie das unwiderstehliche Schnäppchen aus dem Onlineshop – *just take away*. Dazu *business as usual* in Sport, Medien und Kultur. Die Politik verkam mehr und mehr zum Schauplatz, auf dem es nur um persönliche Ambitionen und populistische Phrasen zu gehen schien. Die Talkshows aller Fernsehsender reihten sich in die immer gleichen Streitthemen mit den immer gleichen Gesichtern ein, die nicht müde wurden, sich immer wieder gleich polarisierend ins telegene Licht der eigenen Erregung und Empörung zu rücken. Seine Meinung kundzutun hieß, sie dem Gegenüber als Gegner verbal um die Ohren zu hauen. Auffallen statt sich austauschen. Öffentlich war viel von Politik- und Parteienverdrossenheit die Rede, eine wachsende Demokratiemüdigkeit spürbar. Die Lobbyarbeit wirtschaftlicher

Partikularinteressen schien in der *Postdemokratie* (Colin Crouch) die Politik im Griff zu haben und weitgehend zu dirigieren, was sich vor allem in der halbherzigen Umsetzung zeigt, CO_2-Emissionen im Kampf gegen den Klimawandel nachhaltig einzudämmen.

Welche Zukunft wollen wir?

Mit Corona wird nun unsere Handlungsfähigkeit als liberaler Staat und offene Gesellschaft auf die Probe gestellt. Es gab anfangs nicht wenige Stimmen, die befürchteten, dass *(marktkonforme) Demokratien* nicht in der Lage wären, der Krise erfolgreich zu begegnen (anders als autoritäre, populistische Systeme – so die zynische Unterstellung). Inzwischen können wir mit einer gewissen Erleichterung feststellen, dass unsere Demokratie durchaus krisenfest ist, allerdings wurde *Marktkonformität* schneller auf dem Aschehaufen der Geschichte entsorgt, als Neoliberale das Wort aussprechen konnten. Die Marktradikalen waren so rasch verstummt, wie die Fallzahlen der neuartigen Infektion nach oben gingen. Die wiedergewonnene Erkenntnis lautet: Der freie Markt regelt gar nichts und schon gar nicht allein. Das Comeback des (starken) Staates verblüffte selbst hartgesottene *Etatisten* links wie rechts, und die Popularitätswerte der Regierung erreichten Höchststände. Gemeinwohlorientierung und Daseinsvorsorge in der Krise waren gefordert. Die Zustimmung zu den politischen Schutzmaßnahmen in der Bevölkerung war durchweg hoch. Das Primat der Politik schien zurück.

Stay healthy! Plötzlich ging es schnell anders: *Influencer* nähten Mundschutzmasken oder sammelten mit spontan-witzigen Aktionen Spenden für wohltätige Zwecke in ihrer direkten Umgebung. B/C/D-Promis verschwanden in der Corona-Isolation (auch weil sie sich infizierten), und in den Talkshows war genügend Raum für ausführliche Informationen, abwägende Urteile und ein politisches Ringen um Argumente, wie wir als Gesellschaft weitermachen können und sollen. Die Urlaubsflieger blieben am Boden. Flaneure und Radler eroberten öffentliche Räume. An

Ausgehen ist erst seit Kurzem wieder zu denken – nur achtlos wegge-
worfene Einwegverpackungen für Junkfood säumten die Grünanlagen
der Städte stärker als zuvor. Parallel boomten der Onlinehandel und die
Lieferdienste mit der ambivalenten Botschaft: Ansteckungsfrei zugestellt,
aber die Infektionsgefahr für die (prekär) Beschäftigten in den Verteil-
und Logistikzentren nahmen wir Konsumenten stillschweigend in Kauf.
Sport in vollen Arenen wird es auf absehbare Zeit nicht wie früher geben, auch wenn die Ligen in Europa – erst einmal ohne Fans live – wieder spielen. *On hold* – wir haben nur auf Pause gedrückt und warten
sehnsüchtig, in unser altes (Konsum-)Leben zurückzukehren, oder ändert sich gerade etwas im politischen Miteinander und in der *sozialen
Energie*? Hartmut Rosa sieht die Gesellschaft in ihren Reichweiten ver-
kürzt.[5]

Ein auf *Steigerung, Dynamik und Wachstum* ausgelegtes eigenes Leben, das sich vor allem in Arbeit und Konsum ausdrückt, wird *radikal
angehalten*. Der uns normalerweise auszeichnende *Aktivitätsdrang und
Aggressionsdruck*, nichts zu versäumen, so der Soziologe, wird komplett
ausgebremst und hinterlässt in Summe ein ambivalentes Gefühl, auch
weil wir als Individuum und Gesellschaft eine neue Unverfügbarkeit
erleben. Das Virus entzieht sich und kann nur durch Entzug gestoppt
werden.

Alles bleibt anders

Das Gefühl für das eigene Leben – es kam uns zeitweise abhanden. Die
Ambivalenz war hautnah und leibhaftig zu spüren. Einerseits Zwang,
massive Einschränkungen sowie die potenzielle Gefahr einer Ansteckung
und das dumpfe Gefühl, schnell etwas falsch machen zu können. Andererseits Aufatmen, wenn auch keine echte Entspannung, aber doch die
Gewissheit, nichts zu versäumen, weil es nichts gab, was man verpassen
konnte. War dieses Gefühl des Getrieben-Seins – vor allem bei den Digi-
tal Natives des *always on* – auch vom Erlebnisdruck bestimmt, sich nichts

entgehen lassen zu dürfen, war plötzlich das *Hier und Jetzt* alles, was es zu bewältigen und zu gestalten gab. Allerdings änderte sich auch der Anspruch an die Wahrnehmung des eigenen Ichs in den sozialen Medien. Weniger getrieben durch Events und Produkte *(must have & place to be)*, dafür umso mehr gefordert in der Inszenierung der eigenen Individualität in der Krise. Adäquate Betroffenheit und Sensibilität waren verlangt. Die richtige Artikulation von Anteilnahme und Sorge musste gelingen. Wer immer nur davon gesprochen hat, achtsamer zu leben, bekam leise Ahnung davon: *Allein sein zu dürfen, allein sein zu können, allein sein zu wollen und allein sein zu müssen* wurde in der Isolation rauf und runter buchstabiert, changierte zwischen An- und Zumutung, fühlte sich mal nach Gewinn, mal nach *Entziehungskur* an. Dieses Bild spiegelt jedoch mehr die Klagen *auf hohem Niveau* aus den wohlsituierten *Home-offices* der Nation wider. Ungleich wichtiger aber sind die unterbezahlten und überarbeiteten vielen, die durch Corona auf eine persönliche oder familiäre Situation zurückgeworfen wurden, die stark mit Existenznot, fehlenden Perspektiven, harter Anspannung und häuslicher Gewalt durch riskante Lebensumstände und beengte Wohnverhältnisse zu tun haben. Letztgenannte Gruppen und ihre Probleme kamen – mit Ausnahme des Gesundheitsbereichs – unmittelbar in den Medien kaum zu Wort.[6]

Nicht wenige sehen in der Krise eine Chance auf einen veränderten gesellschaftlichen Umgang, nicht nur miteinander, sondern auch gegenüber der Umwelt. Das individuelle Verhalten, so Heinz Bude, werde sich ändern und unsere Vorstellung von politischer Ordnung auch. So werde es eine Zäsur geben und die Welt werde nach Corona eine andere sein (*nichts ist wie zuvor* – taugt inzwischen zum *Plastikwort*): weniger und bewusster Konsum, mehr zwischenmenschliche Empathie und Solidarität sowie eine gesellschaftliche Anerkennung wichtiger infrastruktureller Tätigkeiten, die einer reinen Ökonomisierung entzogen werden. Bis dato, so Claus von Wagner, war es einem Gesundheitssystem doch wichtiger, Ärzte einzustellen, die Krankheitsfälle generieren, als Pflegekräfte, die sich um Patienten kümmern. Nun herrscht Gemeinwohlorientierung vor, aber die Frage ist: Wie lange währt dieses verantwortungsvolle Denken unserer politischen und wirtschaftlichen Eliten, die in keinem Statement unerwähnt lassen, wie wichtig (ihnen) die Gesundheit aller sei? *Gar nichts wird sich ändern*, frotzelt Daniel Böldt gegen Horx und Co. und garniert seine These mit historischen Beispielen wie der Spanischen Grippe, die auch nicht gerade das Beste im Menschen zutage förderte, obwohl sie kurz nach dem Ersten Weltkrieg deutlich mehr Opfer forderte als Corona bis heute.[7] So können wir auch nach der Finanzkrise vor gut zehn Jahren von keiner Zäsur reden, obwohl die Politik versprach, die Wirtschaft – damals hatte man den *systemrelevanten* Bankensektor mit Milliarden aus Steuergeldern gerettet – an die Kandare zu nehmen. Was daraus geworden ist, haben wir bis zum Beginn der globalen Corona-Krise gesehen. Nicht viel oder viel zu wenig.

Exkurs: *Wir können nicht nicht konsumieren*[8]

Die Corona-Krise ist die Krise einer Lebensform, so die Philosophin Rahel Jaeggi,[9] weil unsere kurzsichtigen ideologischen Grundlagen des *Homo consumens* (Wolfgang Schmidbauer) deutlich werden. Diese Systemkomplexität[10] hatten wir ganz aus dem Blick verloren, zu sehr waren wir mit der Entfaltung unserer individuellen Lebensstile beschäftigt. In diesen *Detailkomplexitäten* hatten wir uns eingerichtet und immer wieder einzelne Sphären mit- und gegeneinander ausgehandelt. Die eine Flugreise gegen *mit dem Rad zur Arbeit*, das T-Bone-Steak gegen *Heilfasten am Wellnesswochenende*, das neue Party-Outfit gegen die Flohmarkt-Aktion zum *Fairtauschen*. Das Ganze lief auf Ablasshandel hinaus, als ließen sich Handlungen im *trade-off* gegenseitig aufrechnen. Wer glaubt, in einzelnen Lebensstilen, die wir ein- und ausüben, die eigene Lebensform als Ganzes reflektieren zu können, irrt. Um das zu verstehen, müssen wir nicht zurück in die Anfänge der Kritischen Theorie, auch weil Termini wie *falsches Bewusstsein, Verführung* und *Verdrängung* zu stark nach Psychoanalyse klingen, deren therapeutische Sprache heute im öffentlichen Diskurs nur noch bedingt anschlussfähig ist. Es genügt ein kurzer Blick auf die *Freibeuterschriften* von Pier Paolo Pasolini,[11] die vor fast 50 Jahren publiziert wurden, um den immer gleichen Marktmechanismus zu dechiffrieren, in dem die Konsumindustrie agiert und wir uns leichtgängig lenken lassen.

Pasolini griff das Beispiel der *langen Haare* der Hippiebewegung auf, die als Zeichen des Protestes schon bald zu einem bloßen Unterscheidungsmerkmal wurden, das sich die Konsumindustrie kulturell angeeignet und medial vermarktet hat. Die Macht der Bilder schuf Ikonen, die besser konsumierbar wurden, und mit ihnen verschwand die Kritik am System. Der *Marsch durch die Institutionen*, den die außerparlamentarische Opposition (APO) Anfang der 1970er-Jahre apostrophierte, fand zwar statt, führte aber zu ganz anderen Ergebnissen. Noch bevor eines der Individuen am System etwas ändern konnte, hatte das System längst die Einzelnen verändert und sorgsam eingewoben in das (dialektische) Wechselspiel aus Wahlfreiheit und Kaufoption. Und auch deshalb sind die Begrifflichkeiten der Kritischen Theorie aus der Öffentlichkeit verschwunden. Wir handeln als Konsumierende nicht im *falschen Bewusstsein* und werden auch nicht verführt (vielleicht zur einen oder anderen Kaufentscheidung, aber nicht generell), sondern wir haben uns in diese Lebensform gefügt, die wir nicht wirklich *als Wahl* infrage stellen. Paradox? Ja! Niklas Luhmanns ironischer Kommentar: Wir finden uns in einer Gesellschaft wieder, in der viele von uns sagen würden, dass wir sie so nie gewollt haben – eigenartig ist, dass wir alle versuchen, in ihr zurechtzukommen und so gut es geht mitzuhalten.

Unaufhörlich tragen wir die eigene Haut zu Markte. Konsum *kolonialisiert die Lebenswelt* (Jürgen Habermas). Das war seit den 1960ern klar. Aber das Ausmaß überrascht. Kein gesellschaftlicher Bereich, der nicht vom Nutzendenken durchzogen ist. Als Medium überformt Konsum alle anderen sozialen Bezüge, um auch noch das letzte kleine Bedürfnis jedes Einzelnen *kaufbar* zu machen. Alles ist Option und in den Kosten abzuwägen. Wir maximieren den eigenen Vorteil ohne Maß und Ziel. Aus dem einstigen Zweck ist längst Selbstzweck geworden.

Konsum verleibt sich selbst die Kritik noch ein, die an ihm geübt wird. Jüngstes Beispiel: Greta Thunberg und *FfF*. Auf wie vielen Covern internationaler Magazine ist sie zu sehen, zur Ikone stilisiert – die Ästhetik des Widerstands. Wenn sie nicht aufpasst, ziert sie demnächst T-Shirts mit der Aufschrift *How dare you* und wir kaufen es massenhaft, um unserem Protest Ausdruck zu verleihen (natürlich aus Biobaumwolle und ISO-zertifiziert für soziale Fairness). Das ist schon deshalb lächerlich, weil nahezu jeder von uns in der westlichen Welt Teil des Problems ist. Und es fällt selbst eine der letzten Bastionen der fundamentalen Gesellschaftskritik – die Künste, weil auch sie meist nur noch gefallen wollen. Norbert Niemann sieht die *kulturelle Mutation* (Pier Paolo Pasolini)[12] vollzogen, da wir heute eine Konsenskunst vorfinden, die auf ihren *vermarktbaren Unterhaltungsaspekt heruntergekürzt* ist oder zum *Spekulationsobjekt* transformiert wird. Zu viele Kreative, zu wenig Künstler.

Und noch ein Aspekt der immerwährenden Konsumkritik fällt ins Auge: Der mehrfach behauptete Wertewandel, der die Gesellschaft in schöner Regelmäßigkeit erfasst, ist stets nicht mehr als ein Generationeneffekt gewesen. Es tritt kein wirklicher Fortschritt, keine lineare Weiterentwicklung von grundlegenden Einstellungen ein, wie sie noch in der *Postmaterialismusthese*[13] empirisch unterstellt wurde, sondern jede Generation macht nur ihre eigenen Fehler. Es sind aber jeweils andere als die der Eltern. Die jüngere Generation hält dann der älteren nur jenes Fehlverhalten vor, das sie selbst nicht wiederholt, übersieht aber geflissentlich die eigenen blinden Flecke, in denen sie unvermindert agiert. Jede Generation, so Pasolini, *verkapselt* sich in ihre eigenen Irrtümer.

Neoliberalismus schadet der Gesundheit

Bifurkation nennt die Systemtheorie[14] Scheidewege, an die Gesellschaften kommen, um den nächsten Schritt zu machen, so wie wir in der aktuellen Krisensituation. 1990 war für Deutschland ein ähnlicher politischer Scheitelpunkt, an dem wir Bürger eine Wahl hatten. Nach den gewaltfreien Protesten, die zum Fall der Mauer führten, fragte Habermas, ob die neue Republik eine *privatistische Massenkultur* entwickeln oder den *Resonanzboden für eine revitalisierte Öffentlichkeit*[15] bilden würde? Die Frage sei offen und beantworte sich im demokratischen Diskurs, so der Sozialphilosoph weiter. Das liegt 30 Jahre zurück, eine Generation. Die Chance haben wir vielleicht nicht ganz vertan, aber viel davon verspielt.

Roads not taken – Wege, die wir nicht gegangen sind. Das, was ungenutzt blieb, war jenes gesellschaftliche Potenzial der Teilhabe an der politischen Willensbildung wie auch der allgemeinen Art des Wirtschaftens. Dazu muss das Politische nicht neu erfunden werden. Es genügt, das Spiel der Kräfte am Allgemeinwohl auszurichten, als Voraussetzung des gemeinsamen Handelns, nicht als Ziel. Ich bin kein Ökonom, um jetzt eine Gesamtbilanz aufmachen zu können, sondern möchte nur daran erinnern, dass viele Tätigkeiten, die ein Markt nicht in Wert setzt, für ein System überlebenswichtig sind, auch wenn sie sich nicht *bepreisen* lassen.[16] Aus diesem Grundsatz der Solidargemeinschaft ergibt sich eine Neubewertung dessen, was wir unter gesellschaftlicher Wertschöpfung verstehen; denn pflegende, schützende, rettende sowie reinigende Tätigkeiten, wie sie jetzt in der Krise überall gefordert sind und honoriert werden, müssen vom Gesamtsystem getragen und finanziert werden. Sie dürfen nicht als marktwirtschaftlich zu bereinigende Störgrößen angesehen werden, in denen man die Anzahl von Klinikbetten mit demografischen Kennzahlen *matcht* oder Pflegesätze danach berechnet, wie viele Handgriffe sich in der Minute verrichten lassen. Wenn also einige wirtschaftliche Bereiche Mehrwert schaffen, dann darf dieser nicht eins zu eins an Investoren oder Shareholder fließen, sondern muss seinen Beitrag leisten für die gesamte Funktionsfähigkeit der Gesellschaft, die sich – wie die Krise zeigt – Solidarität leisten können muss.

Insgesamt werden wir uns in einer für viele wirtschaftlich weniger komfortablen Situation wiederfinden, wenn wir es für alle ernst meinen. Allerdings könnte es gesellschaftlich zu einem veränderten Miteinander führen. Wer systemrelevanten Berufen nach der Krise nicht nur

Applaus spenden, sondern auch ein faires Gehalt zahlen möchte, muss sich fragen, wie das finanziert werden kann; denn die Branchen, die zu Recht mehr Geld benötigen, werden nicht mehr, sondern eher weniger Kapitalerträge erwirtschaften. Das wird jene Berufe, in denen marktwirtschaftlicher Mehrwert geschaffen wird, zusätzlich belasten, da sie diese Umverteilung (mit)finanzieren. Kommt noch eine nachhaltige und wieder regionalere Wirtschaftsweise dazu, haben wir die Quadratur des Kreises. Alles, was wir uns zu Recht nach der Krise wünschen: faire Löhne für Pfleger, in der Kinderbetreuung und an Schulen sowie in der Lebensmittelindustrie und für die Bediensteten in der öffentlichen Infrastruktur (alle unsere »Helden«), eine nachhaltige (lebensdienliche) Ökonomie, die unsere natürlichen Ressourcen schont und sozial faire Löhne zahlt, muss sich erwirtschaften lassen und von allen getragen werden.

Das Politische denken

Das kostet – und zwar richtig. Wie fühlt es sich an, sich umstellen zu müssen, um eine solche gesellschaftliche Situation zu ermöglichen? Wir werden uns weniger leisten können und dieses Weniger auch noch teurer bezahlen, weil Produkte und Dienstleistungen endlich die *soziale und ökologische Wahrheit sagen* (Ernst Ulrich von Weizsäcker). Wir werden anders in Urlaub fahren, an weniger exotische Plätze, was wiederum diese Orte vor neue Herausforderungen stellt. Alle hatten sich in der ungerechten Unordnung des globalen Konsumkapitalismus eingerichtet, auch wenn es viele Missstände und sehr viele Verlierer gab. Jene hatten wir aber nur selten im Blick beziehungsweise wollten wir nicht unbedingt sehen.

Mit der Eindämmung der Pandemie ist auch die internationale Arbeitsteilung in Gefahr und auf dem Prüfstand. Wir haben in der entwickelten Welt nicht wirklich einsehen wollen, welche Probleme die Globalisierung in ihrer bisherigen Form für Länder, die sich entwickeln wollen, mit sich bringt. Um uns in der westlichen Hemisphäre zu beruhigen, haben wir stets auf das nicht einmal halb volle Glas geblickt, um die Entwicklungen im Rest der Welt zu beurteilen. Bei allen Vorteilen globaler Lieferketten, weltweiter Nahrungsmittelverkehre sowie verlängerter Werkbänke – zur Wahrheit gehört auch, dass stets zulasten der dort lebenden und arbeitenden Menschen sowie deren Umwelt Lösungen gesucht wurden, die wir im Westen vorgaben. Niemand will zu nationalen Volkswirtschaften zurück, am wenigsten die Unternehmen, aber die Wirtschaftsweise muss von Beginn an auf soziale Fairness und ökologische Notwendigkeiten ausgelegt sein, nicht erst, wenn wieder Offensichtliches zutage tritt: zu viel von unserem Plastikmüll am Traumstrand; eingestürzte Industriehallen, in denen Näherinnen unter Trümmern begraben werden, oder aufgedeckte Kinderarbeit in Bergwerken zur Förderung seltener Erden, die zur Batterieproduktion benötigt werden. Freiwillige Standards zur Nachhaltigkeit in einer globalisierten Welt erweisen sich als politisches Leichtgewicht, die niemand ernst nimmt. Es zeigt sich ein weiteres Mal, dass der freie Markt zum Wohle aller nichts regelt.

Abstand nehmen – auf Distanz gehen

Die Welt nach Corona. *Just do it!* Wir könnten regionaler erzeugen, nachhaltiger reisen, weniger und bewusster konsumieren. Plötzlich erkennen wir, dass wir zwar stets davon gesprochen haben, unsere Lebensweise zu ändern, auch angesichts des Klimawandels und der möglichen Folgen. Aber den Konjunktiv, die Möglichkeitsform, wussten wir sehr zu schätzen. Jetzt fühlt es sich nach Zwang an. Ohne Alternative wird die Post-Corona-Welt zu einer Zumutung, auf die wir mental nicht vorbereitet scheinen. Die Verschwörungstheorien zeigen – nicht nur in der Fahrlässigkeit ihrer Behauptungen –, wie wenig Menschen bereit sind, den Zufall als Notwendigkeit wahrzunehmen (in beiderlei Sinn des Wortes). Weiterhin erleben wir einen Nebeneffekt unserer aufgesetzten Postdemokratie und ihrer sinnfreien Werbesprache: nur weil etwas eingängig und leicht verständlich klingt, heißt das noch lange nicht, dass es richtig ist. Einfache öffentliche Diskurse waren immer schon eine Illusion. Das Simplifizierende erregt Besorgnis. Es braucht mehr kritisches Bewusstsein: *Think harder* als *Warnhinweis*: Wenn die eigene Meinung auf ein Schild passt, bitte noch mal nachdenken. Es braucht das politische Wechselspiel kluger Institutionen, die *zwanglosen Zwang* ausüben (Habermas), damit wir als informierte Bürger über uns als leichtgläubige Kunden die Oberhand behalten.

Besser als gedacht kommentieren Experten die politischen Beschlüsse in Deutschland, um ökonomisch aus der Krise zu kommen. *Aber nicht wirklich gut*, erwidere ich, weil letztlich zu wenig in gesellschaftliche Teilhabe und sozialen Ausgleich investiert wird. Es bleibt der zu enge Fokus auf Konsum und Wirtschaft, statt den Blick zu öffnen für nachhaltige Strukturen. So wichtig kurzfristig wirksame Impulse für Märkte sind, so richtig ist es, im langfristigen Maßstab grundsätzlich umzusteuern. Die *triple bottom line of sustainability* (John Elkington), in der ökologische Erfordernisse mit ökonomischen Interessen und sozialen Belangen fair ausgehandelt und austariert werden, ist als politisches Programm inzwischen ein ebenso alter Hut wie immer noch zu langsam und zu wenig umgesetzt.

Das sind alles politisch schwierige Themen, weil eine marktkonforme Demokratie (nicht vergessen, wer den Begriff im Munde führte[17]) genau jene solidarische Umverteilung als chancenungerecht und leistungsfeindlich diffamiert. Leistung muss sich lohnen, lautet das Credo der Apostel der reinen Marktlehre. Davon ist jetzt nicht viel zu spüren, außer dass alle schnell unter staatlich-finanzielle Rettungsschirme geschlüpft sind. Ihr gutes Recht in Krisensituationen, das will ich nicht bestreiten, aber nicht vergessen, wenn es nach Corona wieder marktwirtschaftlicher zugeht, dass es den freien Markt nicht gibt und er einen politischen Rahmen braucht; denn er selbst ist *wertblind* (Johannes Rau).

Marktwirtschaft ist ein gutes Prinzip, um Eigeninitiative und Unternehmertum zu fördern, weil aktiv werden zu können, Eigentum zu erwerben und sich durch Leistung von anderen zu unterscheiden wesentliche Antriebsfedern für menschliches Handeln sind. So wie die Logik des Staates gebrochen werden sollte, wenn er sich allein an die erste Stelle setzt (ich denke an die vielen Populisten in Teilen Europas) und die demokratisch gebotene Gewaltenteilung aushebelt (hier sei an das ironische Sprachspiel Odo Marquards vom *Zugriffsgedrängel*[18] erinnert), muss auch die Logik des Marktes gebrochen werden, wenn seine Protagonisten glauben, dass das Prinzip von Angebot und Nachfrage alles rechtfertigt, was Kapital vermehrt. Eindimensionale Gesellschaften sind in Krisen hochgradig gefährdet, wirtschaftlich wie politisch. Die ökonomische Einfalt hat uns Corona schmerzhaft vor Augen geführt. Setzen wir – erneut am Scheideweg – auf politische Vielfalt *(Diversity)*, um es anders und besser zu machen?

Neue Nachdenklichkeit

Noch einen letzten Schritt gehe ich tiefer in die Gegenwartsanalyse: Die Anzahl demokratisch gewählter *Nicht-Demokraten* in Europa (um nicht die USA aufzugreifen) ist Anlass zur Sorge; denn wir unterschätzen, welche Errungenschaft eine funktionierende Demokratie darstellt und was für ein politisches Gut wir zu verteidigen haben. Wir müssen uns bewusst sein, so Ernst-Wolfgang Böckenförde, dass eine Demokratie weder ihre Annahmen, auf denen sie fußt, noch ihre Verfahren, in denen sie operiert, begründen kann. Es sind politische Werte die wir mehrheitlich teilen und vertreten müssen. In der Krise war der Staat zunächst stark, fast übermächtig – und die meisten haben sich bereitwillig in die Zwangsordnung gefügt. Nun wird Gefahrenabwehr durch Abwägung, Kontrolle durch Kalkulation ersetzt. Wir Bürger müssen wieder um unsere politischen Freiheiten streiten dürfen und dabei die Institutionen des Staates strapazieren, aber nicht vergessen, auf welchem Fundament wir alle stehen. Das ist schneller in Schutt und Asche gelegt, als wir es wahrhaben wollen[19] – und das läge nicht an Covid-19.

Bleibt die Frage nach dem richtigen Abstand. In der Krise haben wir Schritt für Schritt einstudiert, dass es Schutz bietet, im Umgang miteinander körperlich auf Distanz zu gehen. Corona lehrte uns, die Luft lesen zu lernen. Es schützt aber nicht nur in der Pandemie, sondern stellt auch im übertragenen Sinn den nächsten Schritt dar, um uns als Bürger (neu) zu denken und das Politische anders zu leben.

Ich habe recht. Du nicht. Ich zuerst (me first). Das, was den hamsternden Konsumenten mit dem populistischen Wutbürger eint, ist die fehlende Distanz zu sich selbst. Sie haben es verlernt (oder konnten es nie), zu sich selbst auf Abstand zu gehen. Das ist eine politische Kunst, wie wir im Umgang mit der Krise erleben. Nichts gegen Skepsis und kritische Mündigkeit – Politik lebt davon, dass wir konstruktiv und leidenschaftlich miteinander streiten. Gut informiert zu sein und im Gespräch kontrovers Positionen zu teilen sowie mitzuteilen, belebt jede Demokratie. Öffentliche Vernunft kennzeichnet sich durch Augenmaß und *Verantwortung bezogen auf mittlere Fristen* (Ralf Dahrendorf), in der sich die Macht (auch die des Volkes) dem Argument beugt (nicht umgekehrt). In der legitimen *Sorge um sich* muss jede/r bereit sein, das eigene Verhalten zum Wohle aller zu regulieren. Wirtschaft muss wieder in die Politik (re)integriert werden, ohne einem zu starken Staat mit restriktiver Ordnungspolitik das Wort reden zu wollen. Das Gemeinwohl als Grundlage des politischen Handelns ist zurück auf der Tagesordnung. Die Notwendigkeiten, die daraus folgen, sind es noch nicht.

Renaissance der Regeln

Die Fallzahlen sind unverändert hoch. In vielen Regionen droht eine zweite Welle, während andere Teile der Erde mitten in der ersten sind und die Krise gesundheitspolitisch noch nicht im Griff haben. Die *neue Normalität* nach Corona, von der jetzt die Rede ist, könnte unser Verständnis von Verhältnismäßigkeit in Politik und Wirtschaft verändern. Über die Zulässigkeit von Zwang, der für demokratische Ordnungen immer eine verfahrensrechtliche Grenze bildet, wird aus gutem Grund gestritten. Die Verhältnisse hatten sich vor Corona verkehrt, zumindest verschoben: Alles sollte sich *anstrengungslos* anfühlen – Lernen und Arbeiten, der Konsum, aber auch politische Teilhabe. Loyalität wurde gefordert – im Markt von Marken, in der Politik von Parteien, im Netz von Meinungen –, wir sollten Fans werden, die begeistert folgen, aber nicht kritisch nachdenken. Das hält eine Gesellschaft auf Dauer weder aus noch zusammen.

Liberale Ordnungen von den formalen Verpflichtungen her zu denken, wie es Judith Shklar vorschlägt, ist ein guter Ausgangspunkt, um das Gemeinwohl ins Zentrum öffentlichen Interesses zu stellen. Der Vorteil ist, dass sich demokratischen Verfahrensregeln niemand argumentativ entziehen kann. Formale Verpflichtungen sind entpersönlichte soziale Verbindlichkeiten, sprich Maßnahmen zum Wohle aller. *Das Recht, Rechte zu haben*[20] steht am Anfang jeder (Staats-)Bürgerlichkeit. Das ist nicht neu, erhält aber durch die kollektive Erfahrung im Umgang mit der Krise eine andere Dringlichkeit, auch weil die notwendigen Schutzmaßnahmen so sicht- und greifbar sind.

Zwar wird vor aufkommender Sorglosigkeit und Kaltschnäuzigkeit gewarnt, aber die neu erlernte (Für-)Sorge könnte sich darin ausdrücken, dass wir bereit sind, mehr soziale Verbindlichkeiten einzugehen statt uns auf (konsumierbare) Loyalitäten einzulassen. Das müssen politisch kluge Institutionen anleiten, um die individuelle Verantwortung, die wir zeigen, nachhaltig zu stützen. Es entsteht eine neue Begründungspflicht für jede Ausnahme, alle Privilegien und Sonderrechte. *Zwangloser Zwang.* Demokratien funktionieren nicht ohne ein Mindestmaß an wechselseitigen Zumutungen. Märkte tun so, als ob das Prinzip von Angebot und Nachfrage auch das soziale Miteinander regeln könnte. Das gelingt nur zum Schein und um den Preis, dass ausgeschlossen – zumindest an den Rand gedrängt – ist, wer im Markt keinen Wert besitzt oder produziert. Die neue Sorge, die wir alle teilen, wäre eine Solidarität, zu der wir auch durch mehr Verbindlichkeit *gezwungen* werden, wenn eigene Interessen drohen, sich über andere zu stellen, also distanzlos werden zu wollen.

Demokratie als *leerer Ort* (Claude Lefort)

Wir können als solidarische Gesellschaft so viel mehr und auch als Gemeinschaft der vielen die Leerstelle der Demokratie füllen, indem wir klug unsere Institutionen stärken.

Dann sind wir weder kurzsichtige Konsumenten noch untertänige Besitzbürger, sondern mündige Demokraten, die für die Gemeinschaft sowie für sich selbst Verantwortung übernehmen,[21] um politische Freiheit zu leben. Somit sollten wir nicht nur im wörtlichen Sinn zueinander Abstand halten, sondern auch im übertragenen Sinn *Distanz wahren*, weil wir nur so Werte ausreichend gegeneinander abwägen, politische Entscheidungen genügend reflektieren und im öffentlichen Diskurs um die besten Argumente ringen. Wir sollten die Denkpause kultivieren. Auch wenn die Souveränität als Person ein unerreichbares politisches Ideal bleibt, weil wir immer schon als soziale Akteure in größeren Netzwerken aufeinander angewiesen sind. So ist individuelle Verantwortung in Form einer besonnenen Haltung ein adäquater Bezugsrahmen für bürgerliche Gesellschaften, um allen gerecht zu werden.

Man kann unter Demokratie ein gesellschaftliches Projekt verstehen: in ihm versuchen egalitäre Gemeinschaften, sich in Autonomie so zu entwickeln, dass sie in der Lage sind, sich selbst Normen und Ziele zu geben.[22]

Zögern und innehalten ist die Tugend des *Citoyens*[23] in der politischen Willensbildung. Skepsis gegenüber vorschnellen Urteilen, jeder scheinbar gefestigten Meinung und zu offensichtlichen Beweisen ist wesentliches Element einer öffentlichen Vernunft. Sich eine eigene Meinung zu bilden, braucht Zeit, auch um Kritik üben zu können. Die muss nicht zu kurz kommen und darf sich Luft verschaffen, aber sie soll demokratische Formen wahren. Wir dürfen als Bürger vieles bestreiten. Das setzt aber voraus, dass wir das Ganze bejahen. In dem Augenblick, in dem wir zu uns auf Distanz gehen und mit klugem Abstand einen – mal ironisch gelassenen, mal kritisch engagierten – Blick auf uns selbst werfen, gelingen Demokratie und neue Bürgerlichkeit besser.

Um es philosophisch zu pointieren: Wir Menschen sind Wesen, die Abstand nehmen können, um sich mit anderen über sich selbst und die Welt zu verständigen. So lässt sich auch die Unsicherheit im Umgang mit Nichtwissen in einer *Heuristik der Furcht* (Hans Jonas) verantwortlich gestalten. Demokratie wiederum ist die Staatsform, die zu sich auf Distanz gehen kann, indem kluge Institutionen miteinander um die besten Lösungen streiten und sich wechselseitig wirkungsvoll begrenzen. Darin sind gemeinsame (staats)bürgerliche Rechte besser geschützt, aber auch gesellschaftliche Pflichten fairer geteilt.[24]

Nur wenn wir alle meinen, kann jede/r an sich selbst denken.

Anmerkungen

1 Marcus Gabriel: *Warum es die Welt nicht gibt*. Berlin 2010. Der Philosoph entwickelt eine erkenntnistheoretische Position im Anschluss an Kant, die er *neuen Realismus* nennt, aber darum geht es mir hier nicht.

2 *Erlebe Dein Leben*! (Gerhard Schulze) – soziologische Diagnosen dazu liefern Hartmut Rosa und Andreas Reckwitz. Resonanz erzielen und Unverfügbarkeiten aushalten, so Rosa; Singularitäten, in denen wir unser Leben kuratieren, so Reckwitz. Es würde zu weit führen, sich mit diesen Analysen eingehender auseinanderzusetzen.

3 *Ruhe ist die erste Bürgerpflicht!* soll als Diktum auf Konrad Adenauer zurückgehen, während *Konsum als erste Bürgerpflicht* eine Aussage von Gerhard Schröder ist, die er Anfang der 2000er-Jahre tätigte. An dieser Stelle bei *Bürger*In* folgt der mir sehr wichtige Hinweis, dass ich die weibliche Form und weitere Geschlechtsidentitäten in meiner Schreibweise stets mitdenke. Ich suche weiter nach dem richtigen Umgang mit dem Thema, nicht nur in meinen Sprechgewohnheiten.

4 Der Begriff besagt nichts anderes, als dass Kosten, die entstehen, der Allgemeinheit überantwortet werden; das heißt, Unternehmen, aber auch wir Konsumenten nutzen Allgemeingüter (Luft, Wasser etc.), ohne dafür einen entsprechenden Preis zu zahlen. Es betrifft neben ökologischen Aspekten auch Löhne (Fairness) und vieles mehr (Stichwort: *Tierwohl* in der Fleischindustrie).

5 Vgl. hierzu Hartmut Rosa im Interview der *taz* vom 25./26.04. sowie 26./27.06.2020, auch ders.: *Unverfügbarkeit*. Salzburg 2020.

6 Der Hinweis ist nicht nur aus Fairnessgründen wichtig. Die Auseinandersetzung um die Folgen der Krise wird vor allem von einer Verantwortungselite in den Medien geführt. Selbst wenn über andere Schicksale berichtet wird, geschieht dies aus einem Blickwinkel, der seine blinden elitären Flecke hat. Wo sind die direkten Erfahrungsberichte und offenen Einblicke dieser Milieus?

7 Ich kann hier nicht auf die unterschiedlichen Positionen, die sich konstruktiv miteinander über die Deutung der Situation streiten, eingehen, und verweise nur exemplarisch auf Daniel Böldt in der *taz* vom 02./03.05.2020 oder auf Hilmar Klute in der *SZ* vom 15.05.2020, S. 3. Da werden Ansichten von *Gesellschaftsromantik* (Heitmeyer) bis zur *Befreiung vom Überfluss* (Paech) verhandelt. Vgl. auch »Die verborgene Wirklichkeit«, *FUTURZWEI* 13/2020.

8 Vgl. hierzu Hellmann, Kai-Uwe: »Der Konsument«, in: Moebius, Stephan; Schroer, Markus (Hrsg.): *Diven, Hacker, Spekulanten*. Frankfurt am Main 2010, S. 135 ff.

9 Vgl. hierzu Jaeggi, Rachel: *Kritik von Lebensformen*. Frankfurt am Main 2013, ganz aktuell in »Kollapsologie«, in: *Philosophie* 04/2020, S. 11. Man muss nicht zur *Entfremdung* bei Marx zurück und auch nicht *zu tief* bei Adorno und anderen Vertretern der Kritischen Theorie eintauchen, um klar zu erkennen, dass ein reines Tauschwertprinzip nach Angebot und Nachfrage eines freien Marktes das Politische nicht gut regeln und somit auch Gesellschaft nicht gerecht organisieren kann. *Dass es so weitergeht, ist die Katastrophe* (Walter Benjamin).

10 Den Unterschied von System- und Detailkomplexität entnehme ich Senge, Peter: *Die fünfte Disziplin*. Stuttgart 1996.

11 Vgl. hierzu Pasolini, Pier Paolo: *Freibeuterschriften*. Berlin.

12 *An ihre Stelle ist etwas getreten, das als vermarktbare, auf den Unterhaltungsaspekt heruntergekürzte Konsensliteratur auf der einen, als kunstgewerblich gedrechselte, realitätsferne bevorzugt erzromantische Selbstfeier einer neuen Pseudo-Bürgerlichkeit auf der anderen Seite, Pasolinis These der kulturellen Mutation vollauf bestätigt ...* www.norbert-niemann.de/texte/

13 Vgl. hierzu Inglehart, Ronald: *The Silent Revolution*. Princeton 1977. *LoHaS* (Living on Health and Sustainability) ist ein weiterer Beleg für die These. Der Generationeneffekt der 2010er-Jahre ist weitgehend verschwunden.

14 Ohne in systemtheoretische Grundbegriffe einzuführen, ist eine kurze Erläuterung des Wortes *Bifurkation* gut. Systeme, die sich selbst organisieren und dabei verändern, stehen häufig an Kipppunkten, an denen die Entwicklung in die eine oder andere Richtung gehen kann, um sich dann neu zu strukturieren: *Windows of Opportunity* – Gelegenheitsfenster.

15 *Man weiß nicht recht, ob sich in dieser Kulturgesellschaft nur die kommerziell und wahlstrategisch missbrauchte Kraft des Schönen, eine semantisch ausgelaugte privatistische Massenkultur spiegelt – oder ob sie den Resonanzboden für eine revitalisierte Öffentlichkeit darstellen könnte, auf dem die Saat der Ideen von 1789 aufgeht.* Habermas, Jürgen: *Strukturwandel der Öffentlichkeit*. Frankfurt am Main 1990, S. 69. Ganz aktuell: Kluge, Alexander; Schirach, Ferdinand von: *Trotzdem*. München 2020: *Beides ist jetzt möglich. Das Strahlende und das Schreckliche.*

16 Mir ist es wichtig, an dieser Stelle auf das *bedingungslose Grundeinkommen* zu verweisen, das als soziales Experiment einen politischen Ausweg aus der marktkonformen Demokratie bieten könnte. Aber auch hier führt eine tiefer gehende Auseinandersetzung zu weit. Vgl. hierzu

Kovce, Philip; Priddat, Birger P. (Hrsg.): *Bedingungsloses Grundeinkommen*. Frankfurt am Main 2019.

17 Angela Merkel wählte die Formulierung. In der Klimafrage ist sie genau diesem Diktum gefolgt und hat die politischen Erfordernisse beinahe immer den wirtschaftlichen Erwägungen untergeordnet, von sozialen Fragen ganz zu schweigen.

18 Marquard, Odo: *Skepsis der Moderne*. Stuttgart 2007, S. 52: *Individuelle Freiheit gibt es nur, wo sie nicht dem Alleinzugriff einer Alleinmacht unterworfen ist, sondern sich Wirklichkeitsmächte durch Zugriffsgedrängel einander behindern und einschränken.*

19 Das Böckenförde-Theorem wurde in den 1960er-Jahren formuliert, hat aber nichts von seiner Aktualität verloren. Eine Demokratie kann die Prinzipien, auf denen sie beruht, weder begründen noch legitimieren, sondern sie bewähren sich in der Praxis und basieren auf gemeinsam geteilten Werten. Ich lege mich fest: Eine Demokratie, die ihre Institutionen zur Eigenkontrolle delegitimiert und ihre Verfahren zur Selbstbegrenzung aufweicht, ist keine Demokratie, egal wie und wie oft sie wählt …

20 Vgl. hierzu Shklar, Judith N.: *Verpflichtung, Loyalität, Exil*. Berlin 2019.

21 Vgl. hierzu Jonas, Hans: *Das Prinzip Verantwortung*. Frankfurt am Main 1979. Den *Vorrang der schlechteren Prognose* haben wir in der Corona-Krise praktiziert und sind klug damit gefahren. Eine Übertragung des Prinzips auf die Klimafrage wäre nötig und würde den wissenschaftlichen Modellrechnungen mehr Gehör verschaffen. Auch hier geht es um einen verantwortlichen Umgang mit Nichtwissen.

22 Vgl. hierzu Hampe, Michael: *Die Lehren der Philosophie*. Berlin 2014. Der Autor und Philosoph bezieht sich auf John Dewey.

23 Vgl. hierzu Wolf, Stefan: »Citoyen21: der leere Ort«, in: Wolf, Stefan; Marquering, Paul (Hrsg.): *Unkritische Massen?* Berlin 2016, S. 111–132, hier 130 f. Im Deutschen fehlt eine Unterscheidung zwischen *Bourgeois* und *Citoyen*.

24 *Die Pandemie ist kein großer Gleichmacher*, wie E. Malthis betont. Sie trifft vor allem die Ärmeren, die in ihren unterbezahlten Jobs kein *Social Distancing* praktizieren können: *We are all in this together* stimmt nur bedingt. Zur ganzen Wahrheit gehört, dass uns das Virus tief liegende und unverändert schmerzhafte Ungerechtigkeiten vor Augen führt, wie etwa bei der Gleichberechtigung: *Die Hauptlast tragen die Frauen* (Jutta Allmendinger). Vgl. hierzu auch Burnside, John: »Ein ganzes Königreich ist krank«, in: *taz* vom 06./07.06.2020.

William Pickens

Der amerikanische Kongo oder Henry Lowry muss brennen

Das Land entlang des Mississippi, von Memphis im Norden bis hinunter zum Mündungsgebiet des großen Flusses, kann getrost als der Kongo Amerikas bezeichnet werden. Dieser Kongo[1] umfasst Arkansas, Louisiana, Mississippi, das westliche Tennessee und Ost-Texas. Nur gewinnt man hier kein Elfenbein und keinen Kautschuk, sondern Baumwolle und Zucker, und die Arbeit findet unter Zwang statt, der Arbeiter ist immer noch ein Sklave. Diese Art Sklaverei ist eine trickreich ausgestaltete Lohnknechtschaft, damit der Anschein von Zivilisation und Rechtsstaatlichkeit aufrechterhalten werden kann. Haben ein Schwarzer und seine zehnköpfige Familie bloß ein paar Hundert Dollar Schulden, dann sind sie bei ihrem weißen Dienstherrn, dem die Plantage gehört, ebenso bedingungslos in Abhängigkeit geraten, als besäße er noch das Eigentum an ihren Körpern. Der 13. Verfassungszusatz,[2] in dieser Gegend noch nie umgesetzt, bedeutet doch, dass ein Mensch nicht körperlich festgehalten werden kann, wenn er eine vertragliche Schuld nicht begleicht; nur sein gesamtes Eigentum kann beschlagnahmt werden, nicht aber er als Person. Und besitzt der Schuldner kein Eigentum, auf das der Kreditgeber zurückgreifen kann, so ist dies das Risiko, welches Letzterer bei Vertragsabschluss eingeht. Aber dem ist nicht so: Es ist für jeden wohlhabenden Sklavenhalter ein Leichtes, die Gesetze gegen die Sklaverei zu umgehen, denn ein Plantagenbesitzer kann jeden Menschen in seinem Einflussbereich mit links in eine Schuldenfalle bugsieren und dann darauf bestehen, dass dieser so lange sein persönliches Eigentum bleibt, bis die Schulden beglichen sind. Was nie geschieht: Denn der Lohn deckt kaum die nötigsten Ausgaben, dazu kommen noch Kosten für Lebenshaltung und Nahrung – das sklavenähnliche Abhängigkeitsverhältnis währt ewig. Die einzige Möglichkeit, seine Schulden bei dem einen Herrn loszuwerden, ist, sich bei einem anderen zu verdingen, damit dieser ihn loskauft. Was im Endeffekt nichts anderes bedeutet, als dass man seinen Körper ein weiteres Mal verkaufen muss, doch kommen jetzt noch Ablösegebühren, Umzugskosten und vielleicht ein Schmiergeld hinzu. Durch diese Methode kommt der Dienstherr im Endeffekt billiger zu Knechten als im alten Sklavensystem, weil die zu tilgende Schuldenlast in der Regel geringer ist als früher der Kaufpreis für eine solche Familie. Die ungebildeten und verarmten Menschen verkaufen de facto sich selbst. und zwar weit unter dem Preis, den früher ein Sklavenhändler erzielt hätte. Doch der Kreditgeber hat noch weitere Vorteile: War er früher verantwortlich für die Ernährung seiner Sklaven, für deren Gesundheitszustand oder auch für Ernteausfälle, so sind dies jetzt alles die Risiken der Schuldner, und jede Dürre, jeder Schädlingsbefall treibt ihn weiter in die Abhängigkeit. Die Fesseln schneiden noch tiefer ins Fleisch als früher.

Das hier beschriebene System hat das Mississippi-Delta fest im Griff und hat sich in den letzten 30 Jahren nicht wesentlich verändert. Das Böse, das diesem System innewohnt, ist letztlich verantwortlich für all die Massaker an Schwarzen, für all die abscheulichen Lynchmorde, für all die Scheiterhaufen, auf denen Schwarze verbrannt worden sind und welche sich in letzter Zeit in dieser Region häufen. Der jüngste solcher Vorfälle, ein Brandmord von ausgesuchter Barbarei, der in Nodena, Arkansas, also nahe bei Memphis, Tennessee, stattgefunden hat, ist ganz offensichtlich mit dem beschriebenen Lohnknechtschaftssystem verknüpft.

Die Rede ist von Henry Lowry. Die örtlichen Zeitungen beschrieben bis ins kleinste Detail die Tat des »Mörder-Negers«, also wie er den weißen Grundbesitzer umgebracht hat- und noch ausführlicher die grausame Folter, mit der sich die anderen weißen Farmer an ihm gerächt haben. Doch die Ursache für diese Vorfälle schien man nicht zu kennen. Oder kennen zu wollen. Oder man hat beschlossen, diese zu ignorieren. Jedenfalls haben Vertreter besagter Zeitungen jeden noch so entfernten Verwandten des erschossenen weißen Pflanzers gesprochen, aber warum dieser schwarze Pächter auf den weißen Farmer geschossen hat, »darauf gibt es nicht den geringsten Hinweis«. Andere gingen sogar so weit, die hanebüchensten Märchen als Erklärung zu akzeptieren: dass nämlich Lowry eine farbige Frau über Meilen verfolgt habe, weil er sie ermorden wollte. Dass diese farbige Frau in das Haus von O. T. Craig gerannt sei, um dort Zuflucht zu suchen vor Lowry. Dass der Pflanzer daraufhin vor sein Haus getreten sei, um dem Schwarzen ins Gewissen zu reden. Dass schließlich Lowry den guten Mann einfach über den Haufen schoss. Dass er danach dessen zufällig anwesende Tochter, eine gewisse Mrs. Williamson, gleich mit umgebracht und zu guter Letzt auch noch dessen beiden Söhne, den 35-jährigen Hugh Craig und den 37-jährigen Richard Craig, schwer verletzt habe. Wer den Süden kennt, weiß, dass man schon ziemlich einfältig sein muss, um diesen Tathergang zu glauben. Und unsere Recherchen haben uns recht gegeben. Denn ein Schwarzer in Arkansas, der sich verhält wie von den Zeitungen in Memphis geschildert, kann nicht bei Sinnen sein. So etwas würde nur ein Mensch tun, der völlig durchdreht. Um die Geschichten also halbwegs glaubwürdig erscheinen zu lassen, haben die Zeitungen übereinstimmend berichtet, Lowry sei betrunken gewesen; eine ging sogar so weit, zu behaupten, er habe daheim eine Schwarzbrennerei betrieben und die Polizei habe diese bei einer Hausdurchsuchung auch gefunden.

Bevor wir aber die Faktenlage betrachten, will ich noch einmal kurz ins Gedächtnis rufen, dass bei Vorfällen, in die beide Rassen verwickelt sind, nie auch nur ein Wort aus dem Munde eines Schwarzen in diesen Zeitungen zitiert wird. Und auch wenn manche Weiße, gerade wenn man unter sich ist oder mit den vertrauten schwarzen Hausangestellten redet, ihre tatsächliche Sicht der Dinge äußern, so würden sie dies nie in aller Öffentlichkeit tun.

Kurzum: Vor etwa zwei Jahren zog ein Schwarzer namens Henry Lowry von Mississippi nach Mississippi County in Arkansas, wo er auf dem Besitz von O. T. Craig Arbeit fand. Bei ihm waren seine Frau und seine sechs Jahre alte Tochter. Er schien ein fleißiger Mann mit guten Manieren zu sein; von Whiskey oder Schwarzbrennerei war keine Rede. Sogar die Zeitungen in Memphis haben inzwischen geschrieben, dass es sich bei Lowry um einen friedliebenden, ehrlichen und hart arbeitenden Mann gehandelt hat – allerdings nur, um ihre Unterstellung glaubhafter erscheinen zu lassen, Lowry habe seine Tat nur unter dem ungewohnten Einfluss von Alkohol begehen können.

O. T. Craig gehörte das Land in weitem Umkreis. Seine schwarzen Pächter besaßen hingegen nichts. So hatte Craig alles unter Kontrolle; selbst den Lehrer für die Schwarzen stellte er nach Gutdünken ein oder aus ,und er befahl auch, was unterrichtet wird und was nicht. Sein Sohn Hugh fungierte als Aufseher über die Farm. Sein Sohn Richard, den alle nur Mr. Dick nannten, war bei den Schwarzen gefürchtet; er galt als übler Zeitgenosse. Er hatte die örtliche Post unter sich und war Gerichtsdiener. Wie der Fall Lowry zeigt, wurde die Post der schwarzen Pächter nach Belieben geöffnet, und Recht wurde hier nach Gutsherrenart gesprochen. Als schwarzer Pächter war einem klar, dass die Familie Craig über dem Gesetz stand. Die Verfassung der Vereinigten Staaten hatte es nicht bis in diesen Winkel von Arkansas geschafft.

Ein paar Wochen vor Weihnachten legte sich Henry Lowry mit den ungeschriebenen Gesetzen des Schuldknechtschaftssystems an, weil er bei Craig aufgetaucht ist und eine Abrechnung verlangt hat, also eine Aufstellung aller Schulden und Außenstände der vergangenen zwei Jahre, und falls Lowry im Plus war, die Auszahlung der Differenz. Vielleicht brauchte Lowry das Geld, weil Weihnachten vor der Tür stand, vielleicht, so heißt es, wollte er auch weiterziehen mit seiner Familie, wovon die Craigs sicher gewusst hätten, denn sie kontrollierten wie gesagt alle Briefe. Lowry war klar, dass ein Ortswechsel nur infrage kam, wenn er eine schriftliche Bestätigung vorweisen konnte, dass er schuldenfrei ist, weil andernfalls all seine persönlichen Besitztümer beschlagnahmt werden konnten oder gar er und seine Familie festgehalten würden. Obwohl Craig die Zahlen einer solchen Abrechnung quasi nach Belieben manipulieren konnte – dies war gängige Praxis –, lehnte er Lowrys Bitte um eine Abrechnung rundweg ab. Denn würde solch ein Verhalten Schule machen, könnte plötzlich jeder dahergelaufene Schwarze eine Abrechnung verlangen, wann es ihm passt. Wer weiß, was denen als Nächstes einfallen würde: vielleicht monatliche Abrechnungen mit Rechnungen und Quittungen, statt wie in diesem Fall eine bloße Unterschrift nach zwei Jahren? Was sollte aus dem bequemen Lohnknechtschaftssystem werden, wenn der Herr über alle Schulden zu einer überprüfbaren Buchhaltung gezwungen werden konnte?

Craig verweigerte die Abrechnung. Mehr noch, er wollte diesem frechen Kerl zeigen, nein, jedem frechen Kerl zeigen, dass bereits das Verlangen nach solch einer Abrechnung Konsequenzen nach sich ziehen würde, und zwar drastische. Craig schlug auf Lowry ein und wies ihn unter diesen Schlägen an, sich nie wieder wegen dieser Abrechnungssache blicken zu lassen. Denn eine solche Abrechnung komme nicht infrage.

Lowry war ein Mann von 40 Jahren, der um sein Recht wusste, und daher empört einigen seiner schwarzen Mitbrüder mitteilte, er werde auf jeden Fall erneut bei Craig auftauchen und die Ausfertigung einer Abrechnung verlangen. Hier kommt eine Frau namens Bessie ins Spiel, 25 Jahre alt, Köchin bei den Craigs und recht speziell mit Mr. Dick. Ihr wird die Rolle der zu beschützenden Schwarzen zufallen, jener Frau also, die Lowry verfolgt haben soll und die bei den Craigs Zuflucht gesucht hat. Von Bessie wussten die Craigs, dass Lowry vorhatte, wieder bei ihnen zu erscheinen. Am Weihnachtstag war es so weit. Bessie sah von der Küche aus, wie Lowry sich dem Haus näherte, und rannte zu ihren Herrschaften, die im Haus mit Gästen zu Mittag speisten, und informierte sie, dass Lowry anrückte. Bessie wurde also keineswegs über eine Meile weit von Lowry verfolgt, denn sie war die Köchin der Craigs, die in diesem Moment das von ihr zubereitete Weihnachtsmahl zu sich nahmen.

Als Lowry draußen auf der Veranda erneut nach seiner Abrechnung verlangte, schleuderte ihm der alte Craig durch die Tür einige passende

Worte entgegen und einen Holzknüppel gleich hinterdrein, der Lowry auch traf. Lowry sprang aus Angst vor weiteren Grobheiten von der Veranda, während durch die Tür die ganze Festgesellschaft nach draußen drängte, und natürlich war es der aufbrausende Mr. Dick, der einen Schuss Richtung Lowry abfeuerte. Es gibt Zeugen, dass auch einige der Gäste mit ihren Schusswaffen herumfuchtelten und den Schwarzen damit bedroht haben. Nach seiner Aussage aber hat Lowry erst dann seine eigene Pistole gezogen und zurückgeschossen, als ihn die Kugel aus der Waffe von Mr. Dick getroffen hat. Unglücklicherweise traf er den alten Craig tödlich, ebenso dessen Schwiegertochter, und die zwei Söhne verletzte er mit seinen Schüssen.

Vom ersten Moment an befeuerten die Zeitungen, allen voran jene aus Memphis, den Wunsch nach Lynchjustiz. Ständig war von »Zorn und Wut« die Rede, von »Fusel«, vom »Mörder-Neger«, aber mit keiner Silbe wurden die Hintergründe dieser Tat benannt, etwa in den Kommentarspalten. Lowry war nach dem Schusswechsel die Flucht gelungen, und er wurde erst am 19. Januar in El Paso, Texas, festgenommen. Auf die Spur war man ihm gekommen, weil er einen Brief an einen Bekannten geschrieben hatte, in dem er sich nach Verbleib und Wohlbefinden seiner Frau und seines Kindes erkundigte, die man auf die Craig-Farm geschafft und in einem Wirtschaftsgebäude untergebracht hat – zu ihrem Schutz, wie es hieß. Andere Farbige, die er namentlich in seinem Brief erwähnt hat, wanderten ebenso ins Gefängnis wie Mitglieder der Odd-Fellow-Loge, der auch Lowry angehört hat. Zwei Ehefrauen dieser Logenbrüder wurden ebenfalls inhaftiert.

Der Gouverneur von Arkansas namens McRae wollte offenbar einem Lynchmord vorbeugen und befahl seinen Hilfssheriffs, die Lowry aus El Paso holen sollten, diesen nach Little Rock zu bringen. Er versprach der Öffentlichkeit eine faire Gerichtsverhandlung. Der kürzeste Weg von El Paso nach Little Rock führt über Dallas und Texarkana und kommt nirgends auch nur in die Nähe des Tatorts. Die Hilfssheriffs aber wählten eine Strecke, die einen Umweg von mehreren Hundert Meilen bedeutete, nämlich über New Orleans, damit sie mit dem blutgierigen

Mob, der auf Lowry lauerte, zusammentreffen mussten. Der Anführer des Lynchmobs erhielt diesbezüglich ein Telegramm aus New Orleans: Er solle mit den Seinen in Sardis, Mississippi, auf einen bestimmten Zug warten.

Wir begegnen hier einem Paradebeispiel für die Geringschätzung, die das Recht in dieser Gegend erfährt, wenn es gilt, Häftlinge vor einem Mob zu beschützen oder die Täter bei rassisch motivierten Lynchmorden zur Verantwortung zu ziehen. Der Mob paradierte ungehindert und wie in einem Triumphzug durch drei Bundesstaaten, also durch Arkansas, Tennessee und Mississippi, und ließ auf seinem Weg jeden Gesetzeshüter wissen, aus welchem Grund man unterwegs sei. Dann zog der Mob großspurig in Sardis ein, machte sich am Bahnhof breit und okkupierte einen nahe gelegenen Gasthof. Als die Hilfssheriffs eintrafen, wurden sie am helllichten Tag entwaffnet, und der Mob machte sich samt seinem Opfer auf den Weg, wieder durch drei Bundesstaaten, an der schönen Stadt Memphis vorbei Richtung Arkansas, wo an einem vorab verabredeten Treffpunkt Lowry bei lebendigem Leib verbrannt werden sollte. Ein Teil des Mobs erlaubte sich einen kleinen Umweg über Memphis, wo man sich in einem der besten Lokale der Stadt einquartierte und von dort aus die Presse noch rechtzeitig für die Nachmittagsausgabe darüber informierte, wo und wann das Hängen und Verbrennen stattfinden sollte. Nebenbei fand man noch Zeit, um sich selbst bei einem ausgiebigen Mittagessen zu feiern. Die Zeitungen brachten den Lynchtermin: 18 Uhr. Tatsächlich fand das Verbrechen dann eine halbe Stunde später statt. Der Tenor der Berichterstattung war, dass die Männer des Lynchmobs allesamt Helden seien, weil sie einen gefesselten Schwarzen aus dem Gewahrsam von gleichgesinnten Hilfssheriffs »befreit« hatten. Die Zeitungen waren sich einig, dass man es hier mit »ganzen Männern« zu tun habe.

Gesetz und Ordnung dagegen schienen machtlos, nachgerade nicht existent. Praktisch die ganze Welt schien genau Bescheid zu wissen, wo und wann der Lynchmord stattfinden sollte, bloß der zuständige Sheriff nicht. Später war in der Zeitung zu lesen, es seien 600 aktive Lyncher oder auch nur Gaffer aus allen umliegenden Landkreisen zugegen gewesen. Jede Zeitung aus Memphis hatte einen Sonderkorrespondenten vor Ort. Aber es gab nicht die geringste Anstrengung vonseiten der Staatsgewalt, nicht nur Lowry, sondern Gesetz und Ordnung an sich zu verteidigen. Seine Folterer ließen sich eine Stunde Zeit, bis Lowry schließlich sterben durfte. Er wurde quasi auf kleiner Flamme geröstet, die zu seinen Füßen brannte und in die man ab und an eine Handvoll trockener Zweige und Blätter warf, um das Feuer am Brennen zu halten. Erst als man auf diese Weise seine unteren Gliedmaßen verkohlt hatte und das Feuer auf seinen Bauch übergriff, entschloss man sich, die quälende Langsamkeit der Prozedur abzukürzen, übergoss Lowry mit Benzin aus einem Kanister und sah zu, wie das Opfer in einer Stichflamme verging.

Der zuständige Sheriff, der wie gesagt wundersamerweise nicht anwesend sein konnte, um den Mord auf dem Scheiterhaufen zu verhindern, hatte hierzu nur anzumerken, dass landauf, landab »ein jedes Kind, jede Frau und jeder Mann« wollte, dass Lowry brennt. Natürlich ist hier ausschließlich von weißen Kindern, Frauen und Männern die Rede. Und doch ereiferten sich kürzlich einige Kongressabgeordnete aus dem Süden, als ein Zeuge vor einem Untersuchungsausschuss ausgesagt hat, dass in vielen Gemeinden der Südstaaten die Mehrheit der weißen Bevölkerung ein völlig gesetzloses Verhalten gegenüber den schwarzen Mitbürgern an den Tag legten.

Sieben weitere farbige Häftlinge, darunter zwei wie gesagt völlig unbeteiligte Frauen, hätten am selben Tag, zur selben Stunde fast dasselbe Schicksal erlitten wie Lowry, wären die Straßen in Arkansas in einem besseren Zustand gewesen. Sie alle waren in Mississippi County inhaftiert, angeklagt oder auch bloß verdächtigt worden, Lowry bei seiner Flucht geholfen zu haben. Die Nachmittagszeitungen hatten schon vorab jubiliert, dass mindestens drei, »vielleicht sogar ein halbes Dutzend« dieser Vorverurteilten ebenfalls um 18 Uhr brennen würden. Aber die Autos des eifrigen Mobs versanken an jenem Spätnachmittag bis zur Motorhaube im Dreck, sodass sie das Gefängnis der inhaftierten Farbigen nicht rechtzeitig erreichen konnten. Und am nächsten Tag hatte der Gouverneur dafür gesorgt, dass zwei Gefangene über die Staatsgrenze nach Missouri und weitere fünf ins Staatsgefängnis von Little Rock überführt wurden. Also haben sich ausnahmsweise einmal schlechte Straßen als gut für die Zivilisation erwiesen.

Die versuchten Lynchmorde wurden in den Zeitungen damit legitimiert, dass Lowry »gestanden« habe, dass die Inhaftierten ihm damals halfen. Und es wurde viel Aufhebens darum gemacht, wie »redselig« und zu »Späßen aufgelegt« Lowry gewesen sei, als er mit dem Mob unterwegs war. Quer durch Mississippi und Arkansas hätte er gequasselt wie ein Buch, und selbst als seine Beine und sein Unterbauch langsam geröstet wurden, habe er noch bereitwillig auf Fragen geantwortet. Aus anderen Quellen erfahren wir, dass Lowry nie auch nur ein Wort gesagt hatte, mit Ausnahme, als seine Frau und sein Kind angeschleppt wurden, damit sie ihn brennen sehen. Abgesehen davon versuchte Lowry mehrfach, sich heiße Asche in den Mund zu stopfen oder brennende Zweige, um sein Leiden abzukürzen, aber diese wurden ihm von seinen Quälgeistern sofort aus der Hand geschlagen. Und Mitwirkende am Lynchmord haben später ihren schwarzen Arbeitern gegenüber angemerkt, Lowry sei »ein stolzer Kerl« gewesen und habe »nie auch nur ein Wort gesprochen«. Also sind all diese Zeitungsgeschichten über seinen Appetit und seine Sprücheklopfereien oder angeblich wichtigen Aussagen bloß ein Versuch, dem bestialischen Verbrechen einen räuberpistolenhaften Anstrich zu verpassen.

Gewaltorgien dieser Art enden oft mit einer Jagd nach Trophäen, wenn die Mörder in der heißen Asche nach Knochen oder anderen Überresten der Ermordeten suchen. Diesmal verzichtete der Mob auf solche Szenen altrömischer und neusüdstaatlicher Barbarei und ersparte uns so wenigstens den ultimativen Tiefpunkt der Unmenschlichkeit. Es heißt, dieser charmante Brauch sei die angemessene Reaktion einer zivilisierten Gesellschaft auf die angeblich wohldokumentierten Exzesse in Haiti, wo Schwarze ihre weißen Opfer aufgefressen hätten. Für Kannibalismus auf Haiti gibt es keinerlei Beweise. Aber wäre ein solcher Akt, hätte er denn stattgefunden, nicht entschuldbarer, da es ums Überleben ging, als der sadistische Zirkus, der ein inzwischen stinknormales und allgemein akzeptiertes Ritual hier im ländlichen Süden der USA ist und mehrmals im Jahr vorkommt, wie ein ausländischer Besucher vor nicht allzu langer Zeit angemerkt hat?

Der Text erschien in *Nancy Cunards Negro*, herausgegeben von Karl Bruckmaier. Zuerst wurde er 1934 in der gleichnamigen Anthologie der Feministin und Menschenrechtsaktivistin Nancy Cunard veröffentlicht. Karl Bruckmaier macht dieses fast in Vergessenheit geratene Werk erstmals auf Deutsch zugänglich.

Karl Bruckmaier (Hg.)
Nancy Cunards Negro
280 Seiten,
Hardcover
ISBN 978-3-96196-136-8

Anmerkungen

1 Pickens meint hier die Region, die heute meist als Mississippi-Delta bezeichnet wird.
2 Das 13., 14. und 15. Amendment zur amerikanischen Verfassung schaffte die Sklaverei ab und garantierte der schwarzen Bevölkerung dieselben Rechte und Pflichten wie allen anderen Bürgern. Ab 1877 wurden diese Verfassungszusätze wieder weitgehend ignoriert. Der Norden ließ den Süden und seine Sondergesetze danach fast 90 Jahre gewähren.

Daniel Kojo Schrade
Die Kunst der Re-Kalibrierung
Alltäglichen Rassismus überleben

> *»People who shut their eyes to reality simply invite their own destruction, and anyone who insists on remaining in a state of innocence long after that innocence is dead turns himself into a monster.«*

James Baldwin, »Stranger in the Village«, *Harper's Magazine*, 1953

In der Malerei lässt sich recht gut in Schichten arbeiten. Diesen Umstand nutze ich. Der Prozess des Malens ist einzigartig. Vor allem wenn man, wie ich es tue, nicht bereits zu Beginn des Arbeitsprozesses wissen muss, wie das Bild genau aussieht, das am Ende auf der Leinwand steht. Diese Herangehensweise lässt mir die Freiheit, in den vielen Schichtungen, die zu meinen Bildern führen, thematische Schwerpunkte vielfältig zu verhandeln. Jede meiner Arbeiten besteht somit eigentlich aus mehreren inhaltlichen Motiven, die lediglich in ihrer Ganzheit nicht unbedingt sichtbar sind. Einzelne Elemente tieferer Schichten bleiben allerdings durchaus wahrnehmbar. Ich bin nicht nur davon überzeugt, dass materialbezogene Texturen, wie Kohlepartikel oder Baumwollfüllstoffe, eine folgende Schicht beeinflussen, sondern auch, dass Inhalte, die in einer vorhergehenden Schicht verhandelt wurden, eine folgende »informieren«, selbst wenn große Teile oder die gesamte Schicht am Ende des Arbeitsprozesses nicht mehr unbedingt dechiffrierbar sind. Auch die Kunstkritik hat meine Vorgehensweise bemerkt. Yvette Mutumba, Mitbegründerin und Chefredakteurin des Kunstmagazins *Contemporary*

And (C&) und Co-Kuratorin der 10. Berlin Biennale für Gegenwartskunst 2018, schreibt im Katalogtext »Zwischen Den Zeilen Liegt Oftmals Mehr«, zur Ausstellung *:listenings*, 2019 am Dartmouth College in New Hampshire:

> »Daniel Kojo Schrade konzeptualisiert nicht jedes seiner Werke vorab bis ins Detail. Ein wichtiger Bestandteil seines malerischen Prozesses ist die permanente Notwendigkeit der Veränderung. Es ist ein konstantes Aufeinanderschichten und Zusammenfügen. Dabei kreist die Variation um ein inhaltliches Zentrum, das sich jedoch dem/der Betrachter/in nicht unbedingt sofort erschließt. Gleichzeitig *ist* die Variation Zentrum seines Schaffensprozesses. Die Reaktionsnotwendigkeit, die Abstraktion im Prozess sind somit Ausdruck und Merkmal seiner Arbeiten. Im Zuge dessen ist für ihn das Motiv in der Malerei etwas, das sich bewegt, aus einem anderen Kontext heraus in die Arbeit hinein. Dort verändert es sich immer weiter durch die Verschiebungen und Übermalungen des Künstlers.«

Daniel Kojo Schrade: Afronaut-2L05, 2005. Acryl, Kohle, Öl auf Leinwand. 182cm x 132cm.

Afronaut-2L05 ist Teil der Serie Afronaut (Afronauts), *an der ich seit 1999 arbeite. Der männliche Kopf am unteren Bildrand bezieht sich auf Gordon Parks Fotoserie* A Man Becomes Invisible. *Die Serie des afroamerikanischen Fotografen und Filmemachers entstand 1952 in Kooperation mit dem afroamerikanischen Schriftsteller Ralph Ellison und dessen Arbeit an seinem Roman* Invisible Man. *Die Buchstaben »OK« sind Teil der Phrase »STOP-LOOK-LISTEN«, die einem weiteren Bilderzyklus von mir als Titel dient.*

Diese Vorgehensweise hat auch eine zeitliche Dimension. Sie erlaubt mir, Vorgänge aus der Vergangenheit, Gegenwärtiges und selbst futuristische Projektionen zu verhandeln – geschichtet auf ein und derselben Leinwand. Da ich im Malprozess natürlich nicht an diese Chronologie gebunden bin, kann Historisches durch Zukünftiges oder Gegenwärtiges durch Historisches und selbst Historisches durch Zukünftiges gestaltet werden. Das »fertige« Bild bleibt immer eine gewisse Momentaufnahme. Genau wie dieser Essay, der aus Textfragmenten besteht, die jeweils als Echos zu einigen meiner Bilder zu verstehen sind.

———————

Berlin 1987. Ich bin auf dem Weg von meiner Arbeitsstelle bei der Kupferdruckerei Haas nach Hause in die Kaiser Friedrich-Straße. In den Spätnachrichten war gerade vom Einzug der DVU (Deutsche Volksunion) in den Senat der Bremer Bürgerschaft berichtet worden, und auch die Republikaner-Partei prägt zunehmend den öffentlichen Diskurs in Deutschland. Kaum fahre ich über die Kantstraße, platzt der Hinterreifen meines Fahrrads und ich setze meinen Weg schiebend auf dem Gehsteig fort. Nach wenigen Minuten fällt mir auf, wie ein älterer VW Passat auffällig langsam an mir vorüberfährt. Die drei männlichen Insassen mit akkuratem Kurzhaarschnitt, einer davon mit Glatze, mustern mich eingehend. Präventiv noch meine Fluchtmöglichkeiten abwägend bin ich sehr erleichtert, als der Wagen beschleunigt und in die Nacht verschwindet. Und bin umso mehr überrascht, als am Ende des Blocks genau diese drei Neonazis rechts aus der Straße heraus auf mich zustürmen, der erste mir das Rad aus der Hand schlägt, mich packt und an die nächste Hauswand drückt. Mit dem Gesicht zur Wand kann ich aus dem Augenwinkel erkennen, dass der zweite eine Waffe auf mich richtet, während der dritte am Steuer des Autos bleibt. Voller Angst und Wut rufe ich nach Hilfe. »Na, hat man mal wieder ein Fahrrad geklaut!«, brüllt mich der erste an, während er meinen Oberkörper noch fester an die Wand presst, mir die Beine auseinandertritt, mich mit seiner freien Hand abtastet und schließlich mein Portemonnaie aus der Hosentasche zieht. Schlagartig habe ich Grund zur Vermutung, dass es sich bei den dreien vielleicht doch um Zivilbeamte handeln könnte. Als sich diese Vermutung durch Polizei-funkgeräusche aus dem Wagen bestätigt, spüre ich trotz schmerzender Wange eine gewisse Erleichterung. Mit meinem Gesicht im Charlottenburger Rauputz – jeglichen Fahrraddiebstahl vehement bestreitend – kann ich parallel die Funkabfrage meiner Personalien verfolgen. Die drei blieben konsequent dabei, sich nicht zu identifizieren. Der Griff lockert sich, ich erhalte mein Portemonnaie zurück. Sie verschwinden kommentarlos und so plötzlich, wie sie gekommen waren, in die Nacht. Unterdessen hebe ich mein Rad auf und gehe Block für Block nach Hause.

Daniel Kojo Schrade: by any means I, *2002. Acryl, Kohle, Öl auf Leinwand. 182 cm x 240 cm.*

by any means I: *Die Kohlelinie im Zentrum des Bildes spiegelt die Kontur von Malcolm X' Kopf.*
Die Arbeit basiert unmittelbar auf Don Hogan Charles' Foto von Malcolm X, auf dem dieser in Anzug und Krawatte, vorsichtig einen Vorhang seiner Woh-nung in Queens zur Seite schiebend, aus einem Fenster späht, während er in der anderen Hand einen M1-Karabiner hält (veröffentlicht unter anderem in Ebony 9, 1964). Charles war der erste fest angestellte afroamerikanische Foto-graf der New York Times. Am unteren Rand des Bildes sind Fragmente des Satzes »by any means necessary« lesbar.

Zu Hause angekommen berichte ich meinem WG-Mitbewohner Holger von der Begegnung mit den drei Zivilbeamten. Holger hat viel Erfahrung mit handfesten Auseinandersetzungen mit der Polizei. Erst wenige Monate zuvor wurde er bei verschiedenen Anti-Ronald-Reagan-Demonstrationen, aus Anlass des Berlinbesuchs des damaligen US-Präsidenten, wiederholt verhaftet. Für Holger – aus gutbürgerlichen Hannoveraner Verhältnissen stammend und *weiß* – war mein Bericht keine Nachfrage wert. Vielmehr war es ihm ein Anliegen, möglichst schnell wieder selbst ins Zentrum des Gesprächs zu gelangen und mir in schillernden Details seine Straßenkampferfahrungen zu schildern, die durchaus unterhaltsam und in der Regel natürlich heroisch waren.

Daniel Kojo Schrade: Afronauts-2C08, 2008. Acryl, Öl, Kohle auf Leinwand.
132 cm x 182 cm.

Afronauten sind ortsunabhängige Charaktere, sie haben die Macht, ihren Bild-
raum selbst zu gestalten, und nehmen in Anspruch, sich selbst zu definieren
und Identitätszuschreibungen neu zu verhandeln. In meinen Arbeiten er-
scheinen sie gezeichnet oder gemalt. Ihre figurative Präsenz steht im Kontrast
zu einer ansonsten abstrakt homogenen Malweise und transformiert meine
Arbeit in eine »Malerei aus Zwischenräumen«. Am linken Bildrand von Afro-
nauts-2C08 ist ein Porträt der Sängerin Marian Anderson zu erkennen, die am
7. Januar 1955 in der Rolle der Ulrica in Giuseppe Verdis Oper Un ballo in
maschera an der Metropolitan Oper New York auftrat. Der Fotograf Richard
Avedon dokumentierte diesen ersten Auftritt einer afroamerikanischen Sänge-
rin mit dem Ensemble. Die mittlere Figur bezieht sich auf die Fotoserie Beach
Portraits (1992–1994): Figure 6. De Panne *der belgischen Künstlerin Rineke*
Dijkstra. Der männliche Kopf am unteren Bildrand wurde inspiriert durch Gordon
Parks oben erwähnte Fotoserie A Man Becomes Invisible. Die Figuren teilen
sich den Mittelgrund mit Ausschnitten aus einer hydrografischen Navigations-
karte aus England von 1728, eine Referenz auf Paul Gilroys Black Atlantic.

Reconsidering The Everyday ist der Titel einer meiner Studio-Art-Kurse am Hampshire College in Massachusetts. Unter den Texten, die meine Studierenden zu Beginn des Semesters für dieses Seminar lesen, ist das Kapitel »Die Straße« aus Georges Perecs Roman *Das Leben. Gebrauchsanweisung.* Perec ist nicht so sehr am Außergewöhnlichen, am Extraordinären interessiert. Sein Blick gilt dem, was jeden Tag geschieht und sich Tag für Tag wiederholt – dem alltäglich Üblichen, dem Gewöhnlichen. Meine Erfahrungen mit rassistischen Zuschreibungen, Bemerkungen und Kommentaren sind genau das: schlicht und alltäglich. Das Übliche.

Die rassistischen Angriffe auf Vertragsarbeiter und Geflüchtete vom 17. bis 21. September 1991 in Hoyerswerda markierten den Auftakt einer Welle rechter und rassistischer Gewalt, die sich ab Ende September des Jahres 1991 über das gesamte Bundesgebiet ausdehnte. Am Wochenende nach Hoyerswerda verbringe ich einige Stunden mit unserer damals fast vier Monate alten Tochter Lisa-Ama in Münchens idyllischem Nymphenburger Park. Ich sitze auf einer Bank und sie liegt schlafend im Kinderwagen, als zwei adrett gekleidete Männer, kaum älter als ich, gemächlich an uns vorübergehen. Auf uns herabblickend ruft einer der beiden laut aus: »Sieh dir mal das an, der nächste liegt bereits im Kinderwagen«, woraufhin der zweite hämisch grinsend erwidert: »Jaja, die vermehren sich wie die Karnickel.« Sprachlos und gelähmt stellt sich bei mir schnell eine seltsame Erleichterung darüber ein, dass mein verletzliches Kind diese erste verbale Attacke verschlafen hat.

Daniel Kojo Schrade: :listenings 3, 2018. Öl, Acryl, Kohle auf Leinwand.
180 cm x 130 cm.

:listenings 3 gehört zu einer Bilderserie, die Parallelen, Überschneidungen und gegenseitige Einflüsse zwischen den westafrikanischen Griots – die als Sänger, Dichter und Instrumentalisten umherziehen und traditionelles Wissen durch mündliche Überlieferung weitergeben – und den lyrischen Dichtungen mittel- alterlicher Minnesänger wie Wolfram von Eschenbach (Parsifal) verhandelt.

Der eingangs zitierte James Baldwin war von 1983 bis 1986 Gastprofessor für Literatur am Hampshire College in Amherst, Massachusetts, einer Kleinstadt in New England, die mit ihren fünf Universitäten und Colleges von nationalem Rang wie eine schillernde intellektuelle Blase im Wald liegt. Seit nunmehr zwölf Jahren habe ich dort eine Professur für Bildende Kunst. Baldwins Schriften und Reden sind mir aber nicht nur aus diesem Grund besonders wichtig. Auch er verortet sein Schreiben und sich selbst oft zwischen den Welten, zwischen Amerika, Afrika und Europa. Während meiner Zeit am Hampshire College war ich Teil von insgesamt acht Berufungskommissionen. In diesen 24 Semestern ist es zweimal gelungen, eine Person of Color zu berufen, wobei beide lediglich Berufungen auf Gastprofessuren waren. Obwohl ich niemandem in meinem Kollegium vorwerfen kann, die Berufung eines weiteren schwarzen Malers, einer schwarzen Installationskünstlerin, schwarzen Fotografin, eines schwarzen Filmemachers, schwarzen Bildhauers, einer schwarzen Performancekünstlerin oder schwarzen Kunsttheoretikerin systematisch verhindert zu haben, liefen die Berufungsprozeduren bisher meistens nach einem vergleichbaren, dennoch ernüchternden Muster ab: Allen Höflichkeitsformeln folgend wurde darauf geachtet, in den ersten Berufungsinstanzen Kandidaten of Color zu berücksichtigen. Wenn im weiteren Verlauf dann herausragende akademische und künstlerische Leistungen durch eloquente Interviews bestätigt wurden, fiel es der Kommission oft leicht, unter den zu einem Vortrag eingeladenen drei bis vier Kandidaten auch eine Person of Color zu wählen. Bedauerlicherweise waren diese dann häufig, trotz ausgezeichneter

Campus-Vorträge, auf der abschließenden Berufungsliste nur auf den dritten oder vierten Rängen zu finden. Manche von ihnen kamen dann temporär als Lehrbeauftragte oder für Gastprofessuren wieder. Auch in diesem Zusammenhang kommt mir wieder James Baldwin in den Sinn:

»Most people are not naturally reflective any more than they are naturally malicious, and the white man prefers to keep the black man at a certain human remove because it is easier for him thus to preserve his simplicity and avoid being called to account for crimes committed by his forefathers, or his neighbors.«

James Baldwin, »Stranger in the Village«, *Harper's Magazine,*1953

Daniel Kojo Schrade: Genu, 2020. Acryl, Öl, Kohle auf Leinwand.
86 cm x 132 cm.

Genu: *In meinen Arbeiten finden sich wiederholt Variationen von Figuren mit Kopfbedeckungen und Schirmen. Beeinflusst von einer Fotoserie im CD-Book-let* Peasants, Pigs and Astronauts *von 1999 der Britpop-Band* Kula Shaker *stehen diese Figuren in meinen Bildern für Vulnerabilität und Verletzlichkeit und sind fester Bestandteil meines Archivs. Der Schriftzug GENU (Lateinisch für »Knie«) ist, im Gegensatz zur Figur, voll lesbar und kontrolliert das Bild aus dem Mittelgrund.*

Im März 2017 fand am Hampshire College das zweitägige *Questioning Aesthetics Symposium: BLACK AESTHETICS* statt. Acht Monate zuvor war Philando Castile, Angestellter einer Montessorischule in Minneapolis, bei einer Routinekontrolle in seinem Wagen sitzend von einem Polizisten erschossen worden. Das Gemälde *The Times That Aint A Changing, Fast Enough!* des afroamerikanischen Malers Henry Taylor, welches den toten Castile liegend in seinem Wagen darstellt, fand auf der Whitney Biennale 2017 in New York City viel Beachtung. Genauso wie Dana Schutz' weitaus kontroverseres Bild *Open Casket*, welches den schwarzen Teenager Emmett Till, der 1955 in Mississippi von einem weißen Mob ermordet wurde, entstellt in einem Sarg liegend zeigt. Beide Arbeiten waren Gegenstand von Vorträgen und Diskussionen dieses Black Aesthetics Symposiums und wurden ausführlich besprochen. Am ersten Tag moderierte ich ein Panel mit der Kultur- und Filmwissenschaftlerin Amy Abugo Ongiri (Lawrence University), dem Literaturwissenschaftler Jeremy Matthew Glick (Hunter College) und dem Kulturwissenschaftler GerShun Avilez (University of North Carolina).

Nach dieser intensiven Gesprächsrunde mache ich mich auf den Weg nach Hause. Es ist noch hell und ich kann den State Police Cruiser, der mir entgegenkommt, frühzeitig erkennen und meine Geschwindigkeit drosseln. Doch wie ich im Rückspiegel sehen kann, wendet der wuchtige Ford Explorer und rast – eingehüllt in rot, weiß und blau blinkende Lichtblitze – hinter mir her. Ich werde langsamer und lege mir vorsorglich Führerschein und Papiere zurecht, um einen später riskanten Griff ins Handschuhfach auszuschließen. Extrastarke Zusatzscheinwerfer auf mich richtend, kommt die Lichtburg auf Rädern hinter meinem Auto zum Stehen. Fenster öffnen, Motor aus, Hände ans Lenkrad, Füße von den Pedalen und Papiere in die

Hand. Eingeschüchtert und geblendet erkenne ich schemenhaft, wie nach einer endlosen Minute der State Trooper – vor gefühlter Macht offenbar kaum gehen könnend – langsam, mit der rechten Hand an der Waffe, auf mich zukommt. Ich lege mir Argumente zurecht, entschuldigende Bemerkungen, »... bin zu schnell unterwegs gewesen, weil ... da mir ...«.

Die Situation kommt mir absurd vor. 15 Minuten zuvor war ich noch in meiner heilen akademischen Welt und hatte das Privileg, über Polizei- und institutionelle Gewalt in den USA, Kunst, Race und Rassismus zu diskutieren.

Unabhängig von meinen Aufenthaltsorten, hier wie dort, scheint die ständig andauernde, situations- und raumbedingte Neu-Verhandlung, Neu-Verortung und Re-Kalibrierung meine wirkmächtigste Konstante zu bleiben.

»This world is white no longer, and it will never be white again.«

James Baldwin, »Stranger in the Village«, *Harper's Magazine*, 1953

Thorsten Nagelschmidt
Die Nannys im Osten sind sehr elegant

Nicole: Es war der 31. Dezember 2019, kurz nach elf Uhr abends. Wir liefen die Alameda hoch Richtung Plaza Dignidad. Auf der Straße war es vollkommen friedlich. Es gab keinen Protest und keine Barrikaden, sonst hätten wir ja Schutzbrillen getragen. Meine Kamera hatte ich gut sichtbar in den Händen. Es war kein Unfall.

Sebastián: Ich stand mit zwei Kollegen vorn am Tor. Plötzlich hören wir Schüsse, mehrere nacheinander, und die Leute fangen an zu schreien: »Médico!, Médico!« Wir rennen los und sehen eine Frau mit der Hand vorm Gesicht am Boden liegen. Wir haben das Blut gesehen und wussten sofort, was passiert war.

Nicole: Auf Höhe des Polizeimonuments hatten sich Carabineros versteckt. Jemand rief: »Sie schießen, sie schießen!« Ich habe mich instinktiv umgedreht und die Augen geschlossen, und dann hörte ich das Geräusch der Patrone. Ich hielt mir die Hände vors Gesicht und fiel zu Boden, und dann sah ich, dass ich Blut an den Händen hatte. Die Leute um mich herum schrien nach Hilfe. Das Rettungsteam der Brigade war auf der anderen Seite der Straße. Sie kamen rübergerannt, um mir zu helfen, wurden dabei aber von den Carabineros beschossen. Sie mussten sich und mich mit ihren Schilden schützen.

Constanza: Sie hatte einen Verband um den Kopf, als sie hier ankam. Es war kein Arzt da, und wir wussten nicht, was passiert war, ob sie ein Auge verloren hatte oder ob es nur eine leichte Verletzung war. Sie war in Panik und hat geweint. Du weißt nicht, wie du ihr helfen kannst. Wenn du nicht weißt, was passiert ist, was willst du ihr da sagen?

Nicole: Ich schloss ein Auge und konnte auf dem anderen nichts sehen. Da wusste ich, dass etwas sehr Ernstes passiert war. Ich bekam eine Panikattacke. Ich habe gezittert und musste mich übergeben, ich hatte große Angst.

Constanza: Ich hielt sie an den Händen, um sie zu beruhigen. Fälle wie dieser sind immer bewegend, aber diesmal war es besonders hart für mich. Wahrscheinlich weil sie eine Frau ist und ungefähr in meinem Alter, Ende 20, Anfang 30. Ich habe geweint, was unprofessionell ist, aber ich konnte es nicht zurückhalten. Sie hatte ja den Verband um den Kopf und konnte mich nicht sehen, also habe ich lautlos geweint. Dann war es auf einmal zwölf. Nicole war die erste Person, die ich im neuen Jahr umarmt habe.

Nicole: Ich war bis zwei Uhr morgens im GAM. Meine Neujahrsumarmung war mit den Leuten von der Brigada Usach.

Constanza: Schließlich kam ein Arzt. Er sagte, dass sie das Auge nicht verloren hätte, und riet ihr, nicht gleich ins Krankenhaus zu gehen, aus Angst, dass man sie dort abweisen würde. Wir gaben ihr Schmerzmittel und blieben bei ihr, bis sie sich beruhigt hatte und sich nicht mehr schwindlig fühlte. Freunde von ihr kamen, um sie abzuholen. Sie konnte laufen.

Nicole: Als ich aus dem GAM kam, hatte sich die Situation draußen total geändert. Überall Tränengas und Gewalt. Ich wurde zu einer Wohnung in der Nähe gebracht, wo ich ein paar Stunden schlafen konnte. Morgens brachten sie mich zum Hospital del Salvador, wo bis dahin schon Hunderte von Menschen mit Augenverletzungen behandelt worden waren.

Paola: Am Krankenhaus musste sie lange warten, bis sie behandelt wurde. Das ist in Chile normal. Sie haben wohl auch versucht, sie abzuwim-

meln: »Worauf wartest du, dir kann eh nicht geholfen werden, basta.«
Viele gehen durch eine schlimme Depression, nachdem sie ein Auge
verloren haben. Wir machen hier Fotos von allen Verletzungen, um den
Opfern bei einer eventuellen Klage zu helfen. Nicole ist sehr berühmt,
sehr wichtig. Vor zwei Tagen war sie zum ersten Mal wieder an der Plaza
Dignidad. Sie arbeitet immer noch.

Constanza: Ich habe erst später herausgefunden, dass sie eine berühmte
Fotografin ist. Sie hatte nur gesagt, dass sie Fotos von Menschen gemacht hat, die bei den Protesten ihr Augenlicht verloren haben, und dass
sie es nicht fassen kann, dass ihr jetzt dasselbe passiert.

Nicole: Ich komme aus der Peripherie im Süden, aus San Ramón. Meine Eltern sind arm, ich musste schon sehr früh arbeiten. Die Ungerechtigkeit in diesem Land hat mich geprägt und radikalisiert. Ich fing
an zu lesen und mich politisch zu bilden. 2015 begann ich mein Studium, Fotojournalismus und Dokumentarfilm. Ich habe während des
Studiums mehrere Preise gewonnen und in Kolumbien, Kuba und Venezuela gearbeitet. Im Februar 2019 wurde ich an der venezolanisch-
kolumbianischen Grenze verletzt. Ein Humvee ist voll in eine Menge
von Journalisten und Polizisten gefahren. Ich wurde zur Seite gedrückt
und von einem Metallteil am Bein verletzt. Ich war mehrere Monate in
Venezuela und wurde dort behandelt. Als ich zurückkam, ging es hier
mit den Protesten los.

Lucía: Seit Oktober haben wir hier jeden Tag Verwundete. Jeden Tag.

Pablo: Die Auseinandersetzungen haben sich von Anfang an um die
Plaza Italia konzentriert, die jetzt nur noch Plaza de la Dignidad genannt wird. Das ist historisch ein wichtiger Punkt in Santiago, der teilt
die Stadt in zwei Hälften. Östlich des Kreisels leben die Wohlhabenden, je höher, desto wohlhabender, westlich die Armen. Nach Fußball-
spielen treffen sich die Fans dort zum Feiern.

Nicole: Wochenlang hatte ich Menschen fotografiert, die bei den Protesten ein Auge verloren haben. Du rechnest einfach nicht damit, dass es dich selbst erwischt. Mit der Brigada Usach bin ich auf Instagram und WhatsApp in Kontakt, aber ich habe die Leute seitdem nicht wiedergesehen.

Sebastián: Das Centro Cultural Gabriela Mistral ist halb öffentlich, halb privat. Es hat zwei Direktoren, einen städtischen und einen privaten. Der städtische unterstützt die Gruppe, der private hasst uns. Wenn wir nur einen Fehler machen, schmeißt er uns raus.

Christian: Das Gebäude wurde während der Allende-Zeit gebaut. Nach dem Militärputsch im September 1973 hat Pinochet hier seine erste öffentliche Rede gehalten, da gibt es dieses berühmte Foto. In den Nullerjahren gab es einen Brand, und seit 2010 ist es das GAM.

Lucía: Die Pacos haben mehrfach versucht, hier hereinzukommen. Sie sagen: »Wegen euch werden die Leute wieder gesund und machen Ärger.« Sie versuchen, uns zu kriminalisieren.

Pablo: Der Sicherheitsverantwortliche des GAM ist jeden Tag da mit uns. Es ist ziemlich abenteuerlich hier. Direkt hier vorne sind schon zwei Menschen verstorben. Ein junger Mann mit einer angeborenen Herzerkrankung. Von dem Tränengas hatte er einen Herzstillstand und wurde reanimiert, aber die Polizei hat weiter angegriffen mit Tränengas und Wasserwerfern, und der ist dann gestorben. Der andere ist hier ums Eck in ein Loch gefallen. In dem Loch war Wasser und er ist ertrunken. Du siehst diese Deckel hier in den Straßen. Die Polizei nimmt oft diese Deckel weg. Das Loch war voll mit Wasser von den Wasserwerfern.

Lucía: Technisch und medizinisch sind die verschiedenen Brigaden rund um die Plaza Dignidad alle gut ausgestattet, aber bei den meisten geht es zu wie im normalen Gesundheitssystem: Das Wichtigste ist der Arzt und was er für richtig hält. Der Patient zählt nicht sehr viel. Das medizinische Personal kann in Gegenwart des Patienten herumbrüllen, sich streiten, Witze reißen oder über Fußball reden. Die Brigada Usach hat einen anderen Ansatz. Hier achten wir genauso auf die psychische Verfassung der Patienten. Wir gehen sehr fürsorglich mit ihnen um. Die verletzte Person wird niemals alleine gelassen. Als wir aus den psychologischen und therapeutischen Abteilungen hier ankamen, da dachten wir, diese Art von Betreuung wäre unsere Aufgabe. Weil man sich in den chilenischen Kliniken für so etwas nie zuständig fühlt. Es hat uns überrascht, dass die psychische und emotionale Unterstützung der Patienten hier bereits mitgedacht wurde.

Sebastián: Der Patient ist hier keine Nummer, sondern ein Mensch. Ein Mensch, der Schmerzen hat oder Angst. Einige sind schwer traumatisiert. Die brauchen niemanden, der ihnen sagt: »Okay, fertig, Nächster bitte.« Sondern: »Ich bin für dich da, ich werde dir helfen.«

Lucía: Außerdem gibt es in diesem Team keinen Boss. Das ist für uns alle etwas Neues.

Pablo: Die vertikale Politikstruktur ist gerade unter den jüngeren Chilenen überhaupt nicht angesagt. Die haben da keinen Bock drauf.

Paola: Die Entscheidungen als Kollektiv sind etwas sehr Positives und Wichtiges. Die soziale und ökonomische Situation in Chile hat viele Menschen kaputt gemacht. Seit Mitte der Siebziger haben hier die Chicago Boys von Milton Friedman das Sagen. Wir kannten lange nichts anderes. Der Neoliberalismus hat die Gesellschaft kaputt gemacht und die Menschen gebrochen, alle interessierten sich nur für sich selbst und für Konsum. Aber jetzt sehen die Leute, dass es nicht alles sein kann, nur an sich selbst zu denken. Jetzt haben sie wieder Perspektiven.

Sebastián: Es gibt zwei verschiedene Teams, das Sanitätsteam und das Rescue Team. Meine Partnerin Linsey und ich gehören zum Rescue Team. Das hier ist unsere Ausrüstung. Alle tragen Helm, Gasmaske, Sicherheitsbrille. Diese Brille ist neu, meine alte war komplett verkratzt, ich konnte nicht mehr richtig durchsehen. Diese Weste hier ist kugelsicher, die habe ich mir selbst gekauft. Die Polizei hat schon mehrmals auf mich geschossen, zweimal wurde ich leicht verwundet. Sie behaupten, es seien nur Gummigeschosse, doch die enthalten meist Kerne aus Stahl. Sie schießen auch mit Plastik und Schrot, das sehen wir hier jeden Abend an den Wunden. Manchmal mischen sie Abfall in die Munition der Tränengaspatronen, Chemikalien oder Urin. Wir haben Wunden gesehen, die nach zwei Stunden komplett infiziert waren.

Paola: Sie mischen das Tränengas mit Pfefferspray, manchmal auch mit anderen Chemikalien. Wenn ihr es in einer anderen Farbe als Weiß qualmen seht, müsst ihr rennen, sofort.

Sebastián: Das erschwert unsere Arbeit hier enorm. Wenn ich damit in Kontakt komme, muss ich mich erst umziehen und säubern, bevor ich weiterarbeiten kann.

Pablo: Da vorne ist der Bereich, wo wir nähen. Es ist eigentlich viel zu unhygienisch hier. Das nächste Krankenhaus ist nur ein paar Blocks entfernt, aber die meisten Verwundeten wollen da nicht hin, weil der Direktor ein ehemaliger Carabinero ist und sie Angst haben, dort auf einer Liste der Polizei zu landen. Also flicken wir sie hier wieder zusammen.

Sebastián: Wenn Leute mit Gas attackiert wurden, landen sie zunächst hier. Wir müssen sie säubern, bevor sie in die medizinische Station kommen und alles kontaminieren. Dort haben wir Medikamente und Schmerzmittel, alles aus Spenden.

Pablo: Ich bin durch Zufall hier gelandet. Im Oktober fingen die Schüler und Studenten an, gegen die Fahrpreiserhöhungen zu protestieren. Am 18. Oktober hatten sie mehrere U-Bahn-Stationen gesperrt. Da mussten die Leute plötzlich zu Fuß nach Hause. Ich war mit einer Freundin zu einem Theaterstück verabredet. Am späten Nachmittag rief sie an und meinte, ich komme nicht, in der Innenstadt ist die Hölle los. Da bin ich aufs Fahrrad gesprungen und dahin gefahren, und es war der Hammer, die ganzen Menschen auf dem Weg von der Arbeit nach Hause, teils seit Stunden unterwegs, wie die Zombies. Irgendwann ging's ab, Tränengas, Bullen, das war wie im Film, so etwas hatte es in Chile noch nicht gegeben. Am nächsten Tag hat Piñera den Ausnahmezustand verkündet und das Militär auf die Straße geschickt. Ich habe meine Kamera genommen und war auf der Straße, jeden Tag. Die erste Zeit hatte ich immer Verbandszeug mit, aber als die Brigaden sich zusammenschlossen, habe ich nur noch fotografiert. Man muss ja dokumentieren, was hier passiert, das ist ja historisch. Ich habe über 5000 Bilder. Mitte Dezember habe ich einen Verletzten zum GAM gebracht. Sebastián hat mich angesprochen und gefragt, wer ich bin und was ich hier mache. Ich sagte, dass ich Chefarzt bin und Internist, und da haben sie mich gebeten, zu bleiben und zu helfen. Und mir auch gleich klargemacht, dass ich hier nicht der Chef sein werde. Sie hatten hier schon Probleme mit Ärzten, die auf Chef gemacht und die Verwundeten aus ihrer Sicht zu ruppig behandelt haben.

Sebastián: Ich bin Student, ich studiere Sport. Ich hatte in der Schule sehr gute Noten und habe eines der seltenen Stipendien bekommen. Andernfalls könnte ich mir das Studium gar nicht leisten. Bildung ist in Chile sehr teuer, und meine Familie ist arm. Ich habe mein ganzes Leben im Getto gelebt. Ich bin mit Gewalt aufgewachsen.

Pablo: Ich komme aus einer wohlhabenden kommunistischen Familie. Meine Eltern sind 1966 zum Studieren in die DDR. Mein Vater Philosophie, meine Mutter Germanistik. Ich bin 1968 in Leipzig geboren.

1969 hat meine Mutter meinen Vater verlassen und ist mit mir zurück nach Chile. Sie war politisch sehr aktiv. Sie hat einen anderen Mann geheiratet, der eigentlich mein Vater war. Nach dem Putsch am 11. September 1973 war sie in Haft, aber nicht lange. Er hingegen war sehr lange in Haft. Víctor Jara wurde ja in dem kleinen Stadion ermordet. Mein Vater war in dem anderen Stadion, dem großen. Bis dort Ende des Jahres ein Fußballturnier stattfinden sollte, die UdSSR gegen Chile. Da haben sie die meisten Gefangenen entlassen. Einige, die dem Staat gefährlich waren, wurden in ein KZ im Norden gebracht. Und mein Vater war Dramaturg, der war sehr gefährlich … Die Sowjetunion ist dann nicht angetreten, Chile hat das Spiel alleine gespielt und 1 : 0 gewonnen. Ja, echt wahr. Dann sind wir nach Westdeutschland. Ich bin in Frankfurt groß geworden, habe Medizin studiert, Musik studiert, angefangen, zu komponieren. 1993 bin ich nach Chile und habe mein praktisches Jahr gemacht. Und gemerkt, dass ich hier wahrscheinlich mehr beitragen würde als in Deutschland. Hab dann in Deutschland mein drittes Staatsexamen abgelegt und bin sofort zurück nach Chile.

Sebastián: Ich lebe unten in Maipú. Zwei Blocks von mir entfernt endet Santiago. Der Unterschied zu dieser Gegend hier ist kaum zu beschreiben. Ich lebe in einem Haus, es ist okay. Aber zwei Blocks weiter: Drogen, Narcos, Waffen. Viele meiner Freunde sind im Getto gestorben.

Lucía: Die extreme Armut in Chile wird versteckt. Die Armen wurden über Jahrzehnte systematisch aus der Stadt gedrängt. Wenn du aus den Poblaciones im Südwesten an die andere Seite der Stadt fährst, ist es wie ein anderes Land. Die Nannys dort sind sehr elegant.

Sebastián: Da können sie noch so oft wiederholen, wie gut es Chile ökonomisch geht und dass das Land die große Ausnahme vom Rest Lateinamerikas ist. Das System ist nicht gerecht. Deshalb hat Politik auch keinen Platz in diesem Kampf. Was wir wollen, ist Gerechtigkeit.
Paola: Das Einfordern von Gerechtigkeit ist aber etwas sehr Politisches.

Sebastián: Aber ich bin kein politischer Aktivist. Meine Aufgabe ist es, Leben zu retten, darum bin ich hier. Aber ich bin kein Sozialist oder Kommunist.

Lucía: Für uns Ältere ist es anders. Paola und ich sind auch nicht in einer politischen Partei, aber wir sind definitiv links.

Paola: Ich wurde an der Universität politisiert. Als Jugendliche lebte ich in einer Diktatur, wir wussten nichts, wir hatten keine Ahnung. Dann wurde ich Kommunistin, aber die Kommunistische Partei in Chile ist schlecht und Teil des Problems, genau wie die Sozialdemokraten. Vor einem Jahr noch dachten wir, es ist alles verloren. Dann haben sich mit einem Mal all diese Gruppen zusammengetan, die vorher jeweils für sich allein gekämpft hatten – gegen das Rentensystem AFP, das ungerechte Bildungs- oder Gesundheitssystem oder für die Rechte der indigenen Völker. Gleichzeitig ist die stetig wachsende feministische Bewegung immer sensibler geworden für soziale Fragen. Wir haben eingesehen, dass wir alle das gleiche Problem haben.

Pablo: Ich versuche, nicht jeden Tag zu kommen, ich habe ja auch noch andere Sachen zu tun. Ich bin Arzt, und ich muss an meinen Stücken arbeiten. Zuletzt habe ich ein Stück mit meiner Freundin zusammen gemacht, die ist Tänzerin. Im Januar waren wir damit auf dem Theaterfestival hier im GAM. Das war ganz komisch. Freitags war ich hier und habe bis nach Mitternacht genäht, tags drauf hatten wir dann drüben im Theatersaal unsere Aufführung. Das Stück heißt *Anatomía, la mirada de otros*. Ich schreibe als Komponist hauptsächlich für Tänze, und irgendwann habe ich gemerkt, dass viele überhaupt nicht wissen, wo ihre inneren Organe sind. Ich habe die Musik gemacht, meine Frau die Choreografie und wir haben das zusammen dirigiert. Alle an dem Festival Beteiligten hatten ihre Stücke natürlich vor dem 18. Oktober geschrieben, aber nun war es ein ganz anderes Land. Es ist nicht mehr dasselbe Land. Man konnte das Stück nicht umschreiben, musste es aber komplett umdenken. Und wie drückst du das, was jetzt geschieht, künstlerisch aus, ohne kitschig zu werden? Wir haben dann an einer markanten Stelle den kompletten Saal verdunkelt. Der plötzliche Sehverlust ist ja ein Leitmotiv der chilenischen Revolution. So etwas hat es noch nie gegeben. Die einzige Erklärung für dieses Ausmaß an Augenverletzungen ist, dass die Polizei präzise Anordnung hat, auf den Kopf zu zielen.

Nicole: Ich habe 95 Prozent der Sehkraft auf dem Auge verloren, aber zum Glück nicht das Auge an sich. Ich brauche keine Prothese. Ich sehe doppelt, mir ist schwindlig, ich habe Kopfschmerzen, aber wenn ich das Auge abklebe, kann ich mittlerweile wieder arbeiten. In einigen Monaten wird es vielleicht wieder halbwegs normal aussehen. Die Ärzte hier haben mir nicht viel Hoffnung gemacht, aber ich traue ihnen nicht. Ich habe mit Ärzten in Kuba und Europa gesprochen, die andere Möglichkeiten in Aussicht gestellt haben.

Pablo: Du musst dir vorstellen, jedes Jahr sterben 40 000 Menschen in Chile, weil sie in diesem System keinen Arzttermin kriegen. Und dann musst du noch die Patienten hinzurechnen, die sechs Monate später einen Arzttermin kriegen und voller Metastasen bei mir auf der Station landen, ein Jahr zu spät. Die sterben dann, und sie sind nicht Teil der Statistik. Junge Leute. Manchmal würde ich das Krankenhaus am liebsten abbrennen. Dann mache ich die Biopsie nach akademischen Punkten, damit wir wissen, woran der Patient stirbt. Aber wir wissen von vornherein, zwei Monate, länger hat er nicht. Das nennt man Nekropolitik. Man lässt die Armen sterben, die chronisch Kranken, die zu teuer sind, die Dialysepatienten, die Zirrhosepatienten, die Alten, die Bettlägerigen. Das ist auch eine Art, die Gesellschaft zu kontrollieren. Die Leute sind total ausgeliefert. Hier, guck dir das Foto an. Das ist ein Krebspatient, der geht mit seinem Katheter auf die Straße. Auf seinem Oberkörper steht: *Wer zahlt, der lebt.* So geht der auf die Demo, knallhart. Und es ist wahr: Wer zahlt, der lebt, so ist das in Chile. Und darum sind jetzt die ganzen Leute auf der Straße.

Paola: Was an der Plaza Dignidad abgeht, ist ja nur ein kleiner Teil der Revolution. Genauso wichtig oder noch viel wichtiger ist, dass gleichzeitig überall in Santiago die Leute zusammenkommen und sich organisieren. Es ist eine sehr emotionale Sache für uns. Wir hatten das verloren, aber jetzt blüht da etwas auf. Im ganzen Land kommen die Leute zusammen und tauschen sich aus. Es geht um Solidarität. Sogar die Ultras verschiedener Fußballvereine haben sich für die Proteste zusammengeschlossen. Jahrzehntelang haben alle nur an sich gedacht, jetzt erarbeiten wir auf verschiedenen Ebenen ein neues Miteinander. Es gibt wieder Hoffnung. Aber natürlich haben wir auch Angst. Ich wurde auf dem Heimweg von mehreren Männern in einem Auto verfolgt. Ein paar Tage später bat mich ein Mann, ein Stück mitgenommen zu werden. Er verhielt sich merkwürdig während der Fahrt, und als er ausstieg, sah er mir drohend in die Augen und flüsterte: »Das hier ist für dich noch nicht vorbei.«

Sebastián: Sie wollen uns einschüchtern. Sie wollen zeigen, dass sie wissen, wer wir sind, und dass wir kontrolliert werden.

Lucía: Überall in Santiago wurden neue Kameras mit Gesichtserkennung angebracht, auch hier gegenüber vom GAM.

Paola: Mein Laptop hat aus Sicherheitsgründen keinen Internetanschluss, und was ich ausdrucke, wird an einem sicheren Ort verwahrt.

Sebastián: Wir haben ein Handy, **über das** wir mit Verletzten in Kontakt bleiben. Wir benutzen dafür nicht unsere privaten Handys, die sind nicht sicher. Leute wurden verfolgt oder auf dem Heimweg von Zivilpolizisten aus Bussen gekidnappt oder zu Hause vor ihrem Haus zusammengeschlagen. Sie zeigen ihre Marke und schlagen zu.

Paola: Es wird wieder gefoltert, getötet und vergewaltigt. Es verschwinden wieder Menschen, genau wie unter Pinochet. Es gibt auch immer mehr rechte Aufmärsche, oben in den Reichenvierteln. Die Faschisten sind zwar deutlich in der Unterzahl, dafür sind viele von ihnen bewaffnet, und sie werden von der Polizei geschützt. Eine bekannte Unterstützerin Piñeras wurde dabei erwischt, wie sie eine AK-47 gekauft hat.

Pablo: Jetzt geht's los. Wenn es anfängt, dunkel zu werden, werden die wild. Da flippen die komplett aus. Der Junge da, habe ich das Gefühl, blutet in den Bauch rein. Der ist gerannt, und wenn ich es richtig verstanden habe, wurde er von einem Polizisten geschubst und ist gegen eine Eisenstange geknallt, und dann sind noch zwei oder drei auf ihn drauf. Wir haben einen Krankenwagen gerufen, die holen ihn ab. Es gibt manchmal auch Probleme, dass sie nicht durchgelassen und bei ihrer Arbeit behindert werden.

Paola: Letzte Woche hat drüben das Museo Violeta Parra gebrannt, schon das zweite Mal dieses Jahr. Es wurde von den Pacos angezündet, wie bereits das Centro Arte Alameda, ein unabhängiges Kino und Veranstaltungszentrum ein paar Meter die Straße runter. Beide wurden mit Lacrimógenas angegriffen, Tränengasgranaten. Violeta Parra war eine Ikone der Linken, und diese Zentren sind der Polizei und dem Staat ein Dorn im Auge. Die Feuerwehr hat versucht, den Brand zu löschen, und wurde dabei von den Pacos angegriffen. Sie haben direkt auf sie geschossen.

Sebastián: Als sie den Brand löschen wollten, wurden die Feuerwehrmänner von der Polizei angegriffen. Bei den Löscharbeiten mussten wir aus den Rescue Teams und die Encapuchados aus der Primera Línea die Feuerwehr mit unseren Schilden beschützen.

Lucía: In den Medien werden die jungen Leute aus der Primera Línea als *Delincuencias* bezeichnet, als *Lumpen*, *Flaites* oder als *Terroristas*, und manche von uns Älteren haben das geglaubt. Jetzt nicht mehr. Diese jungen Leute setzen ihr Leben aufs Spiel, damit wir unsere Arbeit machen können.

Christian: Der Begriff *Flaites* geht angeblich auf die Sneaker zurück, die viele der Jugendlichen aus den Armenvierteln gerne tragen, Nike Flight. Manche sagen auch, dass es auf eine sehr billige Droge zurückgeht, wie sehr schlechtes Kokain oder Crack, die geraucht wird und überall in Lateinamerika Leute in den Gettos umbringt. Jedenfalls hat man ihnen diesen Namen gegeben, um sie zu verunglimpfen, genau wie die Menschen, die hier abends an den zerstörten Ampelanlagen den Verkehr regeln. Das sind ganz normale Leute, die damit ein bisschen Geld verdienen. Das könnten Freunde von mir sein.

Paola: Sebastián und viele aus der Primera Línea haben eine lange Geschichte von sozialen Beschädigungen hinter sich. Und auch jetzt werden sie beschädigt, durch ihre Arbeit und durch die Repression, die sie hier erleben. Wir wollen die Schäden begrenzen, aber wir können Traumata nicht verhindern. Sebastián, Romina oder Linsey repräsentieren die Ungleichheit in Chile. Sie sind schlau, haben aber kein Geld, um zu studieren. Das hier ist jetzt ihre Mission.

Sebastián: Unser Job ist es, Leben zu erhalten. Deine Kleidung oder Ideologie zählen hier nicht. Ich war zwar noch nicht in der Situation, aber ich würde auch einem Polizisten helfen.
Paola: Nein, das würde ich nicht tun.
Sebastián: Siehst du, das ist eine persönliche Entscheidung, das muss jeder für sich entscheiden.

Pablo: Du kannst hier jeden Tag abgeknallt werden. Mir ist es mittlerweile egal, ich bin nicht mehr jung, das ist in Ordnung. Aber die sind

22, 23, und die sind auch da. Sebastián hat mich so beeindruckt, als ich ihn kennengelernt habe. Der hat alles ganz klar, seine Sinne sind total scharf. Wie ein Fuchs ist der. Ich war ein paarmal mit ihm auf der Straße. Er war der Teamleiter, und er wusste immer, wo es langgeht: »Stopp, andere Straßenseite, auf den Boden ...« – unglaublich.

Paola: Viele von den Älteren reden nicht über die Proteste. Sie sind immer noch traumatisiert von der Diktatur. Aber die Jungen lassen sich nicht mehr einschüchtern.

Sebastián: In meiner Familie weiß nur eine Person, dass ich bei den Protesten verletzt wurde. Als es anfing, habe ich viel mit ihnen gestritten. Sie haben mich dafür gehasst, dass ich hier bin: »Wie kannst du uns das antun!« Jetzt unterstützen sie mich.

Nicole: Meine Mutter war immer eine Komplizin der Carabineros. Jetzt, wo sie gesehen hat, wie weit dieser Staat geht, hat sie ihre Meinung komplett geändert.

Pablo: Mit dem, was gerade passiert, hätte ich niemals gerechnet. Ein alter Freund und ich haben uns einmal die Woche zum Mittagessen getroffen und geredet und uns wie die beiden alten Männer aus der Muppet Show gefühlt. Irgendwann meinte ich, ich hab's satt, ich habe die Faxen dicke, ich ziehe zurück nach Deutschland, dieses Land ist verloren, hier ist nichts zu machen. Das war Anfang Oktober, zwei Wochen, bevor hier alles explodiert ist.

Sebastián: Es sind sehr persönliche Gründe, warum wir hier sind. Meine Partnerin Linsey sagt, sie will Veränderung, und sie wird hier sein, bis sie Veränderung sieht. Wir glauben an den Kampf der Leute in den Straßen und wir glauben, dass wir etwas verändern können.

Paola: Ich war im Oktober auf der Straße und bin gefallen und habe mir das Knie verletzt. So kam ich hierher, und da bin ich geblieben. Hier zu helfen ist unsere Form des Widerstands.

Pablo: Wenn du mich fragst, warum ich hier bin … Ich könnte ja eigentlich nach der Arbeit nach Hause gehen, ich hab 'ne Karriere, ich bin auch nicht mehr so jung, aber ich muss da sein. Ich habe keine Wahl. Wenn meine Freundin sagt: »Bleib zu Hause«, sage ich: »Nee, vergiss es.« Ich muss da sein. Die Leute brauchen mich. Ich will kein Held sein oder so was, aber die Kids da draußen, das könnten teilweise meine Enkelkinder sein. Und was passiert, wenn hier ein schwer verletzter Patient ankommt und stirbt? Die kommen alle in den Knast! Jetzt im Moment ist zum Beispiel kein Arzt da. Da ist jetzt nur die Vico, die studiert Zahnmedizin. Sie ist nicht einmal Zahnärztin, sie studiert das! Okay, die weiß sehr genau, was sie macht, und ist sehr begabt, aber sie ist keine Ärztin. Und wenn da jemand verstirbt aufgrund irgendwelcher Verletzungen, für die die Polizei verantwortlich ist, dann sind trotzdem die von der Brigade schuld.

Sebastián: Physisch können wir Jüngeren noch monatelang durchhalten, aber psychisch wird es zum Problem. Ich habe Angststörungen, Schlafprobleme, Albträume. Wir alle haben Sachen in den Straßen gesehen, von denen wir nie dachten, dass wir sie einmal sehen würden. Aber was sollen wir machen? Wir werden nicht aufgeben.

Nicole: Was mir passiert ist, hat mich in meinem Einsatz nur bestärkt. Meine Aufgabe als Journalistin besteht darin, das soziale Erdbeben und die Menschenrechtsverletzungen in Chile sichtbar zu machen. Bei dem großen Streik am Weltfrauentag werde ich mit anderen weiblichen Opfern von Polizeigewalt in der ersten Reihe marschieren. Meine Mutter, meine Schwester und meine Tante kommen auch mit. Es ist das erste Mal, dass wir gemeinsam auf eine Demo gehen.

Pablo: Es gibt eine Chance, hier etwas zu verändern, aber ich werde es wahrscheinlich nicht mehr erleben. Es wird Jahre dauern, bis sich hier etwas ändert. Zehn Jahre, 20 oder mehr. Das hier ist nur der Anfang. Es ist nur der Anfang.

Mitarbeit: Julia Krummhauer

Dirk Baecker
Zerfallsprodukte
Perspektiven einer soziologischen Theorie

Man überlebt Unfälle, Katastrophen, Zusammenbrüche. *Wenn* man überlebt. Nicht alle überleben sie. Man denkt immer, das Überleben käme, wenn es kommt, nach dem Zusammenbruch, aber streng genommen muss es, um zu gelingen, schon während des Zusammenbruchs beginnen. Andernfalls überlebt man nicht. Im Folgenden mache ich den Versuch, Ereignisse so zu denken, dass sie Zusammenbruch und Überleben zugleich sind. Man kann wählen, ob man sich auf die Seite von Trauer und Melancholie oder auf die Seite von Aufbruch und Neuanfang konzentriert. Überleben ist immer beides. Ganz neu ist der Versuch nicht.

Terry Winograd und Fernando Flores haben im Anschluss an Martin Heideggers Begriff einer »unzuverlässigen Zuhandenheit« eine Theorie des Einsatzes von Computerprogrammen in Organisationen vorgelegt, die die Organisation als Form des Überlebens von Zusammenbrüchen beschreibt.[1] Und Niklas Luhmann hat eine Theorie sozialer Systeme entworfen, in der Systeme ihren eigenen Zerfall erzwingen, um das Material zu gewinnen, mit dem nicht nur Neuanfänge, sondern auch Wiederholungen des Altbewährten möglich sind. Auf Luhmanns Ideen werde ich mich im Folgenden konzentrieren. Ich kläre die Grundbegriffe, die nötig sind, diese etwas ungewohnte Perspektive einzunehmen. Und ich schließe mit einem Vorschlag, Resilienz als Form ein und desselben Ereignisses zu denken. In der Literatur ist es üblich, Resilienz als einen Zyklus von Phasen zu denken, den adaptive Systeme durchlaufen. Soziale Systeme haben dazu selten die Zeit. Sie nehmen den Zusammenbruch im Anfang schon vorweg und fangen damit an, immer schon aufzuhören. In Ereignissystemen muss man Trägheit dynamisch denken.

Austauschbarkeit und Beharrung

Im Widerspruch zu unserer täglichen Anschauung, aber im Einklang mit unserem Gefühl einer hohen Dynamik der Verhältnisse leben wir in einer Welt der vergänglichen Formen und robusten Medien. Wir glauben, die Dinge seien stabil und die Materie und die Ideen, aus denen sie bestehen, flüchtig. Doch nehmen wir einmal probehalber die umgekehrte Perspektive ein. Was greifbar ist, zergeht, doch woraus es gewonnen wurde, überlebt. Organismen im Verhältnis zum Leben, Gedanken im Verhältnis zum Denken, der Satz und die Geste im Verhältnis zur Kommunikation: In jedem dieser Fälle ist das eine flüchtiger als das andere, obwohl wir dank europäischer Ontologien trainiert sind, die Flüchtigkeit ausgerechnet dem zuzurechnen, das bleibt. Wir halten das Leben, das Denken und die Kommunikation für flüchtig, obwohl sie es sind, in denen neue Organismen, Gedanken, Sätze und Gesten möglich sind.

Dieses Verhältnis von instabilen Formen und stabilen Medien gilt auch im Gegenstandsbereich der Soziologie. Jede politische Initiative, jede Investition, jede Liebeserklärung, jedes Kunstprojekt, jedes Forschungsvorhaben, jede religiöse Idee gefährdet sich angesichts komplexer Umweltbedingungen durch das eigene Wagnis, doch ungebrochen glauben wir an die Möglichkeit und Notwendigkeit von Politik und Wirtschaft, Liebe und Kunst, Wissenschaft und Religion. Unsere Gesellschaft ist eine Gesellschaft, die sich selber überlebt, und es ist schwer zu entscheiden, was auffälliger ist, ihr seltsames Absterben in jeder ihrer Formen oder ihre dauernde Wiederkehr als eine Möglichkeit ihrer selbst.

Eine etwas weniger pathetische Formel wäre, dass sich unsere Gesellschaft im Modus der Austauschbarkeit erhält. Ihr Personal ist austauschbar, ihre Regeln, Normen und Werte sind austauschbar und ihre

Strukturen sind austauschbar. Wo immer das nicht gelten soll, rufen wir Moral und Ethik auf den Plan, doch auch Moral und Ethik sind austauschbar. Irritierend ist nur, dass diese Austauschbarkeit der Formen und Bestände immer nur im Verhältnis zu anderen Formen und Beständen gilt. An die Stelle des Personals tritt ein anderes Personal, an die Stelle der Regeln, Normen und Werte treten andere Regeln, Normen und Werte, und an die Stelle von Strukturen treten Strukturen. Wir haben es mit einer selbstsubstitutiven Gesellschaft zu tun, und die Frage lautet, wie dieses Verhältnis von Austauschbarkeit und Beharrung zu erklären ist.

Kontingenz und Zeit

Die Diagnose lautet: Kontingenz. Alles könnte anders sein, aber eben nur als Variante seiner selbst. Und die Erklärung lautet: Zeit. Alles zerfällt, aber eben zugunsten einer Alternative zu sich selbst. Es ist kein Wunder, dass man sich auch im Westen für ostasiatische Weisheitslehren interessiert. Denn dieser Zusammenhang von Kontingenz und Zeit erschließt sich möglicherweise nur der Meditation. Die Weisheitslehren des Daoismus, Konfuzianismus und Buddhismus profitieren davon, dass sie einen Zeitbegriff haben, der noch ohne ein Geschichtsverständnis auskommt. Ein Sinn für Ewigkeit und Flüchtigkeit genügt. Wem es gelingt, diese beiden Zeiten übereinanderzulegen, erreicht den angestrebten Zustand der Weisheit und kann sich mit jedem denkbaren Engagement um beides kümmern, das Ewige und das Flüchtige, die Ahnen, die Schale Reis und das Kehren des Hofes.

In westlichen Gesellschaften jedoch interveniert ein Verständnis von Geschichte. Unser Zeitbegriff kennt nicht nur Flüchtigkeit und Ewigkeit, sondern auch Vergangenheit, Gegenwart und Zukunft. Und es war eine Art Unfall, so hat Luhmann einmal vermutet,[2] dass unser Gegenwartsbegriff eher für die Flüchtigkeit als für die Ewigkeit optiert hat. Das verleiht unserer Zeit etwas Gehetztes. Trügerische Ruhe finden wir nur im Wiederaufruf der Vergangenheit und im Entwurf der Zukunft. Hätte sich der moderne Gegenwartsbegriff eher am Begriff der Ewigkeit orientiert, so wüssten wir genauer, warum und wie wir in dieser Gegenwart feststecken, die ja tatsächlich weder anfängt noch aufhört. Alles was geschieht, geschieht gleichzeitig, sagt nicht nur Luhmann, sondern hat bereits Immanuel Kant entdeckt, der prompt vom Glauben an die Kausalität abkam. Denn was gleichzeitig geschieht, kann sich nicht wie Ursache und Wirkung verursachen. Kausalität setzt zeitliche Abfolge voraus, oder wir brauchen einen ganz anderen Kausalitätsbegriff. Auch die Vergangenheit ist nur das, was sie ist, weil sie und wie sie in einer Gegenwart aufgerufen wird. Dasselbe gilt für die Zukunft, die bekanntermaßen nie beginnt, sondern immer nur, und zwar je gegenwärtig, bevorsteht.

Wir können die Geschichte nicht zurückdrehen. Wir stecken in unserer modernen Verwirrung. Ausflüge in die Meditation können dabei helfen, das auszuhalten, aber sie tragen nicht zum Verständnis bei. Weisheit kann Wissen nicht ersetzen. Und warum auch immer suchen wir nach Wissen, obwohl wir jetzt schon wissen, dass jedes Wissen zerfällt und durch neues Wissen ersetzt wird, für das dasselbe gilt. Mit Verweis auf die Hegel'sche Dialektik könnte man sagen, dass wir den Übergang suchen und uns nur im Übergang, im Akt der Aufhebung und Wiedereinsetzung recht eigentlich wohlfühlen. Als sei unser Bewusstsein nur dann glücklich, wenn es erkennt, was es unglücklich macht …

Ereignissysteme

Noch einmal: Die Diagnose lautet Kontingenz, die Erklärung Zeit. Luhmann hat dieses Rätsel einmal in die Formel gefasst, dass Systeme Zeit benutzen, um sich selber zum Zerfall zu zwingen.[3] Kaum ist etwas geschehen, muss wieder etwas geschehen, und es darf nicht genau dasselbe sein, sonst hängen wir in der Schleife, die der Film *Und täglich grüßt das Murmeltier* mit Bill Murray wunderbar vorgeführt hat. Kaum ist etwas geschehen, muss wieder etwas geschehen. Das ist so etwas wie das eherne Gesetz sozialer, aber auch psychischer Systeme. Das Hängenbleiben im selben Gedanken ist ein pathologischer Zustand, sosehr es einen beruhigen kann, immer wieder einmal genau dasselbe zu denken. Zwischendurch jedoch muss einem anderes durch den Kopf gehen.

Das ist der tiefere Grund dafür, sich soziale Systeme als Ereignissysteme vorzustellen. Bestünden soziale Systeme aus Menschen, könnte man sich zwar immer noch auch deren Austausch vorstellen. Aber der Austausch der Generationen auf der Ebene der Gesellschaft, von Mitarbeitern auf der Ebene der Organisation oder von Gesprächspartnern auf der Ebene der Interaktion nähme zu viel Zeit in Anspruch, um die Dynamik, Mobilität und Flexibilität dieser Systeme zu erklären. Deswegen schlägt Luhmann vor, Kommunikation als Element sozialer Systeme zu fassen und jede einzelne Kommunikation als ein Ereignis zu verstehen, das auftaucht und wieder verschwindet. Auf diese Art und Weise *ist immer etwas*, und sei es das Schweigen, *geht immer etwas vorbei*, und dauere es noch so lange, und *gibt es immer etwas zu erwarten*, wann auch immer es eintritt. So erzeugen soziale Systeme ihre eigene, endogene Unruhe; und von Edmund Husserl hat Luhmann gelernt, dass es für das Bewusstsein nicht anders ist, auch wenn dort nicht Kommunikation, sondern Gedanken auftauchen und wieder verschwinden. Das schließt nicht aus, dass ein Bewusstsein vor sich hin döst, aber selbst dann nehmen die Vorstellungen, Bilder, Gefühle, die durch den Kopf ziehen, laufend eine leicht veränderte Färbung, Intensität und Leichtigkeit an, sodass auch beim Dösen das Bewusstsein nicht im selben Zustand erstarrt.

Der Begriff der Austauschbarkeit, auch das unterstreicht Luhmann, erfasst diesen Bezug auf Zeit nicht radikal genug. Austauschbarkeit würde auf die Qualität der Elemente verweisen. Man bekäme es mit Überlegungen zu tun, unter welchen Bedingungen Personal, Kommunikation oder Gedanken ausgetauscht werden könnten oder müssten. Doch darum geht es nicht. Es geht nicht um Materialität, sondern um Faktizität. Der bloße Umstand, *dass etwas geschieht*, ist Grund genug, es wieder fallen zu lassen und das Nächste geschehen zu lassen. Das Personal bleibt, zumindest für eine bestimmte Zeit, aber Kommunikation und Bewusstsein sind stete Selbstvariation. Husserl glaubte noch, man müsse das Bewusstsein durch philosophische Methoden eigens dazu anregen, in »freier Variation« sein Potenzial zur Reflexion zu entdecken und auszuschöpfen.[4] Inzwischen würde man vermutlich eher darauf setzen, diese freie Variation durch geeignete Methoden, eine kontrollierte Epoché, ein Ausklammern des im Moment nicht Relevanten, einzuschränken, um das Bewusstsein dort reflektieren zu lassen, wo es etwas zu entdecken gibt. Dem hätte Husserl sicherlich zugestimmt. Sein Terminus ist der einer »eidetischen«, das Bewusstsein anhand der Sachen, die es schaut, beobachtenden Variation. Deswegen ist die Phänomenologie Bewusstseinsphilosophie und nicht etwa Philosophie der Sachen. Um das bloße Schweifenlassen der Gedanken ging es auch ihm allenfalls so weit, als dies dabei helfen kann, die eigene Beweglichkeit zu entdecken und in einem zweiten Schritt mit Gruß an Sigmund Freud eine Ahnung davon zu bekommen, welchen Gedanken man dabei eher aus dem Weg geht.

Arbeit an Identität

Unser Thema ist die im System und vom System selber erzwungene Auflösung jedes einzelnen Elements dieses Systems. Die Elemente werden als flüchtig gefasst, um im Gegenzug der Frage nachgehen zu können, wie es das System schafft, Strukturen entstehen zu lassen und aufrechtzuerhalten, die den Eindruck der Dauer erwecken. Das gibt es ja. Auch die Systemtheorie würde nicht leugnen, dass es Beharrungskräfte gibt, gegen die kein Kraut gewachsen ist. Herrschaftsverhältnisse in Gesellschaften, Machtstrukturen in Organisationen, thematische Enge in Interaktionen, fixe Ideen im Bewusstsein, all das ist ja nicht zu leugnen. Doch der Spieß der Erklärung wird hier auf interessante Weise umgedreht. Man sucht nach laufenden Aktivitäten in größter Unruhe, die unaufhörlich daran arbeiten, dass es bei der Herrschaft, der Macht, den Themen und fixen Ideen bleibt. Höchste Aufmerksamkeit gilt ständig und unablässig jeder Abweichung, die möglichst sofort überwunden werden muss. Die Identität wird hergestellt; sie ist das Produkt unnachgiebiger Arbeit. Sie ist nicht substanziell gegeben, sondern prozessual errungen. Und ausgehend davon kann man sich anschauen, wer daran ein Interesse hat, wer davon profitiert, wie die erforderlichen Ressourcen bereitgestellt werden und welche Sanktionen zur Verfügung stehen. Man kann ganze Gesellschaften, Organisationen, Interaktionen, Bewusstseinslagen als Ergebnis von Bemühungen beschreiben, dass nicht sein darf, was dennoch dauernd der Fall beziehungsweise Zerfall ist.

Umso mehr interessiert dann auch, wie man angesichts solcher Verhältnisse dazwischenkommt. Wie kann man auf Brüche in der Herrschaft hinweisen und sie ausnutzen? Was spricht gegen die Machtstrukturen einer Organisation, wem fällt das auf und wer findet einen Aus- oder zumindest Umweg? Wie kann man Interaktionen auf Themen lenken, die hartnäckig vermieden werden, wie ein Bewusstsein – und sei es das eigene – dazu bringen, das Unfassbare in Augenschein zu nehmen? Klar, man braucht nur auf das nächste Ereignis zu warten. Aber wie verhindert man, dass dies genauso besetzt wird wie die vorherigen?

Diese Perspektive ist aufschlussreich. Sie bringt Myriaden von Aktivitäten ans Licht, die dafür sorgen, dass alles so bleibt, wie es ist. Es sind nicht die Verhältnisse, die herrschen. Es sind diese Aktivitäten, die sie herrschen lassen. Und alle sind beteiligt. Niemand wagt den Schritt ins Freie.

Das ist schon wieder zu pathetisch formuliert. Der springende Punkt ist, dass jedes Ereignis eine Fülle von Voraussetzungen und Konsequenzen hat, die allesamt infrage stünden, wenn man es zum Ausgangspunkt eines Versuches machen würde, danach etwas ganz anderes geschehen zu lassen. Nicht umsonst spricht man von Rebellion, wenn die Identität verweigert wird, und von Revolution, wenn eine neue Identität an ihre Stelle tritt. Leo Trotzki hatte die richtige Intuition, als er von der permanenten Revolution sprach, die einzig garantieren kann, dass sich die alten Verhältnisse mit ihren tausend guten Gründen nicht sofort wieder durchsetzen. Davon träumen auch Unternehmensberater. In turbulenten Umwelten bewährt sich nur die chaotische Organisation.[5]

Die Systemtheorie plädiert weder für die Rebellion noch für die Revolution. Sie plädiert für den Blick auf temporal strukturierte Verhältnisse. Und sie versucht zu beschreiben, wie es zum Eindruck von Flüchtigkeit und Dauer, Schnelligkeit und Langsamkeit kommen kann. Kann man die Dinge beschleunigen? Ja, sicher. Man muss nur dafür sorgen, dass die Ereignisse sich rascher ablösen. Aber das ist nicht trivial, weder in der Gesellschaft noch in Organisationen, Interaktionen oder dem Bewusstsein.

Ein anderer Gedanke ist jedoch noch wichtiger. Man will beides verstehen, die flüchtige Gegenwart und die beharrliche Dauer. Man braucht eine Theorie, die beschreiben kann, wie Systeme beides herstellen. Früher hätte man vielleicht von der Natur des Menschen gesprochen, hätte auf Fortschritt und Dekadenz verwiesen, vielleicht sogar Gottes Gnade aufgerufen, um zu erklären, was sich gleich bleibt, während sich alles ändert. Heute sind auch diese Gedanken nichts anderes als zweifelhafte Bestände einer flüchtigen, wenn auch sich dauernd an sich selbst erinnernden Gegenwart. Nichts entgeht mehr der allzu gründlichen Kontingenz. Nur sie selber ist nicht kontingent.

Medium und Form

Luhmann schlägt deswegen vor, Medium und Form zu unterscheiden.[6] Diese Unterscheidung steht quer zur Unterscheidung von System und Umwelt. Bei System und Umwelt geht es um Ausdifferenzierung und Reproduktion, bei Medium und Form um Kopplung der Elemente in zwei verschiedenen Aggregatzuständen. Fritz Heider hat in einem Aufsatz über *Ding und Medium* bereits 1926 einen entsprechenden Medienbegriff vorgeschlagen.[7] Medien sind das Korrelat von Dingen, insofern Medien Elemente lose koppeln, die von und in Dingen fest gekoppelt werden. Die gängigen Beispiele sind Worte im Medium des Alphabets oder des Schalls, Fußspuren im Medium des Sands, optische Eindrücke von Dingen im Medium des Lichts, aber auch Befehle im Medium der Macht, Zahlungen im Medium des Geldes, Theorien im Medium wissenschaftlicher Wahrheit oder Kunstwerke im Medium der Kunst. Man ahnt die Pointe. Worte verklingen, aber das Alphabet, die Sprache, der Schall bleiben. Fußspuren im Sand werden verwischt, aber der nächste Spaziergänger ist schon unterwegs. Ich kann mir meine neue Krawatte im künstlichen Licht des Ladens, aber auch im natürlichen Licht der Straße anschauen. Man kann dies, aber auch etwas anderes befehlen, den Befehl so, aber auch anders oder auch gar nicht aussprechen. Wenn Produkte nicht zu diesem Preis abgesetzt werden können, können sie vielleicht zu anderen Preisen abgesetzt werden. Das Geld ist ja da, wenn auch nicht bei mir. Wenn diese Theorie nicht greift, greift vielleicht eine andere Theorie; solange es noch jemanden gibt, der oder die an wissenschaftlicher Wahrheit interessiert ist, gibt es auch jemanden, der oder die an Theorien interessiert ist. Und wenn diesem Kunstwerk kein Erfolg beschieden ist, dann vielleicht jenem. Das Medium der Kunst bleibt, und es bringt jeden auf andere Ideen, sobald ein Kunstwerk unter dem Gesichtspunkt der Kontingenz betrachtet wird. Es gehört zum Unglück, aber auch zur spezifischen Qualität der Kunstwerke im Medium der Kunst, dass sie genau dies hinter sich lassen wollen. Sie wollen Notwendigkeit und erreichen diese vielleicht nur in noch größerer Flüchtigkeit.

Formen sind verallgemeinerte Dinge. Der Begriff stammt aus George Spencer-Browns Kalkül der Form,[8] und legt den Akzent auf das Verhältnis von Einschluss und Ausschluss. Die Form der Tasse schließt ein, dass sie eine Flüssigkeit enthalten kann, schließt jedoch aus, dass sie an den falschen Stellen Löcher enthält. Die Form der Armbanduhr schließt ein, dass sie mir die Zeit anzeigt, und aus, dass ich sie als Bumerang verwenden kann. Die Form des Befehls schließt ein, dass ich das Risiko mangelnden Gehorsam eingehe, aber aus (trotz der Thesen von Niccolò Machiavelli), dass ich geliebt werde. Die Form der Zahlung schließt ein, dass ich knappe Güter für mein knappes Geld erhalte, wenn jemand zum Tausch bereit ist, aber aus, dass derjenige, der das Geld bekommt, Macht über denjenigen erhält, der es gibt (obwohl genau das in magisch gestimmten Gesellschaften noch der Fall sein kann). Die Form des Kunstwerks schließt ein, dass dafür Aufmerksamkeit erwartet werden kann, aber aus, dass man deswegen unbedingt sein Leben ändert. Und so weiter. Wie Dinge sind Formen feste Kopplungen von Elementen, die im Medium noch einmal, aber im Zustand loser Kopplung vorliegen.

Bezogen auf die Problemstellung von Kontingenz und Zeit ist der Medienbegriff vielleicht der Begriff mit der größten Auflösungsstärke. Wie analytisch anspruchsvoll er ist, erkennt man auch daran, dass es ganze Medienwissenschaften gibt, die ihm aus dem Weg gehen und ihre Medien nach wie vor lieber als Dinge mit besonderen Qualitäten, nämlich der je nachdem entweder fraglichen oder nachweisbaren Wirkung auf andere Dinge untersuchen. In der Systemtheorie hat der Medienbegriff die Funktion, den Umgang mit Kontingenz, besser noch: die Produktion von Kontingenz, beobachtbar zu machen. Wer Dinge oder Formen im Hinblick auf mögliche Alternativen betrachtet, löst damit, bildlich gesprochen, die jeweiligen Dinge oder Formen in ihre Bestandteile auf, legt diese Bestandteile lose nebeneinander und setzt sie anders, vielleicht ergänzt durch weitere Elemente oder unter Verzicht auf bestimmte bisher benutzte Elemente, wieder zusammen. Selbst die Elemente sind Dinge im Medium anderer Elemente desselben Typs. Ich kann das Rot eines bestimmten Bildes so lange variieren, bis es zu meinem Blau passt. Ich kann ein Investitionsprojekt so lange neu kalkulieren, bis auch die Banken, deren Kredit ich brauche, das Geschäftsmodell verstanden haben. Ich kann Universität im Medium der Erziehung, aber auch im Medium der Wissenschaft denken, und habe es entsprechend auf der einen Seite mit Formen des Lehrens und Lernens und auf der anderen Seite mit Formen des Forschens und Wissens zu tun.

Zerfallsprodukte bekommt man zu sehen, wenn man die Medien- und Systemperspektiven kombiniert. Systeme bestehen aus Ereignissen, zwingen sich zum Zerfall und suchen nach neuen Ereignissen. Schon hier liegen Varietät und Redundanz nah beieinander, denn es sind Ereignisse desselben Typs, aber neuen, anderen Inhalts. Ein Bewusstsein kann nur denken, aber immer wieder anderes, mehr oder weniger. Eine Wirtschaft kann nur zahlen oder nicht zahlen, aber immer wieder für neue oder auch ganz alte Produkte. In der Kunst, die systematisch das Neue sucht, geht es doch immer wieder nur um Kunst. Das ist das eine. Systeme reproduzieren *sich* (und nicht etwa etwas anderes), indem sie ihre Differenz zur Umwelt wiederholen. Zugleich jedoch, das ist das andere, bearbeiten sie die Komplexität der Umwelt im Modus ihrer eigenen Kontingenz. Nichts bleibt, wie es ist. Die Leute werden unruhig, andere Systeme kommen auf neue Ideen, Selbstverständlichkeiten werden verloren, Voraussetzungen sind nicht mehr verfügbar und Konsequenzen werden nicht mehr kommentarlos akzeptiert. Jedes Ereignis wird daher zur Form im Medium ihrer Alternativen. Die Formen, die zerfallen, bilden das Medium für neue Formen.

Man könnte mit Michael Thompson sagen, dass das System sich aus seinem eigenen Abfall regeneriert.[9] Sowohl die gelungenen als auch die misslungenen Ereignisse zerfallen. Beide bilden Abfall. Auch die Erfolge kann es nicht festhalten. Wenn es sie zu wiederholen versucht, stößt es schon nicht mehr auf die Bedingungen, die sie zu Erfolgen gemacht haben. Das System regeneriert sich aus seinen Misserfolgen und seinen Erfolgen, muss jedoch für beide mit einem neuen Kontext rechnen. Pathologen und Therapeuten wissen, dass Misserfolge die größere Chance bieten, zu sich selbst erfüllenden Prophezeiungen zu werden.

Kommunikation

Tatsächlich liegt die Intelligenz des Systems, wenn man hier von »Intelligenz« sprechen kann, darin, dass das System im System sicherstellt, dass jedes Ereignis auf seine Form hin beobachtet werden kann. Es passiert, was passiert. Doch jedes Ereignis hat eine Form, die daraufhin beobachtet werden kann, was sie einschließt und was sie ausschließt. Beides zerfällt, aber beides zerfällt in das Medium weiterer Möglichkeiten, sodass das System nichts anderes »ist« als seine eigene flüchtige Wirklichkeit im Schatten der von ihm selbst beobachteten und so erzeugten Möglichkeiten. Deswegen ist es so wichtig, System und Beobachtung zusammenzudenken und die Beobachtung als eine nicht nur passive, sondern aktive Tätigkeit zu konzipieren. Indem das System jedes seiner Ereignisse auf deren Form hin beobachtet, kann es gar nicht anders, als sich im Medium seiner imaginierten Möglichkeiten ständig neu zu erfinden. Es ist nicht, was es ist, sondern es operiert in einem von ihm selbst erzeugten »Differenzfeld«, um einen Begriff von Claus-Artur Scheier aufzugreifen.[10] Es ist selbstsubstitutiv die dauernde Alternative zu sich selbst.

Freilich ist es die zweite Frage, welche dieser Alternativen es aufgreift. Einschluss und Ausschluss zusammen zu denken und sich so auf neue Ideen zu bringen, ist eine Sache, dabei auf realisierbare Alternativen zu stoßen, eine ganz andere. Vielleicht sind der Begriff und die Gattung der Utopie auch deswegen erfunden worden. Die Utopie ist der Ausdruck ausgeschlossener Möglichkeiten, aber auch ihr Reservat. Ihr Komplement ist die Dystopie, Sammelbecken für den Wiederausschluss eingeschlossener ausgeschlossener Möglichkeiten.

Luhmann vermutet sogar ein »eisernes Gesetz: Unverwendetes ist stabil, Verwendetes dagegen instabil.«[11] Stabilität beziehen die Gesellschaft und jedes ihrer Systeme ebenso wie das Bewusstsein aus ihren selbst erfundenen Möglichkeiten, während ihrer aller Wirklichkeit systematisch oder besser systemisch instabil ist. Auch deswegen rückt der Kommunikationsbegriff in das Zentrum der Systemtheorie; und auch deswegen umfasst Kommunikation neben dem Handeln auch das Erleben. Eine Soziologie, die mit diesem Begriff arbeitet, bekommt es mit einem empirischen Gegenstand zu tun, der nicht erfassbar ist, weil er die wirkliche Wirklichkeit wie ein Schatten begleitet.

Die Systemtheorie hat es in dieser Hinsicht etwas einfacher. Für sie ist Kommunikation zum einen jedes einzelne Elementarereignis des

Systems, zum anderen jedoch auch der Gesamtzustand des Systems. Das System »ist« seine Kommunikation, jedes einzelne Ereignis nur deren Vollzug. Insofern ist es möglich, zu sagen, dass das System sich zugleich als Form und als Medium seiner selbst kommuniziert. Das klingt mystisch, aber es ist nur so lange mystisch, wie man nicht auf die einzelnen Ereignisse achtet: eine Maßnahme in der Politik, ein Gerichtsurteil im Recht, eine Note im Erziehungssystem, ein Gebet in der Religion, eine Entscheidung in einer Organisation, einen Themenwechsel in der Interaktion. Jedes dieser Ereignisse, so die Systemtheorie, kommuniziert das gesamte System – was in allen diesen Fällen auch heißt: die gesamte Gesellschaft, wo immer deren Grenzen verlaufen. Es kommuniziert in der Form des Ereignisses, worum es je aktuell geht und worum es gehen könnte, Faktizität, Kontingenz und Möglichkeit.

Ein empirischer Zugang ist zu diesem Befund durchaus möglich. Das einzelne Ereignis lässt mich ratlos; wenn ich jedoch darauf achte, welche Anschlussereignisse sich einstellen, beginne ich, das System zu rekonstruieren. Denn die Anschlussereignisse beobachten die Form und das Medium des vorherigen Ereignisses (im Kontext weiterer, erinnerter oder imaginierter Ereignisse). Die Anschlussereignisse realisieren mögliche Alternativen und schließen ein, was zuvor ausgeschlossen war. Und für diese Anschlussereignisse gilt, was für das vorherige Ereignis gilt. Sie erschließen das System, bleiben jedoch selber rätselhaft. Ich muss wieder warten, auf das nächste Ereignis.

Die Gesellschaft erkauft sich ihre Existenz durch den mitlaufenden Entwurf einer alternativen Gesellschaft, die sich als sie selber herausstellt. Mit einem nicht unerheblichen Aufwand entwertet sie jedes ihrer tatsächlichen Ereignisse, ohne irgendetwas anderes zu haben als diese Ereignisse, um ihre Alternativen zu imaginieren. Kein Wunder, dass das in der Regel auf dasselbe hinausläuft. Sie erkauft sich ihre Identität durch ihre Differenz zu sich selber. Und das ist auch gut so. Denn nur so kann sie sich an ihre eigenen, sich ständig ändernden Befunde anpassen – sich selbst in ihrem eigenen Zerfall überleben.

Und nur so kann sie der sich ändernden Umwelt Rechnung tragen. Sie zerfällt zugunsten ihrer eigenen Wiederkehr und überrascht sich dadurch, dass sich unter der Hand und währenddessen doch etwas ändert.

Resilienz

Zu guter Letzt sei darauf hingewiesen, dass die Kombination vergänglicher, also instabiler Formen und robuster, also stabiler Medien fast aufs Haar die Bedingungen erfüllt, unter denen die ökologische Forschung bereit ist, ein System »resilient« zu nennen. Resilient ist ein System dann, so Brian Walker und David Andrew Salt im Anschluss an C. S. Holling, wenn es fähig ist, einen adaptiven Erneuerungszyklus zu durchlaufen.[12] Dieser Zyklus hat vier Phasen. In der ersten Phase *(r)* erkundet es seine Möglichkeiten und wächst. In der zweiten Phase *(K)* konsolidiert es sich. In der dritten Phase *(Ω)* wird es durch einen Schock in einen chaotischen Zustand versetzt, aus dem es sich in der vierten Phase *(α)* wieder neu gewinnt und erholt. Resilienz wird passenderweise definiert als Fähigkeit eines Systems, sich zu ändern, ohne seine Funktion, Struktur, Identität und Rückkopplungen zu verlieren.

Im Fall sozialer und vermutlich auch psychischer Systeme wird der adaptive Zyklus allerdings nicht phasenweise durchlaufen, sondern in ein und demselben Ereignis als mit sich identischer und gleichzeitig differenzieller Zustand des Systems erlebt. Jedes Ereignis ist eine gelungene Erkundung seiner Möglichkeit und damit seine eigene Konsolidierung, die das System jedoch schon dadurch in einen chaotischen Zustand versetzt, dass es sofort wieder verschwindet. Indem es jedoch verschwindet, zwingt es das System (das heißt, zwingt das System sich selber), ein neues Ereignis zu finden, das einerseits ein *anderes* Ereignis ist, anderseits jedoch ein Ereignis *desselben* Systems. Alles Weitere ist eine Frage der Zustände, die ein System anhand seiner Ereignisse als eingeschlossen oder ausgeschlossen beobachtet. Die Instabilität der

Form garantiert, dass neben dem Einschluss auch der Ausschluss seine Chance behält. Alles Weitere ist eine Frage der Selbstbeobachtung des Systems.

Anmerkungen

1 Terry Winograd, Fernando Flores: *Erkenntnis Maschinen Verstehen. Zur Neugestaltung von Computersystemen.* Berlin 1989. Seinerzeit wurde dieser Ansatz kaum ernst genommen. Inzwischen spielt er in agilen Managementmethodologien wie *DevOps* eine wichtige Rolle, in denen Softwareentwicklung *(developers)* und Anwendung *(operations)* in Testzyklen, das heißt vorweggenommenen Zusammenbrüchen, eng aufeinander bezogen werden. Siehe Gene Kim et al.: *Das DevOps Handbuch. Teams, Tools und Infrastrukturen erfolgreich umgestalten.* Heidelberg 2017.

2 Niklas Luhmann: *Die Gesellschaft der Gesellschaft.* Frankfurt am Main 1997, S. 1009 f.

3 Niklas Luhmann: *Soziale Systeme. Grundriß einer allgemeinen Theorie.* Frankfurt am Main 1984, S. 394.

4 Edmund Husserl: *Die Krisis der europäischen Wissenschaften und die transzendentale Phänomenologie. Eine Einleitung in die phänomenologische Philosophie.* Hamburg 1982, S. 31. Vgl. auch: Hans Blumenberg: *Zu den Sachen und zurück.* Aus dem Nachlass hrsg. von Manfred Sommer. Frankfurt am Main 2002, S. 23 u. ö.

5 Tom Peters: *Kreatives Chaos. Die neue Managementpraxis.* Hamburg 1988.

6 Niklas Luhmann: *Die Kontrolle von Intransparenz.* Hrsg. von Dirk Baecker. Berlin 2017, S. 22 ff.

7 Fritz Heider: *Ding und Medium.* Berlin 2005.

8 George Spencer-Brown: *Laws of Form.* Leipzig (1969) 2008.

9 Michael Thompson: *Die Theorie des Abfalls. Über die Schaffung und Vernichtung von Werten.* Stuttgart 1981.

10 Claus-Artur Scheier: *Luhmanns Schatten. Zur Funktion der Philosophie in der medialen Moderne.* Hamburg 2016, S. 10 f.

11 Niklas Luhmann: *Die Religion der Gesellschaft.* Hrsg. von André Kieserling. Berlin 2000, S. 21.

12 David Salt, Brian Walker: *Resilience Thinking. Sustaining Ecosystems and People in a Changing World.* Washington, DC 2006. Und vgl. C. S. Holling: »Resilience and Stability of Ecological Systems«, in: *Annual Review of Ecological Systems* 4 (1973), S. 1–23.

Kunst, also bin ich!

Ein Gespräch mit dem
Hamburger Kultursenator
Carsten Brosda

Von Peter Felixberger und Armin Nassehi

Carsten Brosda

»Politik und auch Verwaltung dürfen sich nicht anmaßen, selber über künstlerische Qualität zu entscheiden.«

Kursbuch: Herr Brosda, wir möchten mit Ihnen über das Überleben von Kultur und mit Kultur sprechen. In diesen Zeiten ein Thema, das vielen auf den Nägeln brennt. Was ist eigentlich Ihre Aufgabe als Kultursenator?

Brosda: Vor allem das Ermöglichen guter Rahmenbedingungen. Einerseits, um Künstlerinnen und Künstlern Raum zu geben, Kunstwerke und kulturelle Angebote zu schaffen. Und andererseits, um einer diversen Stadtgesellschaft Zugänge zu diesen Werken und Angeboten zu ermöglichen. Es geht also weniger um das eigene Produzieren von Kunst und Kultur, da wäre ich auch der garantiert Falsche. Ich bin in der 6. Klasse aufgefordert worden, im Musikunterricht nicht mehr mitzusingen, damit der Rest der Klasse den Ton trifft, daran halte ich mich seitdem strikt. Das gilt für die meisten anderen Kunstformen in gleicher Art und Weise auch. Die zweite Dimension kulturpolitischen Handelns zielt darauf, in einer diskursiven Form Narrative und Erzählungen in die Öffentlichkeit hineinzutragen und darüber dann kulturelles Leben mitentwickeln zu können. Auch deswegen ist dies ein Politikfeld, das ich sehr spannend finde und das in krisenhaften Situationen wie der momentanen eine ganze Menge beitragen kann.

Kursbuch: Das ist die innere Spannung dieses Begriffs der Kulturpolitik, die ja durchaus auch eine unrühmliche Geschichte hat, wie wir wissen. Sie beziehen das auf einen Rahmen. Ganz direkt gefragt: Für wen eigentlich? Was passt in den Rahmen, den Sie schaffen? Was ist, wenn man so will, rahmenwürdig?

Brosda: Man kann das eng und weit definieren. Wenn man es eng definiert, geht es tatsächlich um die Förderung von Kulturproduktion und Vermittlungsangeboten. So haben wir Kulturpolitik in einer quasi unpolitischen Definition über Jahrzehnte hinweg verstanden. Oft kamen Kulturpolitikerinnen und -politiker deshalb auch gar nicht unmittelbar aus dem politischen Leben, sondern von außerhalb. Schließlich reichte es in den Augen der Parteipolitiker meistens eigentlich aus, dass jemand kulturelle Förderlogik beherrschte und außerdem ein intellektuell inspiriertes Grußwort bei einer Sonntagsmatinee halten konnte, ohne den Saal zu langweilen. Dann kamen vor etwa 20 Jahren Kulturmarketingaspekte hinzu, die teilweise auch aus der Kulturpolitik heraus instrumentell genutzt worden sind, weil man eine Möglichkeit sah, Gelder für Kulturförderung zu akquirieren, indem man sie als Standortpolitik verbrämte. Das ist zusammengefasst die enge Definition.

Ich glaube jedoch, dass wir mittlerweile in einer gesellschaftlichen Situation sind – und es auch vor Corona schon waren –, in der wir Kultur breiter verstehen sollten. Ich kann Kultur nämlich auch in einem anthropologischen oder soziologischen Sinne als den lebensweltlichen Hintergrund unseres gemeinschaftlichen Zusammenlebens begreifen, sozusagen als das phänomenologische Reservoir symbolischer Ressourcen, auf die wir zurückgreifen, wenn wir Welt definieren. Wenn wir gemeinsam überlegen, wie wir eigentlich zusammenleben wollen, kann Kulturpolitik eine eminent politische Angelegenheit werden, weil wir auf einmal sehr grundlegend über Rahmenbedingungen unseres gesellschaftlichen freiheitlichen Zusammenlebens reden und darüber, wie wir das aus einer Gesellschaft heraus gewährleisten wollen, jenseits der sozialmechanischen, ökonomischen Strukturen, und auch jenseits staatlicher Zwangsmechanismen. Das ist Kulturpolitik in einem viel weiteren Sinne.

Kursbuch: Womit wir inmitten des Überlebensthemas sind. Wären folglich Kunst und Kultur doch so etwas wie ein Überlebensmittel für die liberale Demokratie?

Brosda: Sie ist ehrlicherweise zunächst ein Bestandteil jeglicher Form von gesellschaftlichem Zusammenleben. Ob sie es explizit für die liberale Demokratie ist, hängt davon ab, wie wir Kultur in einem weiteren Sinne konkret definieren. Zunächst bezeichnet sie tatsächlich dieses Reservoir an Deutungsressourcen, die wir einander in einer Gesellschaft weitergeben und auf die wir zurückgreifen, wenn wir versuchen, unser Zusammenleben zu verstehen. Und das kann ganz borniert, eng und furchtbar sein, und das kann ganz großartig, weit und ermöglichend sein. Ich glaube, wir müssen mehr denn je miteinander aushandeln, für was wir uns entscheiden wollen. Genau in dieser Gemengelage findet ein guter Teil der kulturellen Deutungskämpfe statt.

Kursbuch: Doch wer verfügt eigentlich über die dafür notwendigen Zugänge, seine Deutungsvielfalt darstellen zu können? Entstand in der Corona-Pandemie nicht ein Spannungsfeld, das auf Hierarchien fußt? Hochkultur vor Klubszene?

Brosda: Ich weiß nicht, ob die Prämisse stimmt. Die beiden ersten Bereiche der Kultur, mit denen ich ab Mitte März in Hamburg über Förderung und Kompensation diskutiert habe, waren Privattheater und Musikklubs. Und wir haben Anfang April ein Hilfsprogramm für die Musikklubs aufgelegt, weil wir gesehen haben, dass das tatsächlich ein Bereich ist, der ökonomisch hart betroffen ist und dem wir helfen müssen. Keine Frage: Musikklubs sind Kulturorte. Sie nicht mehr bloß als Freizeitorte zu verstehen, ist eine neue und richtige Entwicklung. Auch in der Kulturmilliarde des Bundes werden die Musikklubs explizit genannt. Der Unmut, der bei ihren Betreiberinnen und Betreibern aufgekommen ist, hat tatsächlich etwas mit Leben oder Überleben zu tun, weil die konkreten und planbaren Perspektiven nur schwer aufzuzeigen sind. Im Hinblick auf die Corona-bedingten Einschränkungen gehören die Klubs zu den sogenannten First-in-last-out-Branchen. Wir können deshalb nur sagen: Wahrscheinlich geht es erst dann wieder richtig los, wenn wir einen Impfstoff oder eine sonstige medizinische Lösung haben. Das ist anders als im Theaterbetrieb. Musikklubs leben von der Nähe und Dichte des Konzerterlebnisses. Die meisten sind außerdem auf eine Veranstaltungswirtschaft angewiesen, die mindestens deutschlandweit, wenn nicht europaweit Tourneen organisiert. Aber viele Künstler und Künstlerinnen sind momentan gar nicht unterwegs. Was wir in Hamburg versuchen, ist, dass wir mit dem Reeperbahn Festival, dem größten Klubfestival, das es in Europa gibt, ausprobieren wollen, wie Veranstaltungen in Klubs unter diesen Pandemiebedingungen aussehen können. Aber noch mal: Musikklubs sind Kulturorte. Dass dieser Satz kaum mehr Widerspruch erzeugt, zeigt auch, dass wir manche überkommene Hierarchisierung von Kunst und Kultur langsam, aber sicher überwinden können.

Kursbuch: Sie haben in Ihrem jüngsten Buch stark darauf gepocht, die Kunst nicht mit Ansprüchen zu überfrachten, die sie nicht erfüllen kann oder vielleicht auch nicht erfüllen soll, nämlich Kitt der Gesellschaft zu sein. Sie machen kulturinterne Kriterien stark. Damit kommen Sie aber in eine schwierige Position. Wie verhält sich die Rahmenwürdigkeit, wir nehmen diesen Begriff noch mal auf, mit der Frage der Qualität? Was hat Qualität von Kunst und Kultur mit dem zu tun, was Sie als Kulturpolitiker machen müssen?

Brosda: Politik und auch Verwaltung dürfen sich nicht anmaßen, selber über künstlerische Qualität zu entscheiden. Wir lösen das dadurch, dass wir uns Fachexpertise hereinholen und Förderentscheidungen durch Jurys treffen lassen. Projektförderungen werden von Jurys entschieden, die mehrheitlich mit Künstlerinnen und Künstlern oder Vertreterinnen und Vertretern des Feldes besetzt sind, in dem gefördert wird. Ich fände es ganz schwierig, wenn eine staatliche Kulturbürokratie künstlerische Qualitätsmaßstäbe entwickeln würde. Das können wir allenfalls eingeschränkt bei Vermittlungsmaßstäben machen, wenn es um die Frage geht, welche instrumentelle Strategie wirksam ist, um ein spezifisches Publikum zu erreichen, oder darum, wie Audience Development gelingt, um andere Gruppen anzusprechen, die bislang nicht strukturiert angesprochen wurden.

Kursbuch: Fassen wir kurz zusammen: Sie sagen, dass Sie Kunst und Kultur nicht als das Erhabene, Entrückte verstehen, sondern als einen Bereich, in dem sich die Grundkonflikte der Gesellschaft, ihre Selbstbeschreibungsmöglichkeiten und die Repräsentation der Gesellschaft abbilden. Dann stellt sich diese Qualitätsfrage neu. Was ist eigentlich mit legitimen und weniger legitimen Fragen und Beschreibungen? Wir leben in einer Gesellschaft mit starken kulturkämpferischen Konflikten. Die AfD erlaubt sich, die Frage zu stellen, wie viele Deutsche in den Theatern beschäftigt sind und ob die gespielten Stoffe unsere Geschichte angemessen repräsentieren. Wie geht man mit diesen Konflikten um? Ist das nicht auch eine Qualitätsfrage?

Brosda: Ja, aber dann sind Sie nicht mehr bei den formalen künstlerischen Qualitätskriterien, die Sie in einer Jury bewerten können, sondern bei einer inhaltlichen Frage.

Kursbuch: Aber so etwas müssen Jurys auch manchmal aushalten, damit umzugehen.

Brosda: Genau. Wenn ich mit den Jurys über Qualität rede, hat das zunächst vorwiegend mit der Frage zu tun, dass am Ende die formalen Kategorien erfüllt werden. Das hat eine handwerkliche und professionalitätsbezogene Komponente. In dem Moment aber, in dem die Felder offener werden, aus denen sich Kunst und Kultur speisen, ist es unsere Aufgabe, dafür zu sorgen, dass sich ein Feld nicht so weit schließt, dass nur noch eine Position abgedeckt wird. Bloß dieses Rechts-Links trifft es immer weniger. Je länger ich darüber nachdenke, desto mehr hat es mit dem Umgang mit Liberalität und Vielfalt zu tun und mit der Frage, ob man die eigene Position gegenüber anderen Positionen privilegieren will. Dann gibt es unterschiedlich gute Begründungen, warum man das möchte oder nicht. Aktuell viel diskutiert wird eine traditionale Begründung, die von rechts kommt, die eher auf eine kulturalistische Schließung setzt. Weil man den Begriff »Rasse« nicht mehr verwenden will, nimmt man den Begriff »Kultur«, macht aber danach im Prinzip genau das Gleiche wie das, was man früher mit dem Begriff »Rasse« gemacht hat. Das Ergebnis ist ein ausschließendes, ethnopluralistisches Konzept von Kultur, das die AfD ja momentan an vielen Stellen anwendet, um kulturelle Möglichkeitsräume zu verengen und traditionalistisch zu schließen. Das ist aktuell der Hauptangriff auf die Kunstfreiheit.

Daneben finden sich identitätspolitische Positionen, die sich aus marginalisierten Positionen speisen, die im Diskurs nicht gleichberechtigt vorkommen. Ihre Protagonisten fordern, dass Positionen nur durch die Träger des Merkmals dieser Positionen in legitimer Weise in den gesellschaftlichen Diskurs eingebracht werden dürfen. Das ist oftmals berechtigt, kann aber auch eine Form des Schutzes vor einer Pluralität der Wahrnehmung sein. Ich glaube, wir müssen auszuhalten lernen, dass wir diese Vielfalt haben. Und wir müssen diese Frage gerechtigkeitspolitisch als das behandeln, was sie ist: eine Frage der gerechten Verteilung der Ressourcen zur Teilnahme am kulturellen und gesellschaftlichen Diskurs.

Eine gefährliche Variante des Umgangs mit diesem Diskurs über die Gleichverteilung von Äußerungsmöglichkeiten ist eine stark verrechtlichte Herangehensweise, die sich gerade auch die Rechten zu eigen machen, wenn sie sagen, dass die Programmgestaltung in einer Kultureinrichtung oder die Förderentscheidungen die Vielfalt der Gesellschaft, wie wir sie vor Ort finden, abbilden müssten. Wenn dann die AfD 20 Prozent im Stadtrat hat, dann mögen bitte auch 20 Prozent des Programms in den Kultureinrichtungen diese gesellschaftliche Position widerspiegeln. Wenn man das zu Ende denkt, wäre das auch eine Einschränkung künstlerischer Freiheit. Das meine ich, wenn wir der Kunst momentan Aufgaben überstülpen, die sie überfordern und die auch gar nicht ihr Gegenstand sind. Kunst ist keine sozialtherapeutische, psychoanalytische oder soziologische Kohäsionsveranstaltung, sondern das Intervenieren in unseren Alltag mit ganz spitzen, ästhetisierenden Positionen, die wir ignorieren oder von denen wir uns herausgefordert fühlen können. Und im Idealfall fühlen wir uns herausgefordert und es passiert etwas.

Kursbuch: Wir würden gerne noch einmal Ihr Freiheitsargument vertiefen. Wenn man beispielsweise die Lufthansa zum Vergleich heranzieht. Sie wird vom Staat gestützt, und zugleich wird darauf hingewiesen, dass sie ihre Unabhängigkeit als ökonomisches Unternehmen bewahren muss, darf, soll, kann. Das heißt: Es ist eine Intervention, die gleichzeitig bestätigt, dass eine autonome Unternehmensführung nicht angetastet wird. Im Vergleich dazu ist es im subkulturellen Bereich so, dass die Akteure per se darauf hinweisen, dass sie radikal unabhängig von allem, vor allem vom Staat sein wollen, gleichzeitig aber in einer Krisensituation sehr deutlich kundtun, dass sie bezuschusst werden wollen, um zu überleben. Das ist der Position der Lufthansa im Prinzip sehr ähnlich. Die Paradoxierung ist interessant, beide pochen auf ihre Unabhängigkeit, machen sich aber zugleich sehr stark abhängig. Ist das ein Argument, dass systemrelevantere oder öffentlichkeitswirksamere Kunstbereiche doch einen Standortvorteil bei der Bezuschussung oder Förderungswürdigkeit haben, ähnlich der ökonomischen Systemrelevanz der Lufthansa? Spielt das eine Rolle?

Brosda: Ja, das spielt eine Rolle. Zum einem gibt es eine historisch gewachsene Verantwortungsstruktur in bestimmten Bereichen von Kulturbetrieben, die staatlich oder öffentlich-rechtlich errichtet sind. Natürlich existiert bei den Stadttheatern, Staatstheatern, Opernhäusern und staatlichen Museen eine andere Verantwortungsstruktur, weil der Staat diesen Zustand schon vor Jahrzehnten, wenn nicht vor Jahrhunderten hergestellt hat. Diese Institutionen, die aus der Perspektive der freien Szene bisweilen kritisch gesehen werden, sind in der Regel vom Staat errichtet worden. Das gibt es in anderen Bereichen des kulturellen Lebens nicht, die ja auch in normalen Situationen vielleicht ganz gut ohne den Staat klarkommen können. Für einen Teil der freien Szene gilt das aber schon länger nicht mehr. Hier entsteht ein Aushandlungsprozess, der in paradoxe Situationen führen kann: Wie geht man damit um, dass man eine Unterstützung seitens des Staates braucht, gleichzeitig aber keinen Einfluss des Staates auf die Programmatik möchte. Eine Diskussion, die gleicherweise übrigens auch mit Blick auf die privaten Mäzene geführt wird. Bisweilen sogar noch viel zugespitzter und viel, viel schärfer. Ich war Anfang des Jahres auf einem Kongress der Freien Szene in Berlin. Da war auch Wolf Lotter von *brand eins* zugeschaltet, der den Teilnehmerinnen und Teilnehmern sehr deutlich ins Gewissen redete und sinngemäß sagte: Ihr vertut euch, wenn ihr glaubt, dass der antikapitalistische grundskeptische Anspruch des »ich muss frei sein in der Refinanzierung meiner Kunst von jeglicher Form von Markterfolg, und dafür muss der Staat mit einer ordentlichen Förderstruktur sorgen« eine ganz gefährliche Haltung sein kann. Daraus entsteht nämlich eine einseitige Abhängigkeit vom Staat, die sich spätestens dann als prekär herausstellen könnte, wenn der Staat nicht mehr nur von freundlichen Menschen repräsentiert wird, wie ich glaube, einer zu sein, sondern wenn beispielsweise in Belgien auf einmal eine völkische Logik wirkt oder in manchen ostdeutschen Kommunen auf einmal die AfD im Stadtrat das kulturpolitische Sagen hat. Da hilft es natürlich, sich eher durch ein Netzwerk zu finanzieren. Man kann Resilienz auch dadurch erzeugen, dass man eigenständig sein Publikum davon überzeugt, zu unterstützen und mitzufinanzieren. Das kann auch durchaus über marktwirtschaftliche Mechanismen geschehen oder über dritte Förderer wie Stiftungen oder andere öffentlich-rechtliche Institutionen, die wiederum eine Eigenständigkeit gegenüber dem Staat haben. Ich bin davon überzeugt, dass wir diese sehr differenzierte Diskussion darüber brauchen, woher das Geld für die Kunst kommt und was jeweils die Folgen sein können. Dabei geht es dann auch darum, dass es vermutlich nicht allein selig machend ist, wenn der Staat der Kunst einfach ausreichend Geld gibt.

Das ist übrigens mit Blick auf die Diskussion über ein Grundeinkommen durchaus ähnlich. Die Forderung einiger Kreativer lautet aktuell: Finanziert uns Künstler und Künstlerinnen dadurch, dass wir ein bedingungsloses Grundeinkommen bekommen, dann müssen wir keine Förderanträge mehr schreiben, dann müssen wir auch nicht mehr vorlegen, was wir tun wollen, sondern wir bekommen unsere Lebenshaltungskosten gedeckt und können uns frei entfalten ohne jeglichen Rechtfertigungszusammenhang. Das wirkt zunächst attraktiv, aber mir ist das eine zu einfache Auflösung der Frage nach der Freiheit der Kunst, weil diese ja nicht bedeuten muss, dass ich mir als Künstlerin oder Künstler auch die Freiheit nehme, gar nicht mehr begründen zu müssen, was ich tue. Ich finde, es kann durchaus helfen, erklären zu können, was man vorhat, und andere zu überzeugen, warum es sinnhaft und unterstützungswürdig ist. Das kann durchaus bereichernd und letztlich bewusstseinsschärfend sein. Ich glaube dezidiert nicht daran, dass Kunst per se dadurch besser würde, wenn jede Künstlerin 2000 Euro erhielte und man sie einfach machen ließe. Das ist aber ein zentraler Aspekt der Diskussion, die wir gerade – auch vor dem Hintergrund der Corona-Pandemie – miteinander führen.

Kursbuch: Wir würden gerne noch einmal auf das Problem der Systemrelevanz zurückkommen. In der Ökonomie ist derjenige Akteur systemrelevant, dessen Verschwinden die Branche in Gefahr bringen würde. Was wäre die Kategorie im Kunst- und Kulturbetrieb? Braucht es dort überhaupt eine solche Kategorie?

Brosda: Ich habe dafür nicht den einen Begriff. Systemrelevanz finde ich schwierig. Der Begriff kommt ja aus der Systemtheorie. Es geht um die Erfüllung einer Funktionsbeziehung. Aber Kultur ist nicht wie eine Bank. Bei einer Bank ist es klar, warum sie systemrelevant ist, denn wenn das Steuern der Geldmengen nicht mehr funktioniert, koppelt das Problem auf das kapitalistische Wirtschaftssystem zurück. Aber Kunst steuert nicht irgendeine Menge, die wiederum abhängig ist von der Verwertbarkeit in anderen Bereichen eines systemischen

Zusammenhangs. So einfach ist es im Kulturbereich nicht. Es sind dort eher die großen lebensweltlichen Fragen, nicht die Verwertungs-zusammenhänge. Und das rekurriert im Prinzip auf die Frage, die Sie am Anfang dieses Gesprächs gestellt haben: Wie überleben wir ei-gentlich? Und darin steckt diese narzisstische Kränkung für den Ein-zelnen, dass wir doch nicht so unverwundbar und so unangreifbar sind, wie wir das oft meinen. Wir stellen fest: Irgendjemand isst mut-maßlich eine Fledermaussuppe auf irgendeinem chinesischen Markt, und drei Monate später ist die gesamte Welt in Aufruhr. Die system-relevante Frage lautet: Wie überleben wir? Und ich glaube, dass dies eine Frage ist, die uns am Ende kulturell herausfordert, weil sie et-was damit zu tun hat, wie wir uns eigentlich als Gemeinschaft von Zusammenlebenden begreifen. Und da werden wir in den nächsten Monaten und Jahren kulturelle Fragen aufgetischt bekommen, von denen wir gerade noch nicht mal ahnen, wie sie lauten.

Kursbuch: Sie haben die Frage nach der Systemrelevanz eher ab-strakt beantwortet. Aber die Frage nach der Systemrelevanz ändert sich, wenn es empirisch konkret wird. Also, man würde wahrschein-lich immer sagen, das ökonomische System sei systemrelevant, aber ist es auch konkret diese Bank? Und man würde sagen, Kunst und Kultur sind systemrelevant, aber ist es auch konkret dieses Theater? Das ist eine ganz andere Fragestellung, bei der man tatsächlich Ent-scheidungen treffen muss. Da geht es auch um strategische Fragen, es geht um Finanzierungsfragen, es geht um Konkurrenz und es geht auch um Legitimation. Und wir möchten zum Ende dieses Gesprächs noch mal auf diese Legitimationsfrage zu sprechen kommen, weil das in Ihrer Funktion als Kultursenator wahrscheinlich die Frage schlecht-hin ist: zu legitimieren, warum dies und nicht das andere? Stiftungen haben das Problem nicht so stark, weil die relativ klar sagen können, wir fördern dies, weil das unser Stiftungszweck ist, und da kann uns keiner reinreden, wir müssen uns eigentlich nur rechtlich legitimie-ren, aber nicht demokratisch. Kunst muss sich auch nicht demokratisch legitimieren, Kunst ist ein sehr ademokratischer Bereich. Wie stellen sich heute diese Legitimationsfragen? Und sind diese in Zeiten pluraler Sprecherpositionen schwieriger geworden?

Brosda: Das kann ich gar nicht so genau sagen. Die Bedingungen verändern sich regelmäßig, und man muss immer wieder neue Konstellationen finden, in denen wir zumindest zu einer allgemeinen Plausibilität kommen, dass es insgesamt am Ende passt und Sinn ergibt. Ich glaube, wenn wir eine Systematik entwickeln würden, die wir alle abstrakt für nachvollziehbar hielten, und dann aus dieser abstrakten Nachvollziehbarkeit auch legitimierte Entscheidungen über die Verteilung von Ressourcen ableiten würden, wären wir schon so weit auf der schiefen Ebene herabgerutscht, dass wir genau das, was Kunst ausmacht, dieses Anarchische, dieses Wilde, dieses Nichtsteuerbare, schon rausgedrängt hätten. Übrigens, eine solche quasiobjektive Definition der Kunst beziehungsweise des Künstlers bräuchten wir auch, wenn wir so etwas wie das bedingungslose Grundeinkommen für Künstler einführen wollten, weil ja irgendwo eine staatliche Instanz darüber befinden müsste, wer sich legitimerweise Künstlerin nennen darf und das in Anspruch nehmen dürfte und wer nicht. Das ist immer der zweite Teil dieser Diskussion, der gerne ausgeblendet wird. Wir sollten gar nicht entscheiden können wollen, wer quasi offiziell Künstler ist. Kreativität ist etwas, das uns quasi als Humanum inne ist. Die eine entscheidet, das zu leben, und der andere entscheidet, das in seiner Freizeit oder nebenbei zu machen. Jeder bildet sich so sein Modell, mit dem wir klarkommen müssen.

Zur Legitimationsfrage: Also ich bin sehr geprägt vom Kulturdezernenten unserer gemeinsamen Heimatstadt Gelsenkirchen, Herr Nassehi. Ich weiß nicht, ob Sie Hans Peter Rose mal kennengelernt haben. Er war dort bis zum Jahr 2000 insgesamt 25 Jahre lang Dezernent für Schule, Jugend und Kultur und hat im Prinzip den Absturz dieser Stadt von der großen Montanstadt in die komplette Deindustrialisierung mitgemacht. Und er hat wie ein Löwe 25 Jahre lang das

Musiktheater im Revier verteidigt. Es gab ja viel früher im Ruhrgebiet die Differenzierung: Bochum kriegt das Schauspiel, da ging das Schauspielhaus hin, und die Musiktheatersparte ging nach Gelsenkirchen. Da hat man Ende der 50er-Jahre diesen wunderbaren Theaterbau gebaut, der bis heute auch für die Schwamm-Reliefs von Yves Klein berühmt ist. Das war ein Statement für die Kunst. Aber irgendwann in den späten 1980ern war klar, dass sich die Stadt das eigentlich nicht mehr leisten kann. Der millionenschwere Zuschuss pro Jahr war gemessen an dem, was die Stadt zu Verfügung hatte, eigentlich nicht mehr darstellbar. Aber Hans Peter Rose hat als Kulturdezernent gesagt: Das geht nicht, wenn wir uns das nicht mehr leisten können, nehmen wir uns so viele Dimensionen unseres Zusammenlebens, die wir zwar gerade gar nicht beschreiben können. Aber wir werden es spüren, wenn wir diese Abwicklung vollzogen haben und es dann zu spät ist, auch wenn es vielleicht auf den ersten Blick im städtischen Haushalt jetzt irgendwie sinnvoll aussieht.

Das ist das Entscheidende: Wir können die Legitimationsfrage nicht abstrakt aus einer staatlichen Positionierung heraus beantworten oder über formale Verfahren, sondern benötigen dazu letztlich die Zustimmung in der gesellschaftlichen Auseinandersetzung. Um ein weiteres Beispiel zu nennen: Der Bühnenverein hat vor ein paar Jahren eine gut gemeinte Kampagne organisiert, die hieß: Theater muss sein. Damit wollte man Theatern helfen, die in genau so einer Situation waren wie das Musiktheater im Revier in den 1980er- und 90er-Jahren. Eine klare Botschaft: Theater, das muss sein, das braucht eine Gesellschaft. Aber natürlich greift so ein normativ drohender Appell zu kurz. Wir müssen es vielmehr schaffen, die intrinsische Motivation und die Lust auf Kunst und Kultur in einer Gesellschaft zu stärken. Wenn uns das gelingt, und wenn es auch Künstlerinnen und Künstlern gelingt, eben nicht in dem Gestus aufzutreten: »Bitte beschützt uns und helft uns, zu überleben!«, sondern selbstbewusst zu sagen: »Kunst und Kultur braucht jede Gesellschaft, um überleben zu können, und wir helfen euch als Gesellschaft, überlebensfähig zu bleiben!«, dann fällt es viel leichter, die Diskussion über die Legitimation von Kulturförderung zu führen, auch in Zeiten, in denen das Geld knapper wird. Es war deshalb richtig, dass Bundespräsident Frank-Walter Steinmeier kürzlich auf die Bedeutung der Kunst als Lebensmittel hingewiesen hat. Denn genau das ist sie. Es braucht das Selbstbewusstsein eigener Leistungen und Beiträge zu einer Gesellschaft. Es geht nicht darum, einer Gesellschaft zu sagen: »Du musst dich um mich kümmern!« Sondern es ist genau umgekehrt: Kunst muss ihre Aufgabe und ihre Beiträge zu einer Gesellschaft erfahrbar machen. Dabei kann Kulturpolitik als Übersetzerin helfen.

Kursbuch: Herr Brosda, vielen Dank, es war ein Vergnügen, mit Ihnen zu sprechen.

Das Interview fand am 6. Juli 2020 als Videokonferenz statt.

Sibylle Anderl
Physik des Lebens
Reflexionen kosmischen Ausmaßes

Der Fluchtpunkt menschlicher Kränkungen, so könnte man spekulieren, befindet sich mit einiger Wahrscheinlichkeit im All. Denn selbst als Bewohner eines nicht besonders außergewöhnlichen Sonnensystems in galaktischer Randlage einer eher durchschnittlichen Spiralgalaxie und als evolutionäres Zufallsprodukt mit tief greifenden Seelendefiziten kann der Mensch sich immerhin noch einreden, als dominierendes irdisches Lebewesen kosmische Einzigartigkeit beanspruchen zu dürfen. Bisher ist die Erde der einzige uns bekannte Planet, auf dem sich Leben entwickeln konnte – auch umfangreiche Suchaktionen haben nichts Gegenteiliges ergeben. Sofern man aus diesem Misserfolg eine generelle Unwahrscheinlichkeit der Ausbreitung des Lebens im All ableitet, ergibt sich aus ihr, mit Hans Blumenberg gesprochen, zumindest »auch ohne ihre Rückführung auf höhere Absichten, immer noch … das Wertkriterium der Seltenheit«.[1] Das ist doch immerhin etwas, wenngleich vorsichtig einzuwenden ist, dass sich seit Blumenbergs Zeiten wissenschaftlich einiges verändert hat.

Zwar haben noch immer keine Aliens auf unsere ins All verschickten Botschaften geantwortet, und auch die von uns an die Ränder des Sonnensystems gesandten Sonden haben keine Hinweise auf fremdes Leben liefern können. Wir wissen aber, dass in unserer Galaxie an Sternen, die von Planeten umkreist werden, keinerlei Mangel herrscht. Mehr als 4000 solcher Exoplaneten kennen wir mittlerweile – ein Wissen, das erst in den vergangenen Jahrzehnten entstanden ist. Erst 25 Jahre sind seit der Entdeckung des ersten Exoplaneten, der einen sonnenähnlichen Stern umkreist, vergangen. 2019 wurde dieser Fund mit dem

Physik-Nobelpreis geehrt. Die immense Vielfalt unterschiedlicher Welten, die seither entdeckt wurden, sprengt alle ursprünglichen Erwartungen. Gasriesen und Gesteinsplaneten, der Erde ähnlich oder auch ganz anders als aus unserem Sonnensystem bekannt, heiße und kalte Welten auf unterschiedlichsten Bahnen um ihre verschiedenartigsten Heimatsterne kennen wir heute. Meldungen neuer »lebensfreundlicher« Exoplaneten, »zweiter Erden« mit möglicherweise flüssigem Wasser, haben angesichts ihrer deutlichen Häufung in ihrem Sensationswert stark einbüßen müssen. Die kosmischen Umgebungen für die Entstehung von Leben gäbe es also. Auch die notwendige Chemie – Zucker, Aminosäuren, Nukleobasen – scheint im interstellaren Medium durchaus verbreitet, das zeigen astronomische Beobachtungen und chemische Analysen von Meteoriten.

Und doch bleibt die Frage: Reicht das alles? Genügen die vermutlich benötigten Grundzutaten für die Entstehung von Leben, um dieses auch wirklich entstehen zu lassen? Was müssen wir wissen, um diese Frage beantworten zu können? Wonach sollten wir suchen, um auf fremdes Leben zu stoßen, und wo erscheint die Suche am wahrscheinlichsten? Und nicht zuletzt: Was lernen wir über uns selbst, wenn wir versuchen, fremde Lebensformen zu ergründen?

Wonach suchen wir eigentlich?

Dass der Mensch zunächst einmal an eine verfremdete Variante seiner selbst denkt, wenn er sich extraterrestrisches Leben vorzustellen versucht, ist angesichts der Egozentriertheit unserer Spezies nicht weiter überraschend. Der griechische Philosoph Philolaos etwa vermutete auf dem Mond Lebewesen der 15-fachen Größe ihrer irdischen Varianten. 1835 berichtete die *New York Sun* im Rahmen des ersten großen Zeitungsskandals von der Entdeckung von Fledermausmenschen auf dem Mond, angeblich per Teleskop entdeckt vom Wissenschaftler John Herschel – die Geschichte war komplett erlogen, weltweit kam sie Zeitungen aber zumindest plausibel genug vor, um den Bericht nachzudrucken. Wenn wir uns heute die Aufgabe stellen, einen Alien zu zeichnen, kommt nach wie vor meist ein Wesen heraus, das bis auf sonderbare Proportionen und vielleicht die eine oder andere zusätzliche Antenne seine anthropomorphe Natur kaum verleugnen kann. Werke der Science-Fiction, die diese Tendenz unterlaufen, wie etwa der Klassiker *Solaris*, den Stanisław Lem 1961 verfasste und in dem ein Ozean auf einem fernen Planeten als intelligentes Wesen fungiert, haben dies nicht wesentlich ändern können.

Wie fremdartig kann unsere Vorstellung von Leben aber sein, wenn wir das Vorgestellte dennoch als Leben bezeichnen wollen? Es scheint, als würde die extraterrestrische Suche nach Leben, so sie das Auffindbare nicht unnötig durch einen anthropomorphen Erwartungshorizont einschränken will, nicht umhinkommen, sich zunächst Gedanken darüber zu machen, was Leben im Kern überhaupt ausmacht. Die Tatsache, dass der Versuch einer Definition von Leben die gesamte Philosophiegeschichte durchzieht, weist bereits darauf hin, dass diese Unternehmung keine einfache ist: Aristoteles' Vorstellung des paradigmatisch Belebten, das Leben auf verschiedenen Ebenen vom Wachstum über die Wahrnehmung bis zur Vernunft auszeichnet, René Descartes' mechanistische Sichtweise, Immanuel Kants Betonung der Selbstorganisation des Lebendigen und Charles Darwins Fokussierung auf Variation und natürliche Selektion – all diese Ansätze heben wichtige Aspekte hervor, die wir heute mit dem Begriff des Lebens verbinden.

Unternimmt man aber den Versuch, daraus eine Liste mit notwendigen und hinreichenden Bedingungen zu extrahieren für das, was wir unter die Seinsweise des Lebendigen subsumieren, stößt man bald auf Schwierigkeiten. Integriert man zu wenige Kriterien – Stoffwechsel, Fortpflanzung, Bewegung, Selbsterhaltung, Organisation etwa –, werden sie auch von Unbelebtem erfüllt, wie Strudeln, Flammen, Kristallen. Sind es zu viele, erfüllen bestimmte Lebensformen nur noch Teilmengen von Kriterien, und die Liste wird beliebig. Eine physikalisch motivierte und ganz grundsätzliche Antwort auf die Frage nach den Charakteristika des Lebendigen gab Erwin Schrödinger 1943 in seiner Vorlesung »Was ist

Leben?«[2]. Leben besteht demnach, in thermodynamischer Perspektive, aus einer im Verlauf der Zeit aufrechterhaltenen Ordnung. Das ist bemerkenswert, denn dem zweiten Satz der Thermodynamik gemäß streben isolierte Systeme im Gleichgewicht gerade nach einem Maximum an Unordnung beziehungsweise Entropie. Leben muss es daher schaffen, dauerhaft in einem Nicht-Gleichgewicht zu bleiben; thermodynamisches Gleichgewicht würde seinen Tod bedeuten. Es muss also die eigene Ordnung durch Stoffwechselprozesse gegenüber seiner Umgebung (und dem zweiten Satz der Thermodynamik) verteidigen, indem es dort entsprechende Unordnung schafft. Doch damit nicht genug: Im Prozess der Vererbung muss es diese Ordnung auch weitergeben können. Heute weiß man, wie all dies bei uns und anderen irdischen Lebewesen molekulargenetisch vor sich geht und wie beide Herausforderungen anhand von DNA, RNA, Nukleotiden und Proteinen gehandhabt werden.

Abstrahiert heißt das für die Suche nach fremdem Leben Folgendes: Leben braucht ausreichend komplexe Chemie. Bei allem uns bekannten Leben ist diese Chemie kohlenstoffbasiert: Sie liefert die nötige Komplexität und ist im interstellaren Medium in großen Mengen vorhanden, auch wenn prinzipiell andere chemische Möglichkeiten denkbar wären. Für die Aufrechterhaltung von Stoffwechselprozessen wird außerdem ein chemisches Lösungsmittel benötigt. Dafür eignet sich Wasser in ganz besonderem Maße – es löst mehr Substanzen als alle anderen Flüssigkeiten und bleibt in einem breiten Bereich von Temperaturen flüssig. Alle uns bekannten Lebensformen sind auf flüssiges Wasser angewiesen. Außerdem braucht Leben Energie. Für die erste Entstehung von Leben, damit also aus einem Haufen von Molekülen ein organisiertes Ganzes wird, scheint darüber hinaus eine katalytische Oberfläche notwendig zu sein, die chemische Reaktionen begünstigt, ohne selbst daran teilzunehmen. Mineralische oder metallische Oberflächen können es beispielsweise für kleine Moleküle energetisch begünstigen, sich zu größeren zusammenzuschließen. Was man dann noch für die Entstehung von Leben braucht, ist sicherlich Zeit: Man nimmt an, dass es auf der Erde zwischen einer halben und einer Milliarde Jahre gedauert hat, bis die ersten Mikroben entstanden sind. Auch wenn man natürlich nicht weiß, wie typisch die irdische Entstehungsgeschichte ist und wie wahrscheinlich die Entwicklung von Leben allgemein ist, ist vermutlich klar: Je länger die notwendigen Grundzutaten für Leben stabil existieren, desto besser.

Auf dieser Grundlage muss es dann gelingen, Organismen durch den Aufbau von Membranen von ihrer Umgebung abzugrenzen, so, wie wir es von irdischen Zellen kennen. Ein informationscodierender Mechanismus muss entwickelt werden, um Replikation zu ermöglichen – so etwas wie Ribonukleinsäure (RNA) beispielsweise, die in der Lage ist, Erbinformation zu speichern, zu übertragen und direkt in Proteine umzusetzen. Für die Entwicklung eines Stoffwechsels muss dann ein Weg gefunden werden, anhand chemischer Reaktionen der Umgebung Energie zu entziehen. Auf diese Weise wird ein dauerhaftes chemisches Ungleichgewicht aufrechterhalten, das – wie von Erwin Schrödinger postuliert – gleichzeitig die »Unordnung« oder Entropie der Umgebung erhöht: Bei uns Menschen funktioniert das beispielsweise durch die Kombination von Sauerstoff mit Kohlenhydraten, Zucker und anderen organischen Nahrungsbestandteilen. Aber natürlich sind hierbei auch völlig andere Metabolismen denkbar, wie die unglaubliche Vielfalt irdischer Mikroben demonstriert. Wie stehen aber die Chancen, dass all dies irgendwo außerhalb der Erde im Universum realisiert sein könnte?

Potenzielle Fundorte I: Erdähnliche Welten

Die ersten Planeten außerhalb unseres Sonnensystems entdeckten Astronomen 1992. Diese beiden Planeten bewegten sich allerdings um einen extrem exotischen Heimatstern, genannt PSR 1257+12. Dieser Stern gehört zu der Klasse der Neutronensterne, die, abgesehen von schwarzen Löchern, zu den dichtesten stellaren Objekten zählen – die 1,4-fache Masse unserer Sonne ist in einer Sphäre mit einem Radius von nur rund zehn Kilometern verdichtet – und entstehen, wenn sehr viel massereichere Sterne als unsere Sonne am Ende ihres Lebens unter ihrem eigenen Gewicht kollabieren. Verraten hatten sich die Planeten durch ihren Einfluss auf die von ihrem Heimatstern ausgesandte Strahlung. Der extrem schnell rotierende Neutronenstern besitzt ein starkes Magnetfeld, das seine Strahlung bündelt wie die einer Taschenlampe. Dieser Lichtkegel rotiert wie der eines Leuchtturms. Auf der Erde beobachtet man entsprechend Strahlungspulse und nennt so einen Neutronenstern Pulsar. Dessen Rotation wird durch die Existenz von Planeten in charakteristischer Weise beeinflusst, sodass man aus den empfangenen Pulsen auf das Planetensystem schließen konnte.

Dass die erste Entdeckung eines Exoplaneten noch gar nicht besonders lang her ist, zeigt, wie schwierig es ist, fremde Planeten zu finden. Der Grund ist einfach: Sterne sind so viel heller als ihre planetaren Begleiter, dass Letztere daneben unsichtbar werden. Mittlerweile hat man aber verschiedene sehr erfolgreiche Strategien entwickelt, sie trotzdem aufzuspüren. Die eine, die Radialgeschwindigkeitsmethode, erinnert an die Idee hinter der ersten Exoplanetenentdeckung: Wenn ein Planet einen Stern umkreist, wirkt seine Gravitation auch auf den Stern zurück und bringt diesen minimal zum Schwanken. Dieses Schwanken kann man per Dopplereffekt als winzige Frequenzverschiebungen im Sternspektrum ablesen. In diesen Verschiebungen steckt außerdem Information über die Masse, die der Planet mindestens haben muss, um den Stern entsprechend stark zu beeinflussen.

Die andere Methode ist die Transitmethode. Sie funktioniert für Sternsysteme, die zu uns so orientiert sind, dass der Planet in der Sichtlinie vor seinem Heimatstern hindurchläuft. Wenn der Planet sich zwischen uns und dem Stern befindet, verdunkelt er das Sternenlicht in regelmäßigen Abständen minimal. Die Stärke der Verdunkelung hängt von der Größe des Planeten relativ zur Größe des Sterns ab, ihr Rhythmus von dessen Bahndurchmesser. In den vergangenen Jahren wurden anhand dieser Methode mit Daten des 2009 gestarteten Kepler-Weltraumteleskops der NASA mehr als 2300 der mehr als 4000 bestätigten Exoplaneten gefunden.

Natürlich ist es mit diesen Methoden sehr viel einfacher, große und schwere Planeten zu finden, die sich nicht zu weit entfernt von ihrem Heimatstern befinden und die einen sehr viel stärkeren Effekt auf das Sternenlicht ausüben als kleine erdähnliche Gesteinsplaneten – die typischerweise als Exoplaneten mit weniger als zehnfacher Erdmasse oder kleiner als doppelte Erdgröße definiert werden. Immerhin ein Drittel der bisher gefundenen Exoplaneten zählen aber als mutmaßliche Gesteinsplaneten zu den Klassen der terrestrischen Planeten oder der schwereren »Supererden«. Eine sichere Unterscheidung zwischen Gas- und Gesteinsplaneten ist allerdings erst dann möglich, wenn man sowohl Größe als auch die Masse des Planeten kennt und daraus die Dichte des Planeten ableiten kann.

Der nächste Schritt zur Einschätzung der potenziellen Lebensfreundlichkeit ist, einen Blick auf den Abstand zwischen Stern und Planet zu werfen. Die dahinterstehende Frage lautet: Kann es auf dem Planeten flüssiges Wasser geben? Bejaht werden kann diese Frage in einem ringförmigen Bereich um den Stern, der »habitablen Zone«. In diesem Ring sind, vereinfacht gesagt, die vom Stern hervorgerufenen Temperaturen niedrig genug, um Wasser nicht vollständig verdampfen zu lassen, und gleichzeitig genügend hoch, um keinen Eisplaneten zu schaffen. Tatsächlich sind die Dinge etwas komplizierter, denn die Atmosphäre eines Planeten spielt für dessen Oberflächentemperatur eine entscheidende Rolle – wie stark das wiederum von der chemischen Zusammensetzung der Atmosphäre abhängt, wissen wir aus schmerzlicher Erfahrung vom irdischen Klimawandel. Gäbe es auf der Erde dagegen überhaupt keine Atmosphäre, würde die Oberflächentemperatur im Mittel bei minus 18 Grad Celsius liegen. Die planetare Gashülle kann also entscheidend dafür sein, ob ein Planet sich noch in oder schon außerhalb der habitablen Zone befindet. Für die Beurteilung der bislang gefundenen Exoplaneten arbeitet man daher mit Modellen, in die allgemeine Annahmen eingehen. Damit kommt man unter den bekannten Exoplaneten aktuell auf ein paar Dutzend Gesteinsplaneten, die ihre Heimatsterne in der habitablen Zone umrunden.

Das richtige Maß an Sternstrahlung, die potenzielles Leben sowohl mit Energie versorgen als auch die Existenz flüssigen Wassers ermöglichen kann, zusammen mit einer festen und hoffentlich mineralischen Oberfläche ist aber nicht alles: Um zeitlich stabile Bedingungen zu ermöglichen, sollte der Stern sich nicht zu schnell verändern. Die massereichsten und hellsten Sterne verbrauchen innerhalb von Millionen von Jahren ihren Brennstoff. Für die evolutionäre Entwicklung halbwegs interessanter Lebensformen ist das vermutlich zu wenig Zeit. Zwergsterne wie unsere Sonne bieten dagegen viele Milliarden Jahre fast konstante Bedingungen. Allerdings scheinen wir mit unserem Stern auch besonderes Glück zu haben: Trotz gelegentlicher Eruptionen ist die Sonne ein ungewöhnlich ruhiger Stern. Andere bombardieren ihre Planeten permanent mit hochenergetischen Teilchen und gewaltigen Strahlungsausbrüchen – Bedingungen, die den Bestand der planetaren Atmosphäre gefährden und für die Entstehung von Leben wahrscheinlich nicht optimal sind.

Aber angenommen, es gäbe einen Exoplaneten, bei dem alles für die Entstehung von Leben Notwendige vorhanden gewesen war. Wie würden wir die Existenz von Leben dort nachweisen können?[3] Wenn man die Erde von Weitem beobachten würde, dann könnte man zumindest Hinweise auf den Stoffwechsel irdischer Lebewesen finden, nämlich im elektromagnetischen Spektrum, das man von unserem Planeten empfinge. Einerseits reflektiert die Erde Strahlung der Sonne und strahlt selbst als warmer Körper. Andererseits kann man beobachten, wie das Sonnenlicht beim Durchtritt durch die Erdatmosphäre von den irdischen Gasen modifiziert wird. Auf diese Weise würde man schon anhand relativ schlecht aufgelöster Beobachtungen entdecken, dass es in der Erdatmosphäre Wasser, Methan, Ozon, Sauerstoff und Kohlendioxid gibt. Nicht alle diese Moleküle sind gleichermaßen aussagekräftig. Als »Biosignatur« bezeichnet man diejenigen Gase, die kaum anders als durch biologische Stoffwechselprozesse erzeugt werden können. Sauerstoff und Methan beispielsweise reagieren sehr leicht miteinander zu Wasser und Kohlendioxid. Das heißt: Wenn man beide Substanzen in größeren

Mengen zusammen beobachtet, dann ist das kein chemischer Gleichgewichtszustand, beide Gase müssen permanent neu erzeugt werden. Auf der Erde geschieht das durch Organismen, die sauerstoffbasierte Fotosynthese betreiben. Fremdes Leben könnte vor dem Hintergrund universeller chemischer Häufigkeiten einen ähnlichen Stoffwechsel entwickelt haben. Im Prinzip könnten anders funktionierende Lebewesen auch auf andere Weise für Unregelmäßigkeiten in der Atmosphärenchemie sorgen. Die Interpretation atmosphärischer Informationen anhand von Modellen ist allerdings nicht einfach – und die Orientierung an dem, was wir kennen, naheliegend, wenn man Fehldeutungen vermeiden will.

Zusammengefasst: Exoplaneten gibt es unzählige, das haben wir in den vergangenen Jahrzehnten gelernt. Damit alle notwendigen Zutaten für die Entstehung von Leben zur Verfügung stehen – Wasser, komplexe Chemie, Energie, katalytische Oberflächen und Zeit – muss zwar einiges zusammenkommen. Diese Bedingung schmälert die Aussichten auf lebensfreundliche Exoplaneten aber nicht grundlegend. Der Erfolg der Suche nach Leben auf Exoplaneten steht und fällt mit der Möglichkeit, Informationen über deren Atmosphären zu erlangen. Erst dann weiß man, welche Chemie dort vorherrscht, welche Temperaturen dort herrschen. Bislang ist es noch extrem schwierig, an diese Informationen zu kommen. Aber mit der nächsten Generation von Teleskopen, wie dem James-Webb-Weltraumteleskop der NASA, das nach immer neuen Verzögerungen hoffentlich Ende 2021 starten wird, sollten hier deutliche Fortschritte zu erwarten sein.

Potenzielle Fundorte II: Ferne Ozeane

Allerdings ist es denkbar, dass es noch sehr viel mehr lebensfreundliche kosmische Umgebungen gibt als nur die erdähnlichen Planeten in der habitablen Zone geeignet ruhiger und langlebiger Sterne. Demnach könnte fremdes Leben sogar in den äußersten Bereichen unseres eigenen

Sonnensystems existieren – und zwar in den Ozeanen eisbedeckter Monde. Mindestens sechs Trabanten von Gasplaneten scheinen dort flüssiges Wasser zu beherbergen: die Jupitermonde Europa, Ganymed und Callisto, die Saturnmonde Titan und Enceladus und der Neptunmond Triton. Die ersten Bilder der Oberflächen der Jupitermonde lieferten 1979 die Voyager-Missionen. Die Oberfläche von Europa erschien Voyager 2 als auffällig eben, durchzogen nur von Furchen und Gräben, wie man sie von irdischen Eiswüsten kennt, außergewöhnlich wenig geprägt von Einschlagkratern. Das bedeutet, dass die Oberfläche nicht sehr alt sein kann und stetig erneuert wird – ein Hinweis darauf, dass sie relativ warm sein muss und sich unter einer einige Kilometer dicken Eisschicht flüssiges Wasser befinden könnte.

Wie kann Wasser in den eisigen Außenbereichen des Sonnensystems, dort wo die Kraft der Strahlung unseres Heimatsterns stark abgenommen hat, flüssig bleiben? Die dafür benötigte Energie stammt tatsächlich nicht aus Strahlung, sondern aus mechanischen Quellen. Die Gravitationskraft zwischen dem Mond und seinem massereichen Planeten – die Gezeitenwirkung – erzeugt Reibungswärme, wenn sich der Mond auf seiner elliptischen Bahn bewegt. Die so erzeugte Energie kann so groß sein, dass das steinige Innere des innersten Jupitermonds Io größtenteils geschmolzen und er der vulkanisch aktivste Körper des Sonnensystems ist – entdeckt wurde das 1979 von Voyager 1. Callisto als äußerster großer Mond erfährt dagegen relativ wenig Aufheizung durch Gezeitenkräfte, unter einer dicken Eisschicht könnte sich trotzdem ein Ozean gehalten haben, der zusätzlich durch den Zerfall schwerer Elemente gewärmt wird. Ganymeds und Europas Bahnen liegen zwischen denen von Io und Callisto und sollten daher genau das richtige Maß an Reibungswärme für die Existenz flüssiger Ozeane erhalten. Die Eisdecke wirkt dann als Isolator, der den Ozean vor der Auskühlung bewahrt.

Auch chemisch erscheinen die Außenbereiche von Sonnensystemen für die Entstehung von Leben als durchaus aussichtsreich. Bei der Entstehung des Sonnensystems war es für leichte Elemente wie Kohlenstoff, Sauerstoff, Stickstoff und Schwefel im Zentrum zu heiß, um in größeren Mengen in die inneren Planeten integriert zu werden. Der größte Teil des Wassers auf der Erde wurde beispielsweise »nachträglich« durch Eiskometen aus den äußeren Bereichen des Sonnensystems zur Erde transportiert. Die Monde von Jupiter, Saturn und Neptun hätten die für Leben notwendige Chemie dagegen von vornherein zur Verfügung gehabt.

Um genauer herauszufinden, was auf und in diesen Monden vor sich geht, kann man mithilfe von Sonden und Teleskopen verschiedene Beobachtungen kombinieren. Strahlung, die von der Oberfläche der Monde zurückgeworfen wird, enthält Informationen über deren chemische Zusammensetzung. Der Mond Europa beispielsweise zeigt nicht nur diejenigen Signaturen von Wasser, sondern auch andere, die auf die Existenz von Salzen hinweisen könnten – die vermutlich aus dem Ozean nach oben an die Oberfläche befördert wurden. Indem man das von einem Mond hervorgerufene Gravitationsfeld ausmisst, kann man nicht nur seine Dichte bestimmen (die etwa darauf hinweist, wie groß dessen Gesteinsanteil ist), sondern auch dessen inneren Aufbau. Das Schwerefeld von Europa, das zwischen 1995 und 2003 von der Galileo-Sonde ausgemessen wurde, passt demnach mit einem Modell zusammen, in dem Europa einen eisenreichen Kern besitzt, darüber einen Gesteinsmantel und darüber einen 100 bis 200 Kilometer tiefen Ozean. Dieses Modell wurde auch durch Messungen des Magnetfelds des Mondes bestätigt. Dessen Existenz und die Art und Weise, wie es auf das Magnetfeld des Heimatplaneten Jupiter reagiert, legt ebenfalls nahe, dass sich unter Europas Eis ein salziger Ozean befindet. Mit anderen Worten: eine Umgebung, die für die Entstehung von Leben alle notwendigen Zutaten – komplexe Chemie, Wasser, Energie, eine mineralische Oberfläche, stabile Bedingungen – mitbringen sollte.

Zur Inspiration einer Vorstellung davon, wie solches Leben aussehen könnte, kann man sich unsere irdischen Ozeane anschauen, deren tiefste Stellen nach wie vor viele Geheimnisse bergen. Hydrothermale Quellen liefern dort einen eindrucksvollen Einblick in fremdartige, chemisch reichhaltige Ökosysteme. Heißes Wasser, in dem verschiedenste chemische Stoffe gelöst sind, tritt hier durch Risse im Meeresboden und bildet eindrucksvolle mineralische »Schornsteine«. Mikroben haben gelernt, sich aus der Chemie dieser heißen Quellen zu ernähren: Chemosynthese tritt hier in tiefster Dunkelheit an die Stelle von Fotosynthese. Die Mikroben stehen an unterster Stelle einer komplexen Nahrungskette, die den Grund des Meeres mit Kreaturen bevölkert, deren Existenz uns Menschen lange Zeit verschlossen blieb.

Anders als bei potenziell belebten Exoplaneten, deren Atmosphären man nach Biosignaturen absuchen kann, ist der Nachweis ozeanischen Lebens auf fernen Eismonden allerdings sehr viel schwieriger – es ist nicht zu erwarten, dass dieses Leben einen weithin sichtbaren Einfluss auf die Oberfläche seines heimatlichen Himmelskörpers ausüben würde. Zumindest in unserem Sonnensystem steht es uns aber offen, mithilfe von Sonden auf direktem Weg nach Spuren von Leben zu suchen. NASA und ESA planen für die kommenden Jahrzehnte Missionen ins äußere Sonnensystem, 2026 will die NASA die Sonde »Dragonfly« starten und damit 2034 auf dem Saturnmond Titan landen, der geplante »Europa Clipper« der NASA wird etwas später die Oberfläche des Jupitermonds Europa erkunden. Die ESA plant derweil mit der »Juice«-Mission, die 2022 starten soll, eine umfangreiche Untersuchung der Jupitermonde Ganymed, Callisto und Europa. Nächste Schritte, die derzeit noch im Stadium der Beantragung stecken, wären eine Landung auf Europa oder Enceladus bis Anfang der 2030er-Jahre und schließlich der direkte Eintritt per Sonde in einen Ozean im Folgejahrzehnt.[4]

Warum hören wir nichts?

Man kann aus alldem zweierlei folgern: Zum einen stehen die Aussichten alles andere als schlecht dafür, dass es im Kosmos viele Orte gibt, die all das mitbringen, was die Entstehung von Leben benötigen sollte. Zum anderen wissen wir trotzdem nach wie vor nicht, ob wir aus dieser Tatsache auch die Wahrscheinlichkeit der Entstehung fremden Lebens im Kosmos ableiten dürfen. Dem enormen Wissen, das wir über die potenzielle Lebensfreundlichkeit fremder Sonnensysteme im Kosmos in den vergangenen Jahrzehnten erworben haben, steht großes Nichtwissen über den initialen Prozess der Entstehung von Leben und über die mögliche Vielfalt von Lebensformen gegenüber.

Am Beispiel der Erde sehen wir immerhin, dass diese Entstehung offensichtlich möglich ist. Stanley Miller und Harold Urey demonstrierten schon 1953 im Experiment, dass aus verbreiteten Molekülen wie Wasser, Ammoniak und Methan mithilfe elektrischer Entladungen Grundbausteine für Leben wie Aminosäuren geschaffen werden können.[5] Darüber, wie auf der Erde aus diesen Bausteinen Vorformen von RNA und Zellen entstanden sein mögen, gibt es im Wesentlichen zwei verschiedene Theorien: An der Küste eines Urozeans könnten durch die Gezeitenkräfte entstandene Wasserlachen ideale Bedingungen geliefert haben, aus den chemischen Grundbausteinen etwas Komplexeres zu bilden. In diesen Lachen kam es nicht nur zu wiederkehrender chemischer Konzentration durch Austrocknung, es gab auch Kontakt mit mineralischem Untergrund sowie mögliche Anregung durch die ultraviolette Strahlung der Sonne. Alternativ könnten die hydrothermalen Quellen am Grunde des Ozeans die Heimatorte des Lebens sein. Welche Hypothese auch immer stimmt, das treibende Prinzip hinter der Entstehung von Leben könnte die Tatsache sein, dass es dazu beiträgt, die Entropie – die »Unordnung« – in der Umwelt durch Stoffwechselprozesse zu erhöhen. Damit wäre die Entstehung von Leben für die thermodynamische Entropiebilanz des Universums ein günstiges Ereignis.

Wenn das alles aber so relativ einfach und physikalisch sinnvoll wäre, warum haben wir dann noch kein fremdes Leben gefunden? Die kommenden Jahrzehnte mit ihren geplanten wissenschaftlichen Missionen werden die Wahrscheinlichkeit, einfache, möglicherweise auch bereits vergangene[6] Lebensformen zu entdecken, zwar deutlich erhöhen. Aber dennoch hätte man erwartet, dass es – die kosmische Allgegenwart von Leben vorausgesetzt – auch die eine oder andere intelligente Lebensform im All geben könnte, die von sich aus mit uns in Kontakt treten möchte.

Vor 60 Jahren startete der Astronom Frank Drake[7] im Rahmen des Projekts Ozma mithilfe des amerikanischen Green-Bank-Teleskops die erste systematische Suche nach außerirdischen Nachrichten im Bereich von Radiowellenlängen. Seitdem folgten zahlreiche weitere Versuche der Kontaktanbahnung, sowohl passiv empfangend (SETI – Search for Extraterrestrial Intelligence) als auch aktiv sendend (METI – Messaging to Extraterrestrial Intelligence). Bislang ohne Erfolg.

Ist intelligentes Leben also doch einzigartig? Oder wollen die anderen keinen Austausch mit uns, weil sie wissen, dass interkulturelle Begegnungen zwischen Zivilisationen mit sehr verschiedenen Hintergründen oft böse enden? Haben wir bei unseren Kommunikationsversuchen irgendwelche grundlegenden Denkfehler gemacht? Vielleicht weil unsere Vorstellung von fremdem intelligentem Leben ihre anthropomorphen Anteile nach wie vor kaum ablegen kann? Was würden wir mit fremder Intelligenz teilen können? Unser Wissen über die grundlegenden Gesetze der Natur? Die Mathematik, die Arithmetik, zumindest sofern die fremden Wesen einzelne Entitäten ihrer Umgebung individuieren und sie »zählen« könnten? Oder sind auch Wissenschaft und Mathematik wiederum nur tief liegende Spiegelungen unseres menschlichen Selbst in der Komplexität unserer kosmischen Umgebung?

Sicher ist: Die Entdeckung von Mikroben oder einfach erscheinenden Lebewesen auf einem fremden Himmelskörper wäre revolutionär und für das wissenschaftliche Verständnis dessen, was wir Leben nennen, ein Glücksfall. Sie würde philosophischen und theologischen Überlegungen neue Impulse geben, neue Fragen aufwerfen, andere beantworten, aber uns im Kern unseres Selbstbildes doch relativ unerschüttert lassen – es sind ja nur Mikroben. Ob die menschliche Psyche allerdings die Kränkung fremder Intelligenz ertragen würde, ist deutlich fragwürdiger. Das Nachdenken über die Bedingungen der Möglichkeit einer solchen intelligenten fremden Lebensform, das jenseits des Verstehens der naturwissenschaftlichen Voraussetzungen tief in die philosophische Reflexion unserer eigenen Existenz und Weltwahrnehmung hineinführt, deutet zumindest an, wie ungekannt grundlegend diese Kränkung wäre.

Anmerkungen

1 Hans Blumenberg: *Die Vollzähligkeit der Sterne*. Frankfurt am Main 1997, S. 109.

2 Erwin Schrödinger: *Was ist Leben? Die lebende Zelle mit den Augen des Physikers betrachtet*. München, Berlin 1987.

3 Einen Überblicksartikel über aktuelle Studien zu dieser Frage findet man in: Lisa Kaltenegger: »How to Characterize Habitable Worlds and Signs of Life«, in: *Annual Review of Astronomy and Astrophysics* 55 (2017), S. 433–485.

4 Eine entsprechende Forschungsvision des Astrobiologieprogramms der NASA wurde kürzlich vorgestellt in: Samuel M. Howell et al.: »Ocean Worlds Exploration and the Search for Life«, in: *arXiv* 2006.15803.

5 Stanley L. Miller: »A production of amino acids under possible primitive earth conditions«, in: *Science* 117/3046 (1953), S. 528–529.

6 Mögliche Spuren vergangenen Lebens hofft man insbesondere im Zuge kommender Marsmissionen zu finden.

7 Frank Drake war es im Übrigen auch, der anhand der »Drake-Gleichung« die Anzahl kommunikationsfreudiger außerirdischer Zivilisationen mit intelligentem Leben in der Milchstraße abzuschätzen versuchte. Diese ergebe sich als Produkt der Sternentstehungsrate, dem Anteil von Sternen mit Planetensystem, dem Anteil lebensfreundlicher Planeten, dem Anteil von Planeten, die tatsächlich Leben beherbergen, dem Anteil derjenigen mit intelligentem Leben, dem Anteil kommunikationsfreudiger Zivilisationen und deren durchschnittlicher Existenzdauer.

Sabine Haupt
Die geheimen Stimmen der Medusa
Wie Frauen in der Wissenschaft überleben

»Frauen gehören eigentlich nicht in die Wissenschaft.« Wir befinden uns in München, irgendein Juniabend, kurz nach Sonnenuntergang. Die hier zur Debatte stehenden Vorkommnisse sind – ich schwöre bei allen guten, von Logik und Vernunft noch nicht völlig verlassenen Geistern – keine erfundene Horrorgeschichte aus dem Gruselkabinett radikalfeministischer #genderwarriors. Nein, es ist eine ganz normale Alltagsszene aus einem ganz normalen Frauenleben. Wir sitzen zu dritt in einer Küche im Stadtteil Neuhausen-Nymphenburg. Es gibt hier, gleich um die Ecke, einen Springbrunnen, den der Volksmund »Das steinerne Paar« getauft hat, und es gibt einen Schlosspark, in dem die Nationalsozialisten bis kurz vor dem Zweiten Weltkrieg im Hochsommer die »Nacht der Amazonen« feierten. Solche Details erwähne ich nur, um darauf hinzuweisen, dass im vorliegenden Fall gewisse örtliche und historische Zusammenhänge zu berücksichtigen sind.

Ich kenne E. und R. seit über 40 Jahren. Er arbeitet noch immer als Psychoanalytiker, sie als Kindertherapeutin. Es gab eine Zeit, da waren die beiden miteinander verheiratet. Doch irgendwann hatte E. die Sprüche ihres Mannes satt, meistens ging es dabei um Penisneid und Hysterie, dionysische Männer und kastrierende Frauen, um natürliche und widernatürliche Bestimmungen, reife und unreife Orgasmen. Ich will die diskursiven Gräben dieser Analytiker-Ehe jetzt nicht weiter vertiefen, obwohl sie symptomatisch sind für das, worum es mir hier geht. So viel ist jedenfalls sicher: Sein Todestrieb war stärker als ihre Libido. Oder umgekehrt, eins von beiden. Darauf zumindest konnten sie sich einigen.

Doch zurück an den Münchner Küchentisch. Dort geht es jetzt nicht um diese Ehe, es geht um mich. Denn die Wissenschaftlerin, die als Frau nicht in die Wissenschaft gehört, bin ich. R. hockt da und grinst. Ich weiß: Er provoziert. Das macht er gerne. Er ist dafür bei Freunden und Feinden bekannt, man erwartet nichts anderes von ihm. Schon mahnt eine altbekannte, gut trainierte innere Stimme (vermutlich die Kleinhirn-Souffleuse aus der hinteren Schädelgrube): »Lass ihn doch quatschen, er will dich nur aus der Reserve locken!« Stimmt! Er hockt da, grinst und lockt mich aus der Reserve. Wie eine fette Spinne hockt er da, beäugt seine Ex und mich durch dicke, leicht beschlagene Brillengläser. R. ist Ende 60, kryptokatholisch, moderat übergewichtig, bluthochdruckgerötet, vermutlich Diabetes Typ 2.

Mit seinen hellen, etwas schlaffen Händen greift er nach Rotwein und Gläsern, verteilt, schenkt ein, trinkt, schweigt, lauert. Ich weiß: Er kann es nicht lassen. Grenzen und Menschen zu verletzen, das ist seine Leidenschaft. Ich stelle ihn mir vor, Mitte der 1960er-Jahre, er ist 13 oder 14 Jahre alt, gut in Latein und Religion, schlecht in Mathematik und Sport, ein dicker bayerischer Bub vom Land, dem auf dem Gymnasium der Schrobenhausener Dialekt ausgetrieben wird. Brille, Akne und kurze Hosen verstellen die Sicht aufs Leben. Die Mama füttert ihn mit Kuchen und fetten Würsten, er rächt sich an kleinen Tieren und Mädchen mit langen Zöpfen.

Natürlich weiß ich das, jeder weiß es, es ist entsetzlich banal, vielleicht wäre jetzt eine hochmütige Form von Mitleid die adäquate Reaktion. Doch es gelingt nicht. Vor 40 Jahren hätte mich ein solcher Satz augenblicklich verstummen lassen. Im Französischen gibt es für diesen Zustand äußersten Befremdens das Wort »médusé«, was so viel bedeutet wie: erstarrt, völlig verblüfft, vom Medusenblick des anderen versteinert, Schockstarre statt Angriff oder Flucht. Vor 30 Jahren hätte ich wohl eifrig dagegengehalten, argumentiert, wahrscheinlich auch noch vor 20 Jahren. Heute möchte ich nur noch zuschlagen. Und wundere mich. Warum verletzt es mich, wenn ein Mann dieser Generation Frauen das theoretische Denken abspricht, von linken und rechten Hirnhälften schwafelt,

Aristoteles, Schopenhauer, Nietzsche, Weiniger, Möbius und Co. zitiert, ohne die Quelle zu kennen? Der Schwachsinn des Weibes ist weder physiologisch noch kognitiv, weder genetisch noch anatomisch bedingt. Er ist sozial. Das sehen Hedwig Dohm, Simone de Beauvoir, Kate Millet, Alice Schwarzer, Hélène Cixous, Judith Butler, Martha Nussbaum und viele, viele andere genauso. So viel Konstruktivismus kann und muss sein, egal in welcher Welle des Feminismus wir uns gerade befinden.

Ich leide also unter sozialem Schwachsinn, und zwar nicht nur dem gewisser Herren und Menschen wie R., sondern auch an meinem eigenen Schwachsinn, genauer gesagt: dem Unvermögen, in solchen Situationen souverän oder wenigstens verächtlich aufzulachen und das Thema zu wechseln, oder, zweite Möglichkeit: mein Glas zu nehmen und nach draußen, in den stillen, nächtlichen Garten zu gehen, oder aber tatsächlich – ja, wieso eigentlich nicht? – dem Angreifer die Fresse statt empört und nervös die eigenen Brillengläser zu polieren und darüber nachzudenken, wie feine Damen sich strategisch am sinnvollsten verhalten, wenn sie trotz fortgeschrittenen, also durchaus respektablen Alters und einer leidlich erfolgreichen akademischen Karriere im eigenen Leben als fehl am Platz deklariert werden.

Frauen, die sich wehren, gelten als: spröde, überempfindlich, erbittert, frustriert, unbeherrscht, überspannt, unsouverän usw. (die Reihe aller sexistischen Beleidigungen gleicht der Reihe der irrationalen Zahlen, sie ist prinzipiell unbegrenzt). Frauen sollten also humorvoll reagieren, denn schließlich stehen sie drüber. Es bleibt ihnen auch gar nichts anderes übrig, als drüberzustehen, ist doch das »Lachen der Medusa« (Hélène Cixous) ein möglichst feinsinnig-ironisches, vielleicht auch schallendes, auf keinen Fall aber bitteres oder zynisches.

Doch warum kann ich dieser Vorgabe so wenig entsprechen, obwohl ich Feministin und im Großen und Ganzen eine ziemlich feine Dame bin? Warum gelingt es mir nicht, das dumme Geschwätz zu behandeln, als wäre es eine ganz alltägliche Flegelei wie Vorfahrtnehmen oder Gerempel im Bus und in der Warteschlange? Im Experteninterview auf Radio SWR4 empfiehlt ein gewisser Prof. Dr. Glanzmann, unter allen

Umständen die Ruhe zu bewahren. Das Allerwichtigste sei, sich nicht zu ärgern und das rüpelhafte Verhalten des anderen einfach zu ignorieren. Ich zitiere: »Solche Situationen sind unangenehm, aber man sollte ihnen möglichst immer mit Höflichkeit und Humor begegnen, da man ja von Anfang an nicht weiß, was den Rüpel dazu bringt, sich so zu verhalten.« Richtig: Was den betreffenden Rüpel dazu motiviert, andere Menschen zu missachten, ist ziemlich rätselhaft. Doch was unterscheidet R.s Kalendersprüche von einer ganz trivialen Unverschämtheit? Warum ist es für mich ganz und gar unmöglich, Professor Glanzmanns Rat zu befolgen?

Und ich erinnere mich, fast schlagartig, doch ohne konkrete Bilder, es ist eine Form von abstrakter Emotion, ein biografisches Hintergrundrauschen, das in solchen Momenten zu unüberhörbarem Getöse anschwillt. Ich erinnere mich an meine kleinbürgerliche Kindheit, an Großväter und Großmütter, an mahnende und strafende Worte und Blicke der Eltern, der Onkel und Tanten, Nachbarn, Lehrer und Lehrerinnen. Gender-Framing, normative Sozialisationsschübe, die jede Frau aus eigener Erfahrung kennt, aus tausend Sprüchen, Anekdoten, Erzählungen, eigenen Erlebnissen. Sie zu zitieren, wäre müßig. Alle Frauen meiner Generation und älter (doch auch viele jüngere …) kennen sie. Immer ging es dabei um das, was Mädchen nicht können, sollen und dürfen, was eine richtige Frau ausmache und was nicht.

Später dann ähnliche Erfahrungen im Beruf: Demütigungen, Ungerechtigkeiten, Unverschämtheiten, Bevormundungen, Benachteiligungen. Doktorväter, die ihren Doktorandinnen von einer Unikarriere abraten, weil diese sie nicht wirklich »glücklich« mache, Berufungskommissionen, die das »Potenzial« der männlichen Kandidaten beschwören, während sie bei Kandidatinnen mit Kindern die real vorhandene Anzahl der Publikationen bewerten. Die Literaturwissenschaftlerin Christa Bürger, eine Pionierin der feministischen Literaturwissenschaft, hat solche Erlebnisse in ihrer hochinteressanten Biografie Mein Weg durch die Literaturwissenschaft. 1968–1998 auf subtile und unpolemische Weise zusammengetragen, dabei gezeigt, dass Frauen im Wissenschaftsbetrieb auch heute noch einen charismatischen Mentor benötigen, der sich übrigens meist auch als türöffnender Ehemann verwenden lässt, oder aber, wie Christa Bürger selbst, einen gleichaltrigen Verbündeten, mit dem frau ihre Augenhöhe trainieren kann, damit der allgemeine Schwachsinn einem nicht über den Kopf steigt.

Das Dumme am Schwachsinn ist nämlich, dass alle glauben, er sei längst passé, Schnee von gestern. Dabei hat sich dieser Schnee (und das in seiner matschigsten und pappigsten Form!) nur in die Ritzen des Unbewussten verkrochen und verströmt nun von dort aus seine archaische Kälte. Gewissermaßen als glaziale Unterströmung des limbischen Systems. Denn wer würde heute, angesichts einer mit Gleichstellungsbeauftragten geradezu gespickten Verwaltung und der in allen Stellenausschreibungen rituell beteuerten Bevorzugung von Frauen, vermuten, dass die Statistiken dennoch stimmen? Statistiken, laut denen sich der Anteil von Frauen an der ProfessorInnenschaft in den letzten 40 Jahren zwar verzehnfacht hat, konkret: von zwei auf etwas mehr als 20 Prozent, bei diesem Wert nun aber schon seit etlichen Jahren stagniert. In Aufsichtsräten, Konzern-, Schul- und Theaterdirektionen sieht es nicht anders aus. Die berüchtigten gläsernen Decken und leaky Pipelines scheinen nach wie vor voll funktionstüchtig.

Alle wissen es. Man staunt zwar noch ein bisschen, wenn man mal wieder kurz darüber nachdenkt, hat sich aber im Großen und Ganzen, trotz wellenartig aufflammender, rasch wieder verebbender Proteste, an den Gender Gap gewöhnt. Sogar der Wikipedia-Artikel zum Thema »Frauen in der Wissenschaft« erwähnt alle irgend relevanten Aspekte ihrer Benachteiligung: soziale, politische, ideologische, vor allem aber: historische. Es scheint, als hätten die traditionellen biologisch-anatomischen Begründungen keine reale Bedeutung mehr. Hört man sich in einschlägigen Kreisen um, scheint das Thema Gleichberechtigung gegessen: die Luft ist raus, der Hype vorbei, allgemeines Gähnen. Kein halbwegs gebildeter Mann behauptet in offiziellen Gesprächen, Frauen hätten in der Wissenschaft nichts zu suchen. Meine männlichen Kollegen würden eine solche misogyne Voreingenommenheit weit von sich weisen, es sich verbitten, als akademische Paschas dargestellt zu werden. Auch als aufgeklärte, engagierte Ehemänner und Väter vertreten sie selbstverständlich das Ideal eines gleichberechtigten Miteinanders der Geschlechter. Darüber herrscht an den Fakultäten – im Gegensatz zu vielen anderen Themen, beispielsweise Frauenquoten – Konsens.

Woher also meine Wut und Empörung? Ist nicht alles längst in Ordnung? Noch ein bisschen Geduld, und die reale Gleichberechtigung wird kommen. Und zwar, rein statistisch betrachtet, in ziemlich genau 100 Jahren. Das Weltwirtschaftsforum hat die Sache erst kürzlich wieder bis auf drei Stellen hinter dem Komma ausgerechnet. Im »Global Gender Gap Index Ranking« für 2020 steht Deutschland auf Platz 10, hinter Spanien und Ruanda, die Schweiz auf Platz 18, knapp hinter den Philippinen und Südafrika. Was also soll die ganze Aufregung?

Das fragt sich auch meine Kollegin, die feministische Kulturwissenschaftlerin Barbara Vinken, in einem 2010 erschienenen Aufsatz mit dem Titel »Die Intellektuelle: gestern, heute, morgen«: »Bin ich, mit dem Schreiben dieses Artikels befasst, ganz gegen meine Routine auf einmal wieder zu dünnhäutig?« Denn *de iure* sei die Gleichheit der Geschlechter inzwischen ja erreicht, wer dennoch auf die fortbestehenden Ungleichheiten aufmerksam mache, gerate schnell in den Verdacht, eine paranoide Nervensäge zu sein. Dafür, dass noch immer die »Lufthoheit des Geistigen *de facto* bei den Männern« liege, nennt Vinken vier gängige Begründungen: 1) Zufall, 2) Geschichte, 3) Biologie, 4) weibliche Psyche, und sie äußert die Vermutung: »Vielleicht sind ja alle mit der Lage der Dinge ganz zufrieden?«

Vinken meint das nicht wirklich ernst. Doch ich frage mich, was an ihrem Verdacht dran sein könnte. Und zwar nicht nur aufseiten der Männer. Umfragen unter Studentinnen haben gezeigt, dass die alten Geschlechternormen im eigenen Kopf den jungen Frauen bei der Lebens- und Karriereplanung im Wege stehen. Und das nicht nur, wenn es darum geht, sich persönlich etwas zuzutrauen, Herausforderungen anzunehmen, Risiken einzugehen, sondern auch, wenn Frauen andere Frauen beurteilen, wenn sie anderen etwas zutrauen, Kolleginnen, Studentinnen, Bewerberinnen einschätzen, fördern oder behindern. Oftmals hapert es genau an dieser Stelle. Denn wie alle, denen es an realer Handlungsmacht fehlt, neigen Frauen zum Verrat. Und sie verraten nicht nur sich selbst, sondern oft auch die Frauen aus der Peergroup: die Kollegin, Mitschülerin, Schwester.

So fällt bei Konflikten im Fakultätsrat, in Berufungskommissionen oder Verwaltungsgremien immer wieder auf, dass Frauen sich gerne profilieren, indem sie andere, schwächere Frauen kaltstellen. Statt sich an den wahren Machtstrukturen abzuarbeiten, männlichen Entscheidern Paroli zu bieten, verlegt frau den Kampf gerne auf Nebenschauplätze, das heißt auf Bereiche, in denen ein Sieg leichter davonzutragen, dem Image aber mindestens genauso förderlich ist. Da entlässt die Vizerektorin lieber die Pressesprecherin als den Verwaltungschef, die Personalleiterin lieber die Buchhalterin als den Hausmeister. »Seht her, liebe männliche Kollegen«, sagt beispielsweise die einzige Frau in einer zehnköpfigen Berufungskommission, »ich bin wissenschaftlich objektiv: Weibliche Kandidaten bekommen bei mir keine Sonderbehandlung.«

Solcher Opportunismus hat zwei zentrale Gründe. Erstens: Erfolgreiche Frauen wähnen sich als Ausnahme, als Auserwählte. Schon Germaine de Staël glaubte – als weiblicher Mittelpunkt diverser intellektueller Gesprächszirkel – an die Einzigartigkeit ihrer Emanzipation. Heute finden sich unter den Gegnern von Frauenquoten an Universitäten und in Aufsichtsräten nicht nur konservative Männer, sondern häufig gerade auch Frauen, die »es« geschafft haben. Der zweite Grund ist noch vertrackter. Hier funktioniert der Verrat an anderen Frauen nach dem Motto: Was ich mir nicht zutraue, traue ich auch keiner anderen zu. Der eigene Mangel an Selbstbewusstsein wird auf andere Frauen projiziert. Hinzu kommt manchmal noch eine von Neid auf Erfolgreichere gesteuerte Furcht, der eigene Misserfolg sei womöglich gar nicht die Folge der systematischen Frauendiskriminierung. Dass andere Frauen etwas schaffen, was ihnen selbst verwehrt ist, bedeutet gerade für politisch wenig reflektierte Frauen eine ganz besondere Demütigung, woraus sie dann den Schluss ziehen: Wenn ich es schon nicht schaffe, dann soll wenigstens ein Mann und keine Frau das Rennen machen. Männer wissen das, spielen Frauen gerne auch gegeneinander aus, um sich anschließend in der Kantine über die »Stutenbissigkeit« der Kolleginnen lustig zu machen. Eine bissige Stute zu sein, das ist in der Taxonomie der Tiernamengeber aber immer noch besser als eine blöde Ziege, ein dummes Huhn, eine graue Maus oder eine hysterische Kuh.

Wie aber konnte es überhaupt so weit kommen? Hatte nicht Friedrich Schlegel schon 1799 in seinem Romanfragment Lucinde die Vision des Rollentauschs als »Allegorie auf die Vollendung des Männlichen und Weiblichen zur vollen ganzen Menschheit«? Was ist passiert seit jenem Brief seiner Schwägerin Caroline Schlegel, in dem diese im selben Jahr ihrer Tochter Auguste Böhmer berichtet, im Jenaer Freundeskreis sei man beim Vortrag von Schillers vaterländischen Heimchen-am-Herd-Ballade »Die Glocke« fast von den Stühlen gefallen vor Lachen? Warum konnte diese Einstellung sich im 19. Jahrhundert nicht weiter entfalten, verbreiten und durchsetzen? Wieso kam George Sand schon 1832 nur noch in Männerkleidung und mit einer offiziellen »Permission de travestissement« ins Theater oder in intellektuelle Gesprächskreise? Warum musste Hedwig Dohm sich Ende des 19. Jahrhunderts in ihren ebenso brillanten wie scharfzüngigen Essays (unter anderem in ihrer Schrift: *Die wissenschaftliche Emancipation der Frauen*) noch immer und schon wieder gegen Aristoteles' Verdikt, die Frau sei nichts als ein missratener Mann, wehren, sowie gegen Schopenhauer, Nietzsche und eine ganze Riege an heute vergessenen Ärzten, Philosophieprofessoren, einflussreichen Präsidenten illustrer Akademien und gelehriger Gesellschaften, die damals vehement gegen Frauenstudium und Frauenwahlrecht Stimmung machten? Warum dröhnen die restaurativen Glocken des 19. Jahrhunderts mit all ihrem reaktionären Klimbim bis heute in so vielen Köpfen? Gerade Intellektuelle und Wissenschaftler sollten doch lange schon eines Besseren belehrt worden sein. Ich erinnere in diesem Zusammenhang nur zu gerne an die sarkastische Bemerkung von Bertrand Russel: »Aristoteles beharrte darauf, dass Frauen weniger Zähne hätten als Männer. Obwohl er zweimal verheiratet war, kam er nie auf den Gedanken, seine Behauptung anhand einer Untersuchung der Münder seiner Frauen zu überprüfen.«

Eigentlich wäre damit alles gesagt: Weniger Zähne und mehr Haar, weniger Verstand, dafür mehr Gefühl. Differenz und (unsymmetrische …) Komplementarität sind die zentralen Strukturen der sexistischen Ideologie. Feministische Theoretikerinnen analysieren solche diskursiven Konstrukte seit über 150 Jahren. Die Frau als »Kaleidoscop« und »Potpourri der allerentgegengesetztesten Eigenschaften« (Hedwig Dohm), als das »andere« Geschlecht (Simone de Beauvoir), als »Metapher des Metonymischen« (Sigrid Weigel), als Blaupause für das, was der Mann nicht sein will und bei seiner imaginären Identitätsbildung abspaltet.

Vollständig lautet der Satz meines Münchner Bekannten demnach: »Frauen gehören nicht in die Wissenschaft, weil dort ja schon die Männer sind.« Er hätte auch sagen können: Du besitzt gar keine Zähne,« weil ich ja schon selbst den Mund voller Zähne habe. Das ist eine typische *Conclusio ex negativo*. Hätte er gesagt: »Frauen gehören an den Herd«, wäre das viel zu leicht zu widerlegen gewesen. Denn dort tummeln sich heute die Fernsehköche. Die drei großen K: Küche, Kirche, Kinder, sind, um das viel zitierte Motto aus den Annalen der kleinbürgerlichen Nachkriegszeit zu bemühen, keineswegs mehr typisch weibliche Domänen. Sobald es um deren kulturelle, wissenschaftliche, theoretische, institutionelle oder künstlerische Nobilitierung geht, also um Diskurse, Geld und Macht, treten Frauen bescheiden in den Hintergrund. Es ist taktisch und rhetorisch also zielführender, Frauen zu beschränken, indem man vorschreibt, wohin sie *nicht* gehören, als wohin sie gehören.

Und um beim Eigentlichen zu bleiben: Eigentlich müsste ich ihm dankbar sein, ja gewiss: Eigentlich bin ich R. zu Dank verpflichtet, auch wenn mir das erst jetzt so ganz und tief eigentlich bewusst wird. Denn er hat die Klappe aufgemacht, die zu den Kellern des Unbewussten führt, hat laut gesagt, was viele nur leise denken. Schließlich sind solche Machosätze aus der Werkzeugkiste des Steinzeitflegels seit etlichen Jahrzehnten verpönt. Schon Ingeborg Bachmann zitierte 1972 mit ungläubigem Staunen den gewiss nicht von ihr erfundenen Satz, intelligente Frauen seien »zum Erbrechen«, keine echten Frauen. Es ist gut, ab und zu daran erinnert zu werden, dass diese Sprüche unterirdisch noch immer zirkulieren, fix und fertige Instantsprüche, die wie schlecht umhüllte Giftkapseln funktionieren. Sobald sie an die Oberfläche ploppen, verbindet sich ihr hoch dosierter Inhalt mühelos mit anderen kaum fassbaren Schadstoffen. Zum Beispiel mit dem Gift der leisen Gedanken. Auch der eigenen. Damit meine ich die leisen und sehr heimlichen, meist gut unter Verschluss gehaltenen Bewohner intimster Innenräume. Denn es gibt dort – und jetzt mache ich die Schlangengrube der eigenen Gedankenwelt mehr als nur einen Spalt auf – ja nicht nur die schon erwähnte Kleinhirn-Souffleuse, die zu mehr Souveränität und Selbstkontrolle gemahnt, sondern eine ganze Vielzahl von Stimmen, deren Chorgeflüster allerdings eher zur Kakophonie denn zur Polyphonie tendiert. Darunter das Gackern der Turboglucke, die den Viersterne-Mutterorden für das höchste Lebensziel hält. Oder das Miauen und Stöhnen des Neandertalweibchens, das sich klammheimlich nach dem feurigen Atem wilder Kerle verzehrt.

Auch zu R.s reißerischem Sprüchlein gibt es in diesem Chor das passende Echo: Es ist eine sehr leise, etwas heisere Mädchenstimme. Eine, die klein beigibt, verzichtet, kapituliert. Eine Art Milgram-Effekt der weiblichen Sozialisation: Wenn alle und alles darauf hindeuten, dass weibliche Menschen minderbegabt sind, wie kann ich dann wissen, dass sie nicht doch recht haben, auch wenn mein eigenes Empfinden dem täglich widerspricht? Wohlgemerkt: mein Empfinden. Denn das Erleben scheint ja nur zu oft den anderen zuzustimmen, mittels klassisch tautologischem Zirkelschluss zu bestätigen, dass Frauen nicht in die Wissenschaft gehören: Weil sie nicht in die Wissenschaft gehören, bekommen sie dort keinen Platz. Dass sie dort keinen Platz haben, belegt wiederum die Prämisse, dass sie dort nicht hingehören. *Quod erat demonstrandum.*

Was aber könnte helfen? Was außer Geduld und Utopien wie die folgende von Hedwig Dohm aus dem Jahr 1876: »Aus der Zukunft aber, einer fernen vielleicht, wenn der freien Entwicklung des Weibes keine Schranke mehr gesetzt ist, wird ein Geschlecht emporblühen, dessen Herrlichkeit wir heute kaum ahnen, ein Geschlecht voll Schönheit und Grazie, voll Kraft und Intelligenz, denn schließlich bleibt die Natur immer Siegerin, weil sie eins ist mit der Wahrheit und unzerstörbar.« Ja, was könnte helfen, diese Vision zu befördern? Darüber denke ich seit Jahrzehnten nach. Doch ich weiß bis heute nur so viel: Die Antwort hat auch mit den geheimen Stimmen zu tun, mit den Einflüsterungen aus den hinteren Schädelgruben, vor allem mit den Botschaften der heiseren Mädchenstimme. Wer Visionen hat und Stimmen hört, kann natürlich, wie sattsam bekannte Frauenförderer einst rieten, zum Arzt gehen. Möglich wäre aber auch, erst einmal etwas genauer hinzusehen und zuzuhören, um die Diagnose zu verbessern. Denn Heiserkeit entsteht ja nicht nur, wenn Schreiknötchen die Stimmbänder belasten, sondern auch als Nebenwirkung einer allzu robusten Knebelung.

Marlene Müller-Brandeck

Für andere leben

Möglichkeitsräume aktueller Care-Arbeit

Eine Mutter fesselt ihre drei Söhne, tapt ihnen den Mund zu, reiht sie nebeneinander auf dem Boden auf. Endlich kann sie sich auf ihre Arbeit im Homeoffice konzentrieren. Während des Lockdowns hat diese Karikatur sicher für manches Schmunzeln bei gestressten Eltern gesorgt. Genauso wie für blanke Empörung: Eltern hätten sich schließlich selbst ausgesucht, Kinder zu bekommen, wie könnten sie sich nun darüber beschweren, wenn ihre Kinder den ganzen Tag zu Hause seien und sie Zeit mit ihnen verbringen müssten? Schließlich sei es die Aufgabe von Eltern, sich um ihre Kinder zu kümmern!

Die Corona-Pandemie hat noch einmal mit Nachdruck deutlich gemacht, mit welchen Konfrontationen und Unzulänglichkeiten familiäre Gefüge konfrontiert sind. Besonders der Umstand, die strukturierte Verteilung von An- und Abwesenheit durch Arbeit und Kindergarten plötzlich aufgebrochen zu sehen und sowohl der Erwerbs- als auch der Care-Arbeit zur gleichen Zeit am gleichen Ort gerecht werden zu müssen, hat viele Eltern – aber auch viele Kinder – an ihre Grenzen gebracht. Fokussiert man allerdings die grundlegenden Probleme und Herausforderungen der Care-Arbeit, so hat die durch Corona veränderte Situation eine breite Öffentlichkeit für das grundlegende Paradox auf dem Care-Gebiet sensibilisiert, das sich auch durch andere Bereiche der Fürsorgearbeit zieht: Ob Kindererziehung, Altenpflege oder Palliativbetreuung, Care-Arbeit steht immer im Ruf, »so einfach« geleistet werden zu können, und beweist sich in unserer modernen Gesellschaft gleichzeitig als diejenige Arbeit am und mit dem Mitmenschen, die unter größten

Belastungen stattfindet. Care-Arbeit ist überlebenswichtige soziale Interaktion, ist Fürsorgearbeit, deren Orientierungsmaßstab die Bedürfnisse des anderen sind, darf aber gleichzeitig keine Arbeit sein, die die ohnehin gegebene Asymmetrie zwischen »care receiver« und »care giver« so sehr verstärkt, dass die Belastung für Letztgenannten zu groß wird. Fürsorgearbeit beinhaltet das Paradox, nur dann optimal für andere sorgen zu können, wenn man für sich selbst am besten sorgt. Sie braucht Struktur, darf aber nicht nach Stundenplan ablaufen. Sie muss die richtige Balance finden zwischen eigener Bedürfnisbefriedigung und Bedürfnisbefriedigung des anderen. Sie muss Bedürfniskoordination sein, die trotzdem Platz für das lässt, was passiert, wenn Menschen mit Menschen zusammenkommen: Unwägbarkeiten, Kontingenzen, Irrationalitäten, unvorhergesehene Wünsche. Aus dieser Feststellung ergibt sich vor allem die Frage nach Professionalisierungs- und Qualitätskriterien – besonders im Bereich der beruflichen Care-Arbeit. Wobei ein Vergleich zwischen privat geleisteter und institutionalisierter Fürsorgearbeit durchaus bereichernd sein kann: Welche Parallelen eröffnen sich in der Bedürfnisorientierung? Wo liegen die Grenzen der Bedürfnisbefriedigung? Wie kann ein strukturiertes Chaos den Rahmen dafür liefern, dass Fürsorgearbeit vor allem Bereicherung, weniger Belastung ist?

Familien-Care – Palliativ-Care

Die Gegenüberstellung von Care-Arbeit in der Familie und in der Palliativversorgung drängt sich nicht sofort auf. Auch deshalb, weil häufig nicht eindeutig ist, was der Gegenstand der Care-Arbeit eigentlich umfasst. In Soziologie und Philosophie hat man sich eingehend mit dem Charakter der Handlungen auseinandergesetzt, die Care heißen sollen, und auch in empirischer Forschung wurden allerlei Fragestellungen erarbeitet, die den Begriff der Fürsorgearbeit schärfen sollen. Während Care-Arbeit zunächst alle Tätigkeiten umfasst, die das Betreuen, das Versorgen, das Sichkümmern um andere Menschen einschließen, sind sich vor allem die wissenschaftlichen Untersuchungen der vergangenen Jahre einig geworden, dass Care vor allem durch *ein* Charakteristikum gekennzeichnet ist und sich durch dieses von anderen Interaktionshandlungen abgrenzt: die Orientierung an den Bedürfnissen anderer. Oftmals wird diese Bedürfnisorientierung auch anders betitelt, etwa als eine Bezugnahme auf andere Menschen, die Interdependenz von Menschen untereinander, eine Beziehung von Menschen zueinander, ihre Angewiesenheit aufeinander, aber dennoch: Im Zentrum steht der Kerngedanke, dass eine Handlung dann Care ist, wenn sie aus den Bedürfnissen des anderen heraus motiviert ist.

Dieses Kriterium trifft sowohl in der Familie wie auch bei Patienten in der Palliativpflege zu, womit eine Gegenüberstellung doch hilfreich sein kann. Care-Arbeit in Bezug auf Kinder und Palliativpatienten überschneidet sich vor allem in einem Punkt, nämlich in der Relevanz des Gegenwärtigen, des Augenblicks: Kinder haben noch nicht gelernt, wie das Leben sich in den Bahnen von Routine und Pflicht gegenüber Vergnügen und Freizeit strukturiert. Ihre Bedürfnisse entfalten unmittelbare Dringlichkeit im Hier und Jetzt. Ein Verschieben auf später scheint unmöglich. Bei den Patienten auf Palliativstationen oder Hospizen ist ein Verschieben tatsächlich unmöglich. Auch ihre Bedürfnisse sind absolut gegenwärtig relevant. Bedürfnisorientierung ist somit das Kriterium, überhaupt Care-Arbeit zu leisten, gleichzeitig definiert sich in diesem Aspekt mit, dass Care niemals »abgeleistet« sein wird. Ist ein Bedürfnis gestillt, ergibt sich sofort das nächste. Das Kind will zuerst ein Bilderbuch durchsehen, danach schaukeln und dann sofort Ball spielen, ein Lied singen, etwas basteln. Seine Schwester will zuerst singen, dann schaukeln und danach erst durchs Bilderbuch blättern. Die Pflegekräfte auf Station sind ebenfalls mit der Gleichzeitigkeit unterschiedlicher Bedürfnisse konfrontiert. Häufig werden die Wünsche nicht nur von den Patienten, sondern auch von deren Angehörigen an die Fürsorgeleistenden herangetragen, zumindest ist es ein Spezifikum der Palliativpflege, dass auch die Wünsche der Angehörigen Gehör finden sollen: Ein Stück Kuchen und eine Tasse Kaffee stehen dem Wunsch eines anderen

Patienten gegenüber, bitte das Fenster zu schließen, während der Pfleger dem nachkommt, ruft ihn sein Pieper in ein anderes Zimmer. Ob die Patientin dort wohl Schmerzen hat, die dringend gestillt werden müssen? Das Aufeinandertreffen mehrerer Personen und ihrer Care-Bedürfnisse zwingt die Pflegekräfte, zu priorisieren und abzuwägen, wem sie sich zuerst zuwenden. Von außen betrachtet erscheint das vielleicht nicht als erhebliches Hindernis. Im Unterschied zur familialen Konstellation jedoch können Pflegekräfte, die dem Ideal der Bedürfnisorientierung verpflichtet sind, geäußerte Bedürfnisse nicht ohne Weiteres ablehnen. Sie sehen sich dazu verpflichtet, sich zu jedem Bedürfnis zu verhalten. Anders als in der Familie, in der auch die Ablehnung von Bedürfnissen eine wichtige Aufgabe erfüllt: die Kinder zu erziehen.

Während Ablehnung also nicht (oder zumindest nicht ohne Weiteres) möglich ist, müssen Pflegekräfte nach Dringlichkeit priorisieren und sehen sich dadurch gleich mit der nächsten Herausforderung konfrontiert, die innerhalb der familialen Strukturen wiederum ähnlich ist: Care-Arbeit ist auf eigentümliche Art entgrenzt, denn den »care givers« steht es nicht frei, die Bedürfnisse ausgewählter Kinder beziehungsweise einzelner Gäste oder Bewohner anderen vorzuziehen oder ihr Desinteresse an manchen anderen Gästen zu äußern: Alle Bedürfnisse entfalten für ihre Care-Arbeit gleichwertige Relevanz. Besondere Relevanz darüber hinaus, da sich das Interesse der Mediziner an diesen Patienten längst verloren hat. Die Gäste in palliativen Einrichtungen sind »austherapiert«, Ärzte haben alles getan, was ihre Profession anzubieten hatte, und können nur noch für Schmerzlinderung sorgen. Während für Ärzte an diesem Punkt alles gesagt ist, werden jetzt diejenigen ausgesprochen wichtig, die sich weiter mit den Patienten beschäftigen werden. Denn nur weil der palliative Status feststeht, findet immerhin noch ein Weiterleben statt. Die Patienten werden nicht überleben – niemand von uns wird überleben –, aber sie leben weiter, sie sind Menschen und wollen versorgt werden. Auch wenn den Patienten gesagt wurde, dass sie sterben werden, dass ihr Tod unausweichlich nah bevorsteht, setzt bei vielen die irrationale Hoffnung ein, doch noch zu überleben, oder sie hegen insgeheim den Wunsch, gar nicht sterben zu müssen. Nachdem die Medizin, salopp gesagt, ihr Interesse an den Sterbenden verloren hat, sind es die Care-Leistenden in Hospizen und auf Palliativstationen, die sich dem würdigen Weiterleben der Patienten weiter annehmen. Die Denktradition aus der Hospizbewegung will nicht ein irgendwie geartetes Standardüberleben ermöglichen, sondern sich so viel wie möglich um das Erleben und die Lebensqualität kümmern. Es sollen nicht bloß die Grundbedürfnisse der Sterbenden gestillt werden, sondern auch darüber hinaus soll für ein möglichst hohes Maß an Lebenszufriedenheit in der letzten Lebensphase gesorgt werden: Den Tagen mehr Leben geben, nicht dem Leben mehr Tage – das Credo der Begründerin der modernen Hospizbewegung, Cicely Saunders, gilt nach wie vor. In der Praxis muss dieser Vorsatz dann vor allem von den Pflegekräften umgesetzt werden, die am engsten in Kontakt mit den Gästen und ihren Angehörigen stehen.

Viele Sterbende sind bei klarem Verstand, können über ihre Wünsche und Ängste sprechen, sind lediglich mit einem Körper konfrontiert, der ihrem Wollen nicht mehr nachkommen kann. Für die Pflegekräfte entstehen daraus Care-Aufgaben, die weit über das hinausgehen, was sie in ihrer pflegerischen Ausbildung gelernt haben. Wundversorgung, Waschen und Hilfe beim Essen reichen längst nicht aus, den Ansprüchen gerecht zu werden. Palliative Einrichtungen stellen, nachdem die medizinische Betreuung aus dem Fokus geraten ist, die Pflege ins Zentrum der Organisation. Care-Aufgaben stehen im Mittelpunkt in diesen Organisationen, auch wenn viele andere Professionen an der Begleitung der Sterbenden beteiligt sind. Besonders Hospize zeichnen sich durch eine Organisationsstruktur aus, die von großer Offenheit geprägt ist. Es erscheint schon fast zu viel, überhaupt von einer Struktur zu sprechen, denn die Pflegekräfte sehen sich mit der Aufgabe konfrontiert, ihre Arbeitsabläufe selbst zu strukturieren. Ihnen werden nur Dienstzeiten vorgegeben, ansonsten wird es ihnen überlassen, die alltäglich anfallenden Tätigkeiten zu priorisieren, zuzuteilen und zu organisieren.

Wie also prozessieren, was nur schwer zu prozessieren ist? Wie schafft man Ordnung, gibt einem Gefüge eine Struktur, das unkoordiniert und unorganisiert ist? Interaktionen zwischen Menschen, also auch Situationen in der Care-Arbeit, sind immer geprägt von Unterbrechungen, Unklarheiten, Unkoordiniertheit – Überforderung. Im Unterschied zur Mutter in der Karikatur zu Beginn können Pflegekräfte ihre »care receivers« jedoch nicht einfach »ruhigstellen«. Das unterscheidet eine Karikatur vom echten Leben: Die Care-Arbeit im professionellen Umfeld findet auf Augenhöhe statt – oder sollte das zumindest –, und damit gibt es nicht die Möglichkeit, die Bedürfnisse der »care receivers« einfach abzustellen. Anders als die Pflegekräfte auf Station sind Eltern dagegen immer im »Dienst«.

Damit sich Fürsorgearbeit auf institutioneller Basis also bereichernd und sinnerfüllend für beide Seiten darstellt, bedarf es einer professionalisierten Bedürfniskoordination, es bedarf Qualitätskriterien, die sich in erster Linie auf die »care receivers« beziehen, die aber das Überleben der »care givers« genauso in Rechnung stellen. Bedürfnisorientierung am anderen ist nicht gleichzusetzen mit der eigenen Bedürfnisvergessenheit. Wo Familien-Care mit einem Machtwort endet, beginnt für die Care-Arbeit in professionellem Rahmen erst die Leistung, Leben, Komplexität und Chaos zu managen.

Struktur statt Standardisierung

Pflegekräfte sind darauf angewiesen, die Bedürfnisse der Gäste und Angehörigen so zu beantworten, wie es ihnen in den jeweiligen Organisationen möglich ist. Auch wenn sich Hospize und Palliativstationen durch eine offene Organisationsstruktur auszeichnen, steht es ihnen nicht frei, *alles* zu tun, wonach verlangt wird – die Bedürfniskoordination muss organisationskonform erfolgen. Anders ausgedrückt: Bedürfnisse werden dann bearbeitet, wenn sie den Pflegekräften nicht zu viel abverlangen und sie sich im Rahmen dessen abspielen, womit die Organisation rechnen kann. Auch in der »Organisation« Familie wird Überforderung häufig dann vorgebeugt, wenn Eltern den Alltag strukturieren, dem Gefüge Regeln verleihen, nach denen auch hier die Bedürfniskoordination abläuft.

In der Palliativversorgung gibt es vor allem ein Bedürfnis, das quer zu allen nur denkbaren Mitteln der Versorgung steht: das Bedürfnis der Sterbenden, *nicht* sterben zu müssen. Auch die Angehörigen hegen diesen Wunsch. Kein Mensch möchte einen anderen Nahestehenden verlieren. Die Erfüllung dieses einen zentralen Wunsches liegt natürlich nicht in der Macht der Pflege, und doch offenbart sich in der Palliativversorgung die ganze Kraft, die Pflege entfalten kann: Die Semantik der menschlichen Sorge umfasst das Gefühl der Bedrohung, die vom eigenen Tod, dem Wissen um die eigene Endlichkeit herrührt. Und auch wenn diese Sorge nie aufgefangen werden kann, ist gute Pflege ein Mittel, mit der Sorge »gut« leben zu können, weiterzuleben, so lange zu überleben, bis das Leben endet. Im Grunde genommen stützen Pflegekräfte ihre Care-Arbeit also auf Ersatzhandlungen für dieses eine angstgetriebene Bedürfnis des Allgemeinmenschlichen, das nicht erfüllt werden kann. In der Pflege spiegelt sich das Chaos im wörtlichen Sinne wider, blitzt die Abwesenheit auf, die wir Tod nennen, greift die unendliche Leere des Raumes ins Leben hinein – und wird doch im trubeligen Alltag der Pflege auf eine Weise aufgefangen, die das Weiterleben erleichtert.

Fernab dieses grundlegend Chaotischen will auch das Alltagschaos in der Pflege professionell und qualitativ hochwertig und für die Angehörigen transparent und nachvollziehbar geregelt sein. Um mit den komplexen Anforderungen umzugehen, die an die Pflege gerichtet werden, steht ein ganz bestimmtes Repertoire an Mitteln zur Verfügung, das jedem der Gäste auf Station ein Gefühl der Individualität vermitteln soll. Strukturierung statt Standardisierung. Care-Arbeitende in der Pflege haben die Aufgabe, sich an den Gästen zu orientieren und zu interpretieren, was diese sich wünschen könnten. Es können auch bestimmte Persönlichkeitsmerkmale herausgegriffen werden, an denen sich die Care-Arbeit orientiert. Hat jemand eine Vorliebe für Musik auch in jungen Jahren gehabt, werden die Pflegekräfte darauf zurückgreifen und diese Information für sie zu sinnhafter und organisationskonformer Bedürfnisorientierung verwenden. Genauso, wenn jemand in seinem Beruf als Konditor aufging oder leidenschaftlich gerne malt.

Um Chaos entgegenzuwirken, versuchen »care givers«, die einzelne Person, den Charakter anzusteuern, den sie in den Gästen oder Angehörigen wahrnehmen. Sie knüpfen dabei an die Struktur aus dem »normalen« Leben der Gäste an und versuchen, wichtige Lebensthemen auch im Sterben wieder aufzugreifen. Dabei erstellen sie sich Konzeptionen des Menschen, wie sie ihn in den relativ kurzen Verweildauern im Hospiz kennengelernt haben, und betonen die Aspekte der Person, die kompatibel mit den Angeboten der Organisation sind. Natürlich kann hier nie die ganze Person abgebildet werden, es verbirgt sich immer mehr hinter dem, was die Pflegekräfte sehen können.

Obwohl die Pflegekräfte es sich zur Aufgabe gemacht haben, ihre Arbeit an den Bedürfnissen der Gäste auszurichten, gelangen sie darin von Zeit zu Zeit an ihre Grenzen. Zum Beispiel, wenn Gäste bestimmte Bedürfnisse oder Wünsche unverhältnismäßig oft äußern. Oder wenn Gäste oder Angehörige rein konsumorientierte Wünsche hegen. Diese Bedürfnisse werden von den Care-Leistenden dann oft abgelehnt, weil sie darin keine »echten« Bedürfnisse vermuten, für die sie sich zuständig sehen.

Die Pflege muss also beständig eine Kongruenz zwischen dem herstellen, was die Gäste wollen, und dem, was die Care-Arbeitenden anbieten können. Über die Qualitätssicherung zwischen den Einsatzschichten beziehungsweise rund um die Uhr wird in der Öffentlichkeit eine vitale Debatte geführt. Qualitätsmaßstäbe, Schulungen, Ablaufbögen, Übergabeprotokolle werden immer neu geprüft, eingesetzt und überarbeitet. Vor allem das Übergabeprotokoll hat eine wichtige Funktion in der Qualitätssicherung und ist zwischenzeitlich zu einem Standardinstrument guter, bedürfniskoordinierender Pflege geworden. Je präziser dieser Standard gehandhabt wird, desto strukturierter und damit lebenswerter der Alltag für die Gäste, weil durch die Übergabe das Koordinieren leichter wird. In diesen Übergaben werden nicht nur die Krankheitsverläufe und der gesundheitliche Zustand der Gäste detailliert berichtet und diskutiert, sondern wird auch besprochen, in welchem Gemütszustand sie sind, wie viel Besuch sie bekommen, was sie erzählen oder welche Wünsche sie geäußert haben. Um eine Struktur in den Alltag zu bringen, muss jeder Care-Leistende ein Interesse daran haben, möglichst genau darüber aufgeklärt zu werden, was andere »care givers« mit den Gästen erlebt haben. Keine der Pflegekräfte kann vorhersehen, was in einer anderen Schicht geschehen wird, denn das je Spezifische an der Care-Arbeit entsteht in der Praxis – im Alltagsleben – selbst. Die Pflegekräfte sind daher darauf angewiesen, im Nachhinein über das Geschehene informiert zu werden, nicht nur, um Wissenslücken zu schließen, sondern auch, um je spezifisch auf die Gäste reagieren zu können. Für die Pflegekräfte ist klar: Standard und Routinen stünden dem »guten« Überleben in diesem Bereich der Care-Arbeit massiv entgegen. Mancher Pflegedienstleiter beschreibt, dass eine Sterbebegleitung nur dann möglich wird und würdig abläuft, wenn sich die Gäste der Alltäglichkeit mancher Ereignisse gar nicht bewusst werden. Idealerweise sollte jedes Ereignis zur Besonderheit werden und sollten die Pflegekräfte mit voller Aufmerksamkeit und Präsenz in den Kontakt mit den Gästen treten. Dabei könnte gerade Routine eine große Entlastung für die Pflegekräfte sein, denn sie würde ihnen ermöglichen, weniger Ressourcen auf die Koordination ihrer Care-Aufgaben zu verwenden und gewissermaßen doch »Dienst nach Vorschrift« zu leisten.

Strukturierte Unstruktur

Care als Arbeit am Überleben entfaltet, wie wir gesehen haben, ganz eigene Herausforderungen: Immer balancierend zwischen Bereicherung und Überforderung suchen »care givers« nach einer Möglichkeit, ihrer Care-Arbeit Struktur zu verleihen, dürfen Struktur aber nicht mit

Standard verwechseln und sehen sich doch bei Licht besehen immer damit konfrontiert, dass der grundlegenden Prämisse, von der aus das Leben sinnhaft wird – dem Chaos, der Abwesenheit, dem Tod –, nicht Herr zu werden ist. Obwohl gesichert ist, dass kein Gast auf der Palliativstation, kein Alternder, kein Mensch – auch kein Kind, das in der Familien-Care-Arbeit aufs Leben vorbereitet wird – je überleben wird, verwenden wir größtmögliche Sorgfalt und Güte auf Care-Arbeit, auf ihre Qualitätssicherung – und sollten dies auch tun. Weil Care-Arbeit das Menschsein an sich, zumindest aber das Soziale darin abbildet. Spricht man mit Beschäftigten in den Pflegeberufen, wird häufig deutlich, dass neben all den Qualitätssicherungsmaßnahmen zu einer optimalen Bedürfniskoordination noch ein ganz anderer Aspekt eine Rolle spielt, der für die Pflegekräfte ebenfalls zur Professionalität gehört: Intuition. Ohne das (richtige) ahnende Erfassen für manche Situationen wäre dem Chaos – trotz aller qualitätssichernder Instrumente – nicht beizukommen, könnte kein Alltag einer strukturierten Unstruktur entstehen und könnte auch keine Empathie, kein Einfühlen in die Bedürfnisse des anderen stattfinden. Auf die Frage, wie wir Care-Arbeit als Gesellschaft also »regeln« wollen – komplex strukturiert, chaotisch im Alltag, zuweilen überfordernd, aber genauso bereichernd oder lieber kompliziert standardisiert, ängstlich und egoistisch –, wird wohl jeder die Antwort intuitiv wissen.

Care-Arbeit als professionelle Bedürfniskoordination klingt banal, erweist sich im Alltag der »care givers« aber als Überlebensaufgabe. Durch die Corona-Pandemie wurde auch der Blick auf die Pflege neu tariert, wurde – wieder einmal – laut, aber kurz Unmut über Personalmangel, zu geringe Löhne, Überforderung auf Stationen geäußert. Jetzt wäre die Zeit, den Qualitätsbegriff der Care-Arbeit neu zu diskutieren, um unser aller Überleben in Alter und Krankheit optimal zu sichern.

Literatur

DFG-Projekt: Vom »guten Sterben«. Akteurskonstellationen, normative Muster, Perspektivendifferenzen. Projektleitung: Prof. Dr. Christof Breitsameter (Katholisch-theologische Fakultät), Prof. Dr. Armin Nassehi und Dr. Irmhild Saake (Insitut für Soziologie) an der Ludwig-Maximilians-Universität. URL www.gutessterben.uni-muenchen.de

Brigitte Aulenbacher, Birgit Riegraf, Hildegard Theobald (Hrsg.): *Sorge: Arbeit, Verhältnisse, Regime.* Baden-Baden 2014.

Elisabeth Conradi: *Take Care. Grundlagen einer Ethik der Achtsamkeit.* Frankfurt am Main 2001.

Anja Findeiß: »Die Ganzheitlichkeit der Pflege. Ein notwendiger Mythos klinischer Organisationen«, in: Irmhild Saake, Werner Vogd (Hrsg.): *Moderne Mythen der Medizin. Studien zur organisierten Krankenbehandlung.* Wiesbaden 2008, S. 307–328.

Virginia Held: *The Ethics of Care. Personal, Political, and Global.* Oxford, New York 2006.

Ilona Ostner: »Care – eine Schlüsselkategorie sozialwissenschaftlicher Forschung?«, in: Adalbert Evers, Rolf G. Heinze, Thomas Olk (Hrsg.): *Handbuch Soziale Dienste.* Wiesbaden 2011, S. 461–481.

Cicely Saunders: »The evolution of palliative Care«, in: *Journal of the Royal Society of Medicine* 94 (2001), S. 430–432.

Joan C. Tronto: *Moral Boundaries. A Political Argument for an Ethic of Care.* New York 1993.

FLXX
Schlussleuchten
von und mit
Peter Felixberger

Was bedeutet Komplexität? Und was hat sie mit Überleben zu tun? Eine ganze Menge. Komplexe Systeme überleben eher. Komplizierte Systeme sterben eher. Der Grund ist trivial: Für die Eigenschaften von komplexen Systemen gilt, dass nichts Genaues gilt. Komplexe Systeme sind nicht kontrollierbar, sie sind unvorhersehbar, aber genau deswegen kreativ und innovativ. Was komplizierte Menschen nicht akzeptieren wollen. Sie ersetzen Komplexität durch Kompliziertheit, wollen jeden Fehler von vornherein ausschalten, machen dadurch aber alles noch komplizierter. Am Ende klappen Strom- und Telefonnetze zusammen, Flugzeuge stürzen ab, Umsätze brechen ein und Viren reisen um die Welt.

Da hilft es weiter, ungefähr zu wissen, was eine Ameise weiß! Ameisen sind rätselhafte Wesen. Grob geschätzt gibt es 100 Billiarden Einzelameisen auf der Erde. Seit etwa 150 Millionen Jahren rennen sie kreuz und quer durch die Gegend, drehen sich im Kreis und scheinen keinen Plan davon zu haben, was sie tun. Sie transportieren Äste, Blätter und bisweilen ganze Kadaver. Der Trick: Sie rennen eine Zeit lang mit ihrem Bündel, lassen es dann liegen, irgendwann kommt eine andere Ameise, liest es auf und transportiert es weiter. Biologen sprechen hier von einem System, das nach dem Zufallsverhalten seiner Elemente funktioniert. Man könnte auch sagen: Besonders zielgerichtet funktioniert die Ameisenkommunikation auf den ersten Menschenblick nicht. Dennoch sind Ameisen in der Evolution außerordentlich erfolgreich, da sehr widerstandsfähig, flexibel und effizient. Und sehr kooperativ. Ameisen leben in Symbiosen mit Pilzen, Mikroben und Bakterien. Gegenseitige Hilfe. Kluges System. Ameisenschlau.

Der italienische Biologe Alberto Gandolfi ist ein großer Bewunderer von Ameisen. »Das System ist auf einer vagen und grundsätzlich ungenauen Kommunikation zwischen den Untersystemen aufgebaut. Die Ungenauigkeit lässt aber eine große Flexibilität und eine relative Widerstandsfähigkeit gegen Schwankungen und Fehler in den einzelnen Untersystemen zu.« Die Evolution liebt scheinbar diese Fähigkeit der kleinen Dummerchen, Fehler zu tolerieren und kreativ zu nutzen. Ja, die Evolution braucht sie sogar, um sich weiterzuentwickeln.

Menschen sind wie die Ameisen auch rätselhafte Wesen. Mit dem Unterschied: Sie versuchen ständig, sich einen Überblick zu verschaffen und einen Plan zu machen. In diesen Plänen versuchen sie, alle Fehlerquellen auszumerzen. Sie kontrollieren und überwachen. Damit nichts passieren kann. Doch damit drehen sie sich auch im Kreis, denn sie übertreiben es bisweilen mit der Vorsicht. Bis hin zur totalen Überwachung. Im Atomkraftwerk ist alles unter Kontrolle? Puff! Kein System ist hundertprozentig sicher. Überall sitzen Fehlerteufel und warten auf ihren Einsatz. Showtime!

Denn sie wissen, was wir zu verhindern suchen: Mit Zunahme der Kompliziertheit steigt die Empfindlichkeit des Systems. Je komplizierter ein System, desto fehleranfälliger ist es. Ein winziger Funke führt zum Buschbrand. Beispiele gibt es zuhauf: Crashs von Telefon- oder Stromnetzen oder plötzliche Abstürze im Tablet. Komplexitätsforscher sind sich längst sicher. Kleine Fehler führen zum Chaos. Die Katastrophen moderner Großtechnik legen davon Zeugnis ab. Am Ende steht der Super-GAU. Diese Systeme sind im eigentlichen Sinne nicht komplex, sondern nur kompliziert, sagen Kybernetiker. Sie hätten keine Fehlertoleranz. Oder anders ausgedrückt: Viele der uns umgebenden Systeme sind mittlerweile so kompliziert, dass ein einziger kleiner Fehler zum Chaos führen kann. Um diese Fehler zu vermeiden, wird die Kompliziertheit immer weiter erhöht. Doch die Komplexität lässt sich nicht täuschen.

Die Natur, sagt Gandolfi, benötigt das Chaos, weil sie dadurch aus höchster Vielfalt jene Bausteine auswählen kann, mit denen sie die Spirale des Lebens weiter vervollkommnen kann. Das Chaos ist sogar zwingend notwendig, um Kreativität zu erzeugen. »Ohne die Zufälligkeit des Chaos wäre die reiche Vielfalt und Verschiedenheit der Evolution gebremst und unterdrückt worden«, sagt der amerikanische Evolutionsbiologe Uri Merry.

Neben Ameisen und Menschen sind auch Komplexitätsforscher rätselhafte Wesen. Sie sind der Unvorhersehbar- und Nichtkontrollierbarkeit komplexer Systeme auf der Spur. Deren wichtigste Eigenschaft ist, dass die einzelnen Elemente nicht linear miteinander verbunden sind. Der Output hat linear mit dem Input nichts zu tun. Sprich: Es ist grundsätzlich immer unvorhersehbar, was passiert. Denn es gibt dazwischen Tausende Wechselwirkungen, die sich ergänzen, überlappen oder gegenseitig aufheben. Bestes Beispiel eines komplexen Systems ist das menschliche Gehirn. »Die Zahl der möglichen Verbindungen zwischen den Gehirnzellen ist größer als die Gesamtzahl der Atome im Universum!« Was dabei herauskommt, nennen wir Bewusstsein, Intelligenz, Geist und Verstand. Dynamisch, robust, nicht kontrollierbar, nicht linear, offen und kreativ.

Was wir übrigens ausnützen sollten, wenn wir morgens zur Arbeit gehen. Was und wen will man tagsüber eigentlich kontrollieren und überwachen? Am besten nichts und niemand. Lasst uns die Chaostheorie ernst nehmen! Erstens: Keine statischen und hierarchischen Gebilde mehr, in denen die Oberen denken, planen und befehlen. Sondern dynamische Netzwerke mit beliebig vielen selbst organisierten Untersystemen. Jedes Einzelelement ist für Planung und Kontrolle seiner selbst verantwortlich. Es besitzt große Handlungs- und Entscheidungsfreiheit. Zweitens: Organisationen aller Art entwickeln sich nicht linear, oft mit plötzlichen Sprüngen und brüsken Veränderungen. Um das Unvorhersehbare und Unerwartete zu managen, helfen sich alle gegenseitig. Management bedeutet in diesem Falle Herrschaftsfreiheit und das Zulassen von Vielfalt. Alle können sich gleichermaßen entfalten. Drittens: Nicht mehr Gewinnmaximierung (die höchste Form der Kontrolle), sondern das langfristige Überleben (die höchste Form der Kreativität) steht im Mittelpunkt. Kontrollen sind auf das Mindestmaß reduziert. Vorübergehendes Chaos in Form von Krisen oder Fehlern wird als Erweiterung der eigenen Lernwelt interpretiert.

Eine Ameise weiß, dass das Unvollendete stets nach Erfüllung sucht. Im Chaos des Unvorhersehbaren passiert das Unerwartete. Plötzlich ist der schwarze Schwan da und verblüfft. Die Neurologin Yevgenia Nikolayevna Krasnova wollte einst ihre wissenschaftlichen Forschungen in literarischer Form publizieren. Fremdsprachige Dialoge ließ sie jedoch in der Originalsprache, also unübersetzt. Diese Gemengelage aus Wissenschaft, Literatur und Mehrsprachigkeit bot sie dann zahlreichen Verlagen an. Natürlich mit wenig Erfolg. Einer schrieb sogar zurück: »Meine Liebe, von diesem Buch werden sich nur zehn Exemplare verkaufen lassen, und da sind die, die Ihre Exmänner und Ihre Familie erwerben, schon mitgerechnet.« Die Krasnova stellte schließlich etwas frustriert ihr Manuskript ins Internet. Ein kleiner, unbekannter Verlag wurde darauf aufmerksam und verlegte das Buch, na sagen wir, wie es wirklich war, honorarfrei. Glücklicherweise wurde es in der Folge völlig unerwartet ein Millionenseller, der letztlich in 40 Sprachen übersetzt worden ist. Warum, weiß bis heute kein Mensch. Ihr Buch ist ein schwarzer Schwan. Er hätte nie das Licht der Welt erblicken dürfen.

Womit wir wieder beim Überleben sind oder besser beim Leben. Wer mag es schon unter Kontrolle bringen wollen? Unerwartete Ereignisse wie Viruspandemien, Flugzeugabstürze oder Stromausfälle sind fast immer Niederlagen der menschlichen Berechnung. Weshalb sich umgehend die Frage stellt, warum diese extremen und unvorhersehbaren Ereignisse überhaupt passieren und warum wir blind gegenüber dem Zufall sind, der ihnen zugrunde liegt.

Der New Yorker Professor Nassim Taleb forscht mit großem Eifer nach den Antworten darauf. Seine Haupterkenntnis: Menschen denken erstens viel weniger, als sie glauben. Und sie konzentrieren sich zweitens beim wenigen Nachdenken auf das völlig Nebensächliche. Das hat fatale Folgen: Denn wir wissen oft nur das Falsche oder nichts. Sonst würde ja das Unwahrscheinliche nicht geschehen. Dies betrifft übrigens auch positive, unwahrscheinliche Ereignisse wie ein One-Hit-Wonder. Die Krasnova, Sie wissen schon.

Das Unwahrscheinliche passiert nur in Umgebungen, wo das Einzigartige, Zufällige und Unvorhersehbare zugelassen wird. Das sind Gesellschaften, die Taleb »Extremistan« nennt. Im Gegensatz zu »Mediokristan«, wo die Tyrannei des Kollektiven, der Routine, des Offensichtlichen und Vorhergesagten herrscht. In Extremistan dauert es lange, bis man erkennt, was vor sich geht. In Mediokristan glaubt man, wenn man etwas eine Zeit lang beobachtet, könne man schlussfolgern, was vor sich gehe. In Extremistan macht die Geschichte Sprünge, in Mediokristan kriecht sie dahin. Schön, mag man erwidern, dass es noch Viruspandemien und Börsencrashs gibt. Wie langweilig wäre es sonst. Nur noch Nordkorea will freiwillig Mediokristan genannt werden.

Schwarze Schwäne nennt Taleb die unberechenbaren Ereignisse, mit denen keiner rechnet. Oder besser gesagt: Das, was wir in diesen Situationen nicht wissen, ist bedeutungsvoller als das, was wir wissen. In dieser Kluft werden schwarze Schwäne produziert. Was wiederum ein neues Licht auf die Heerscharen von Experten in allen nur erdenklichen Problemzonen wirft. Sie erkennen, so Taleb, oft nur bedeutungsloses Zeug. Das Entscheidende bleibt ihnen jedoch verwehrt. Zum Beispiel in Unternehmen: Topmanager glauben qua ihres Ranges, die sprichwörtliche Weisheit mit Löffeln gefressen zu haben. Wenn alles läuft, sonnen sie sich in der täglichen Selbstvergewisserung und Selbstüberhöhung des Helden. Wenn nicht, fällt ihnen in der Regel nichts mehr ein, sie verabschieden sich oder werden hinausgeworfen. Die Blindheit gegenüber dem Zufall ist geradezu ihr Markenzeichen. Manager posieren vielerorts als Strategen, probieren aber in Wirklichkeit nur wie jemand herum, der in der Dunkelheit verzweifelt nach dem Lichtschalter sucht. Dies zuzugeben wäre allerdings Selbstmord.

Taleb steht in einer Reihe amerikanischer Autoren, wie zum Beispiel Phil Rosenzweig, die messerscharf sezieren, wie Manager und Politiker mit Klischees und Patentrezepten im Nebel herumstochern. Sein Ausweg: Das Unmögliche als möglich denken. Sich also erstens bewusst machen, dass jede Entscheidung, wenn überhaupt, nur begrenzt erfolgreich oder haltbar ist. Und zweitens, dass jedem Zauber auch das Unberechenbare innewohnt. Solange es also Börsen gibt, werden sie crashen. Solange Flugzeuge herumfliegen, werden sie abstürzen. Und solange es Viren gibt, werden Pandemien ausbrechen. Der Einfluss des Menschen auf das Unbekannte ist offenbar geringer, als uns Experten weismachen wollen. Eine Kränkung, so Taleb, die der Beginn sein könnte, mit der Unschärfe unseres gesamten Handelns besser zurechtzukommen.

Womit wir wieder bei der Komplexität sind. Sie ist der eigentliche Hohepriester der systemischen Unberechenbarkeit. Kennen Sie diesbezüglich das Tanaland-Experiment? Nein? Sollten Sie schleunigst nachholen, denn es beweist, wie beschränkt wir eigentlich sind. Oder etwas freundlicher formuliert: wie schlecht wir komplexe Systeme managen können. Der Gießener Psychologieprofessor Dietrich Dörner hat es durchgeführt. Er ließ seine Studenten in einer Computersimulation über ein fiktives Gebiet in Afrika herrschen. Die Entwicklungshelfer sollten Tanaland, so dessen Name, virtuell steuern – über zehn Jahre. Ein Computer wurde zu diesem Zweck vorab mit allen notwendigen Daten gefüttert – vom Klima über Bodenbeschaffenheit und Vegetationsdichte bis hin zu den Lebensgewohnheiten der Bevölkerung.

Das Ergebnis war ein Meilenstein in der Komplexitätsforschung. Die Studenten, voller zivilisatorischem Gutmenscheifer, ließen Dämme bauen, Bewässerungssysteme anlegen, Wälder abholzen und Felder düngen. Raubtiere und schädliche Insekten wurden ausgerottet, Ärzte im Land angesiedelt, zu guter Letzt wurden Familienplanung und Geburtenkontrolle eingeführt. Alle Inputs waren jeder für sich gesehen ein Segen für das virtuelle Entwicklungsland. In der Summe jedoch bedeuteten sie dessen Untergang. Tanaland war schnell abgebrannt. Das segensreiche Wirken der Studenten brachte Hungersnöte, Tiersterben und Umweltkatastrophen für die Bevölkerung. Den Einwohnern ging es im Endeffekt so schlecht wie nie zuvor.

Was waren die Gründe dafür? Nun, die selbst ernannten Strippenzieher konnten die langfristigen Folgen ihrer Maßnahmen nicht voraussehen. Sie unterschätzten, dass es für jede scheinbar »richtige« Entscheidung eine Reihe von unbekannten kurz-, mittel- und langfristigen Folgen gab. Und sie unterschätzten die netzwerkartige Verbundenheit aller Elemente in Tanaland. Denn alles war mit allem verbunden. Ein Beispiel: Um die Landwirtschaft zu schützen, beschlossen Dörners Studenten, kleine Parasiten wie Ratten und Mäuse mit Gift und Fallen zu dezimieren. Mit der Entscheidung: »Rottet Ratten und Mäuse aus«, sollte das Problem eines möglichen landwirtschaftlichen Schadens gelöst werden. Doch die reale Welt ist kein lineares System. So kam es, wie es kommen musste. Weniger Ratten und Mäuse bedeuteten eine Zunahme jener schädlichen Insekten, die Ersteren zuvor als Nahrung dienten. Die Insektenbrut konnte sich nun unkontrolliert vermehren und fügte der Landwirtschaft am Ende des Tages einen deutlich höheren Schaden zu.

Der bereits zitierte Biologe Alberto Gandolfi beschreibt dieses grundlegende Merkmal von Komplexität so: »Nur selten ist es möglich, den mittel- und langfristigen Zustand des Systems durch unser Einwirken auf eines oder mehrere Elemente global vorherzusehen.« Anders ausgedrückt: Per Knopfdruck lässt sich ein komplexes System nicht steuern. Im Gegenteil: Es ist unvorhersehbar, nicht linear und damit nicht kontrollierbar. In einem Wort: Es ist ein grandioser Wirrwarr. Tausende von Elementen sind durch Wechselwirkungen miteinander verbunden, behindern und verstärken einander, überlappen und heben sich auf. Neudeutsch nennt man das ein Netzwerk. Ganz neudeutsch heißt es Ökosystem.

Ändert aber nichts am Prinzip: Zahlreiche Rückkoppelungen erhöhen die Komplexität. Sie basieren auf dem Prinzip: Das Ergebnis beeinflusst den Anfang. Und zwar auf zweierlei Weise: negativ und positiv. Ein Thermostat beispielsweise funktioniert negativ rückgekoppelt: Je niedriger die Außentemperatur, desto mehr heißes Wasser strömt in den Heizkörper. Ganz anders verhält es sich auf einer leeren Tanzfläche in einer vollen Diskothek. Das Ereignis ist positiv rückgekoppelt. Niemand tanzt, weil die Tanzfläche leer ist. Und da niemand sie betritt, bleibt sie leer. Der Output des Systems »leere Tanzfläche« verstärkt sich selbst. Fazit: Jedes komplexe System wird von Rückkoppelungen entweder gepeinigt oder gefördert.

Bereits diese Fahndungsbilder von Komplexität machen Menschen Angst. Deswegen rücken sie ihnen mit Planung und Kontrolle zu Leibe. Sie versuchen, prophylaktisch Fehler zu vermeiden, Probleme zu lösen und Rückkoppelungen zu vereinnahmen. Das System beherrschbar zu machen. Das Problem: Diese übertriebene Vorsicht produziert immer mehr Überwachung. Die Wachposten errichten immer höhere Zäune und Türme, um die wertvollen Inhalte nach außen abzusichern. Nichts darf mehr, nichts kann mehr passieren. Der Höhepunkt des linearen Herrschaftsdenkens! Aber zugleich auch ihr Ende, denn die Fehleranfälligkeit wird dadurch nicht gelindert. Als in einem heißen Sommer vor Jahren das US-Telefonnetz plötzlich zusammenbrach, fand man sehr schnell den Grund: Von den zwei Millionen Programmzeilen der Software, die das Netz am Laufen hielt, waren drei falsch. Der kleine Fehlerteufel sitzt eben überall. Es gibt kein Entrinnen.

Womit wir mitten in der Petersilie stehen: Je mehr fehlerfreie Technologie, in ein paar Jahren werden wir sie künstliche Intelligenz nennen (KI), produziert wird, desto komplizierter ist diese – und damit umso anfälliger für jeden noch so kleinen Planungs- und Konstruktionsfehler. Anders ausgedrückt: Je mehr Überblick wir anstreben, desto weniger Durchblick haben wir. Die Strukturen werden so kompliziert, dass ein einziger kleiner Fehler zum Chaos führen kann. Das macht Großtechnologien so verwundbar. Vor diesem Chaos fürchten sich technokratische, politische und ökonomische Allmachtsfantasten wie der Teufel vor dem Weihwasser. Chaos ist in dieser Lesart das Ergebnis jener vermeidbaren Fehler, die es systemisch nicht geben darf. Chaos ist die höchste Demütigung der herrschenden stabilen Verhältnisse. Die korrespondierende Null-Fehler-Kultur ist jedoch die Kehrseite des totalen Überblicks. Beide tragen den Keim der Selbstzerstörung in sich. Denn sie verwechseln Komplexität mit Kompliziertheit. Und fürchten sich vor allen Formen der Unruhe. Quod erat demonstrandum!

In der Chaostheorie hingegen wird der Tumult begrüßt. Niederlagen und Fehler werden willkommen geheißen. Warum? Ganz einfach. Ohne Chaos gäbe es keine Evolution, da zu wenige Bausteine für neue stabile Verhältnisse vorhanden sind. Der bereits zitierte Kybernetiker Uri Merry schreibt dazu: »Das Chaos ist der fruchtbare Boden, auf dem die Kreativität entstanden ist. Das tiefe Chaos ist ein natürlicher, unvermeidlicher und wichtiger Übergang im Verwandlungsprozess jeder Lebensform.«

Der amerikanische Philosoph Thomas S. Kuhn hat bereits in den 1960er-Jahren nachgewiesen, dass jeder Wissensfortschritt von derlei Brüchen, Chaos und Revolutionen geprägt ist. In jeder Epoche herrsche ein bestimmtes Paradigma vor. Gespeist wird es von Werten, Überzeugungen und Dogmen. Beispiel: Die Erde steht im Mittelpunkt und alle anderen Planeten kreisen um sie herum. Im Laufe der Zeit entstehen dann sogenannte Anomalien, sprich Ereignisse, die das herrschende Paradigma nicht erklären kann. In unserem Beispiel: Zwei Spinner namens Kopernikus und Galilei behaupten, die Sonne sei der Mittelpunkt unseres Planetensystems. Nach vielen weiteren Kämpfen und Auseinandersetzungen wird das alte schließlich durch das neue Paradigma ersetzt.

Der Wissenschaftsphilosoph Paul Feyerabend ging sogar noch ein Stück weiter. Für ihn ist grundsätzlich jede Form von Wissen im großen Fortschrittsspiel zugelassen. Egal, wer es erzeugt oder wo es generiert wird. Im Reagenzglas oder auf einer Schamanenreise. Anything goes, lautet sein berühmter Aufruf. »Wissenschaft ist ein geistiges Abenteuer, das keine Grenzen kennt und keine Regeln gelten lässt.« Die Erkenntnis freier Menschen basiert auf Vielfalt und dem Abschied vom totalen Überblick, so Feyerabend. In diesen globalen Erkenntnistumulten herrsche eine positive Fehlereinstellung. Fehler sind notwendig, um sich zu bewegen. Fehler sind notwendig, um kreativ zu sein.

Ein Prinzip übrigens, das die Evolution seit Jahrmillionen gehörig auf Trab hält. Den Grund erklärt der Biologe Alberto Gandolfi so: »Die Evolution und die Anpassung biologischer Systeme kann gerade deshalb erfolgen, weil in jeder neuen Generation Fehler beim Kopieren der in der DNA enthaltenen genetischen Informationen entstehen. Diese Fehler nennt man Mutationen. Sie produzieren die biologische Verschiedenheit, aus der die natürliche Selektion sich die Organismen herauspicken kann, die am geeignetsten sind, um zu überleben und sich zu reproduzieren.«

Womit wir doch noch einen kleinen Schwenk zum Covid-19-Virus wagen können. Ist er auf dem Weg, nur der fünfte harmlose Corona-Schnupfenvirus zu werden, oder mutiert er zum evolutionären Schnitter, der die Menschen am Ende als bizarre Verirrung der Natur aussterben lässt? Rückfrage bei den Ameisen. »Einfach die Viruslast ein bisschen mitschleppen, dann links liegen lassen. Der Nächste wird schon kommen.« Klingt komplizierter, als es in Wirklichkeit ist. Übrigens: Ameisen schicken zum Testen giftiger oder verdächtiger Substanzen immer ältere Stammesgenossen vor. Die Jüngeren sollen geschützt bleiben. Auch so ein erfolgreiches Evolutionsprinzip!

Ach ja, die Geschichte mit der russischen Neurologin fand auch noch ein überraschendes Ende. Die Krasnova wollte ihren Bestseller nämlich eines Tages wiederholen. Acht Jahre lang schrieb sie daran, perfektionierte ihn Tag um Tag. Ein Plan, ein großer Plan, ein gigantischer Plan! Das Problem, nachdem es erschienen war: Es wurde zwar von den meisten Kritikern mit Lob überhäuft, aber kaum einer wollte es kaufen. Der Verleger musste gar Villa und Automobil verkaufen, weil er auf das Ereignis eines neuerlichen One-Hit-Wonders gesetzt hatte. Er wollte einfach nicht glauben, dass dieses Phänomen umgekehrt auch funktioniert. Überlebt hat er das gescheiterte One-Hit-Wonder trotzdem.

Diese Kolumne irrlichtert bewusst in den Sicherheits-korridoren der letzten Wahrheiten. Allzeit bereit, sel-bige wie einen Pudding an die Wand zu nageln. Ihr bescheidenes Ziel ist, die Widersprüche und Ano-malien im täglichen Leben als die eigentlichen Energie-spender zu würdigen, die uns zu wohliger, synthetischer Einsicht und Zufriedenheit führen. So lässt sich der Au-tor treiben – auf einer Bahnfahrt, auf einem Berg oder nur auf der Toilette sitzend. Scheinbare Gewiss-heiten lösen sich auf, womögliche Ungewissheiten span-nen ihre Muskeln und spontane Banalitäten kreuzen die Klingen. Diese Kolumne feiert die Ahnungslosen, ent-larvt die Bodenlosen und kokettiert mit den Zweifello-sen. In der heutigen Folge preisen wir die Idee der Komplexität. Sie erhält dieses Mal den FLXX, einen sym-bolischen Preis, den wir vierteljährlich an Personen, Ideen und Projekte verleihen, die den nahezu uner-reichbaren Anspruch erfüllen, gleichzeitig ahnungs-, boden- und zweifellos zu sein.

Autorinnen und Autoren

Sibylle Anderl, geb. 1981, ist Astrophysikerin und Redakteurin im Feuilleton der *Frankfurter Allgemeinen Zeitung*. Zuletzt erschien *Das Universum und ich. Die Philosophie der Astrophysik*.

Dirk Baecker, geb. 1955, lehrt Soziologie, Kulturtheorie und Management an der Universität Witten/Herdecke. Zuletzt erschien *Wozu Wirtschaft?*

Carsten Brosda, geb. 1974, ist Senator der Behörde für Kultur und Medien in Hamburg. Zuletzt erschien *Die Kunst der Demokratie. Die Bedeutung der Kultur für eine offene Gesellschaft*.

Knut Cordsen, geb. 1972, arbeitet als Literaturkritiker, Moderator und Redakteur beim Bayerischen Rundfunk.

Peter Felixberger, geb. 1960, ist Herausgeber des *Kursbuchs* und Programmgeschäftsführer der Murmann Publishers. Seine Bücher erschienen bei Hanser, Campus, Passagen und Murmann. Dort auch sein letztes: *Wie gerecht ist die Gerechtigkeit?*

Sabine Haupt, geb. 1959, ist Schriftstellerin und Titularprofessorin für Allgemeine und Vergleichende Literaturwissenschaft an der Universität Fribourg. Im März 2021 erscheint ihr neuer Roman *Zement*.

Marlene Müller-Brandeck, geb. 1993, ist wissenschaftliche Mitarbeiterin am Institut für Soziologie der LMU München. Im Auftrag des Referats für Gesundheit und Umwelt der Stadt München erstellte sie eine Ist-Stand-Analyse zum Thema »Geschlechtergerechte Gesundheitsversorgung in München«.

Thorsten Nagelschmidt, geb. 1976, lebt in Berlin als Autor, Musiker und Künstler. Überdies ist er Sänger, Texter und Gitarrist der Band *Muff Potter*. Zuletzt erschien *Arbeit*. Julia Krummhauer ist freie Autorin.

Armin Nassehi, geb. 1960, ist Soziologieprofessor an der Ludwig-Maximilians-Universität in München und Herausgeber des *Kursbuchs*. Zuletzt erschien *Das große Nein. Eigendynamik und Tragik gesellschaftlichen Protests*.

William Pickens, 1881–1954, war Bürgerrechtler, Linguist und Autor. Der Absolvent mehrerer Universitäten, darunter Yale und Fisk, engagierte sich für die rechtliche Gleichstellung der Schwarzen in den USA und wurde deshalb – und wegen seiner eher linken politischen Orientierung – von konservativen Kreisen in der US-Regierung immer wieder angefeindet.

Andrea Römmele, geb. 1967, ist Politikwissenschaftlerin und Direktorin Executive Education an der Hertie School of Governance in Berlin. Zuletzt erschien *Zur Sache! Für eine neue Streitkultur in Politik und Gesellschaft*.

Wolfgang Schmidbauer, geb. 1941, arbeitet als Lehranalytiker, Paartherapeut und Autor in München. Er veröffentlichte über 40 Bücher, darunter Best- und Longseller. Zuletzt erschien *Kaltes Denken, warmes Denken. Über den Gegensatz von Macht und Empathie*.

Daniel Kojo Schrade, geb. 1967, ist Künstler und Professor für Bildende Kunst am Hampshire College in den USA. Seine Bilder werden weltweit ausgestellt.

Stefanie Schüler-Springorum, geb. 1962, ist Historikerin und Direktorin des Zentrums für Antisemitismusforschung an der Technischen Universität Berlin. Demnächst erscheint *Emotionen und Antisemitismus* (Hrsg. zusammen mit Jan Süselbeck).

Stefan Wolf, geb. 1963, lehrt als Sozialwissenschaftler und Philosoph an mehreren Hochschulen Zukunftsforschung. Er ist im Management bei der Volkswagen AG tätig und arbeitet im Bereich der Strategie- und Organisationsentwicklung in Hannover. Zuletzt erschien *Unkritische Massen? Offene Gesellschaft und öffentliche Vernunft* (Hrsg. zusammen mit Paul Marquering).